趙爾巽等撰

清史稿

第四六册

卷五〇二至卷五一一（傳）

中華書局

清史稿卷五百二

列傳二百八十九

藝術一

吳有性 戴天章 余霖 劉奎 喻昌 徐彬 張璐 高斗魁 周學海
張志聰 高世栻 張錫駒 陳念祖 黃元御 柯琴 尤怡
葉桂 薛雪 吳瑭 章楠 王士雄 徐大椿 王維德 吳謙
綽爾濟 伊桑阿 張朝魁 陸懋修 王丙 呂震 鄒澍 費伯雄
蔣平階 章攀桂 劉祿 張永祚 戴尚文

自司馬遷傳扁鵲、倉公及日者、龜策，史家因之，或曰方技，或曰藝術。大抵所收多醫、卜、陰陽、術數之流，間及工巧。夫藝之所賅，博矣衆矣，古以禮、樂、射、御、書、數爲六藝，士所常肄，而百工所執，皆藝事也。近代方志，於書畫、技擊、工巧並入此類，實有合於古義。

聖祖天縱神明，多能藝事，貫通中、西曆算之學，一時鴻碩，蔚成專家，國史躋之儒林之列。測繪地圖，鑄造槍礮，始倣西法。凡有一技之能者，往往召直蒙養齋。其文學侍從之臣，每以書畫供奉內廷。又設如意館，制倣前代畫院，兼及百工之事。故其時供御器物，雕、組、陶埴，靡不精美，傳播寰瀛，稱為極盛。

沿及高宗之世，風不替焉。欽定醫宗金鑑，薈萃古今學說，宗旨純正。於陰陽術數家言，亦有協紀辨方一書，頒行沿用，從俗從宜，隱示崇實黜虛之意，斯徵微尚矣。

中葉後，海禁大開，泰西藝學諸書，灌輸中國，議者以工業為強國根本，於是研格致，營製造者，乘時而起。或由舊學以擴新知，或抒心得以濟實用，世乃愈以藝事為重。採其可傳者著於篇，各以類為先後。卓然成家者，具述授受源流；兼有政績、文學列入他傳者，附存梗概；凡涉荒誕俳諧之說，屏勿載。後之覽者，庶為論世之資云。

吳有性，字又可，江南吳縣人。生於明季，居太湖中洞庭山。當崇禎辛巳歲，南北直隸、山東、浙江大疫，醫以傷寒法治之，不效。有性推究病源，就所歷驗，著瘟疫論，謂：「傷寒自毫竅入，中於脈絡，從表入裏，故其傳經有六。自陽至陰，以次而深。瘟疫自口鼻入，伏於膜原，其邪在不表不裏之間。其傳變有九，或表或裏，各自爲病。有但表而不裏者，有表而再表者，有但裏而不表者，有裏而再裏者，有表裏分傳者，有表裏分傳而再分傳者，有表勝於裏者，有先表後裏者，有先裏後表者。」其間有與傷寒相反十一事，又有變證、兼證，種種不同。並著論製方，一一辨別。古無瘟疫專書，自有性書出，始有發明。

其後有戴天章、余霖、劉奎，皆以治瘟疫名。

天章，字麐郊，江蘇上元人。諸生。好學强記，尤精於醫。所著傷寒、雜病諸書，及咳論注、瘧論注、廣瘟疫論，凡十餘種。其論瘟疫，一宗有性之說。謂瘟疫之異於傷寒，尤慎辨於見證之始。辨氣、辨色、辨舌、辨神、辨脈，益加詳焉。爲人療病，不受謝。子瀚，成雍正元年一甲第二名進士。

霖，字師愚，安徽桐城人。乾隆中，桐城疫，霖謂病由熱淫，投以石膏，輒愈。後數年，至京師，大暑，疫作，醫以張介賓法者多死，以有性法亦不盡驗。鴻臚卿馮應榴姬人呼吸將絕，霖與大劑石膏，應手而痊。踵其法者，活人無算。霖所著曰疫疹一得，其論與有性有異同，取其辨證，而以用達原飲及三消、承氣諸方，猶有附會表裏之意云。

奎，字文甫，山東諸城人。乾隆末，著瘟疫論類編及松峯說疫二書，松峯者，奎以自號也。多爲窮鄉僻壤艱覓醫藥者說法。有性論瘟疫，已有大頭瘟、疙瘩瘟疫、絞腸瘟、軟脚瘟之稱，奎復舉北方俗諺所謂諸疫證名狀，一一剖析之。又以貧寒病家無力購藥，取鄉僻恆有之物可療病者，發明其功用，補本草所未備，多有心得。同時昌邑黃元御治疫，以浮萍代麻黃，卽本奎說。所著書流傳日本，醫家著述，亦有取焉。

喻昌，字嘉言，江西新建人。幼能文，不羈，與陳際泰游。明崇禎中，以副榜貢生入都上書言事，尋詔徵，不就，往來靖安間。披鬀爲僧，復蓄髮游江南。順治中，僑居常熟，以醫名，治療多奇中。才辯縱橫，不可一世。著傷寒尙論篇，謂林億、成無已過於尊信王叔和，惟方有執作條辨，削去叔和序例，得尊經之旨；而猶有未達者，重爲編訂，其淵源雖出方氏，要多自抒所見。惟溫證論中，以溫藥治溫病，後尤怡、陸懋修並著論非之。

又著醫門法律，取風、寒、暑、溼、燥、火六氣及諸雜證，分門著論。次法，次律。法者，治療之術，運用之機；律者，明著醫之所以失，而判定其罪，如折獄然。昌此書，專爲庸醫誤人而作，分別疑似，使臨診者不敢輕嘗，有功醫術。

後附寓意草，皆其所治醫案。凡診病，先議病，後用藥。又與門人定議病之式，至詳審。所載治驗，反覆推論，務闡審證用藥之所以然，異於諸家醫案但泛言某病用某藥愈者，並爲世所取法。

昌通禪理，其醫往往出於妙悟。尙論後篇及醫門法律，年七十後始成。昌旣久居江南，從學者甚多。

徐彬，字忠可，浙江嘉興人。昌之弟子。著傷寒一百十三方發明及金匱要略論注，其說皆本於昌。四庫著錄金匱要略，卽用彬論注本。凡疏釋正義，見於注；或賸義及總括諸證不可專屬者，見於論。彬謂：「他方書出於湊集，就採一條，時亦獲驗。若金匱之妙，統觀一卷，全體方具。不獨察其所用，並須察其所不用。」世以爲篤論。

張璐，字路玉，自號石頑老人，江南長洲人。少穎悟，博貫儒業，專心醫藥之書。自軒、岐迄近代方法，無不搜覽。遭明季之亂，隱於洞庭山中十餘年，著書自娛，至老不倦。倣明王肯堂證治準繩，彙集古人方論、近代名言，薈萃折衷之，每門附以治驗醫案，爲醫歸一書，後易名醫通。

璐謂仲景書衍釋日多，仲景之意轉晦。後見尙論、條辨諸編，又廣搜祕本，反覆詳玩，始覺向之所謂多歧者，漸歸一貫，著傷寒纘論、緒論。纘者，祖仲景之文；緒者，理諸家之紛紜而淸出之，以翼仲景之法。

其注本草，疏本經之大義，並系諸家治法，曰本經逢原；論脈法大義，曰診宗三昧：皆有心得。又謂唐孫思邈治病多有奇異，逐方研求藥性，詳爲疏證，曰千金方釋義，並行於世。

璐著書主博通，持論平實，不立新異。其治病，則取法薛己、張介賓爲多。年八十餘卒。聖祖南巡，璐子以柔進呈遺書，溫旨留覽焉。子登、倬，皆世其業。

登，字誕先，著傷寒舌鑑；

倬，字飛疇，著傷寒兼證析義：並著錄四庫。

高斗魁，字旦中，又號鼓峯，浙江鄞縣人。諸生。兄斗樞，明季死國難。斗魁任俠，於遺民罹難者，破產營救。妻因事連及，勒自裁。素精醫，遊杭，見舁棺者血瀝地，曰：「是未死！」啓棺，與藥而甦。江湖間傳其事，求治病者無寧晷。著醫學心法；又吹毛編，則自記醫案也。其論醫宗旨，亦近於張介賓。

周學海，字澂之，安徽建德人，總督馥子。光緒十八年進士，授內閣中書，官至浙江候補道。潛心醫學，論脈尤詳，著脈義簡摩、脈簡補義、診家直訣、辨脈平脈章句。引申舊說，參以實驗，多心得之言。博覽羣籍，實事求是，不取依託附會。慕宋人之善悟，故於史堪、張元素、劉完素、滑壽及近世葉桂諸家書，皆有評注。自言於清一代名醫，服膺張璐、葉桂兩家。證治每取璐說，蓋其學頗與相近。宦游江、淮間，時為人療治，常病不異人，遇疑難，輒有奇效。刻古醫書十二種，所據多宋、元舊槧藏家祕笈，校勘精審，世稱善本云。

張志聰，字隱庵，浙江錢塘人。明末，杭州盧之頤、繇父子著書，講明醫學，志聰繼之。搆侶山堂，招同志講論其中，參考經論，辨其是非。自順治中至康熙之初，四十年間，談軒、岐之學者咸歸之。注素問、靈樞二經，集諸家之說，隨文衍義，勝明馬元臺本。

又注傷寒論、金匱要略，於傷寒論致力尤深，歷二十年，再易稿始成。用王叔和原本，略改其編次。首列六經病，次列霍亂易復並痓濕、暍汗、吐下，後列辨脈、平脈，而删叔和序例，以其與本論矛盾，故去之以息辨。駁辨成無已舊注，謂：「風傷衞，寒傷營，脈緩為中風，脈緊為傷寒。傷寒，惡寒無汗，宜麻黃湯；中風，惡風有汗，宜桂枝湯：諸說未盡當。而風、寒兩感，營、衞俱傷，宜大青龍湯為尤謬。其注，分章以明大旨，節解句釋，兼晰陰陽血氣之生始出入，經脈藏府之貫通循行，使讀論者取之有本，用之無窮，不徒求之糟粕，庶免終身由之而不知其道也。」

又注本草，詮釋本經，闡明藥性，本五運六氣之理。後人不經臆說，概置勿錄。其自著曰侶山堂類辨、鍼灸祕傳。志聰之學，以素、靈、金匱為歸，生平著書，必守經法，遺書並行於世，惟鍼灸祕傳佚。

高世栻，字士宗。與志聰同里。少家貧，讀時醫通俗諸書，年二十三卽出療病，頗有稱。後自病，時醫治之，益劇；久之，不藥，幸愈。翻然悔曰：「我治人，殆亦如是，是草菅人命也。」乃從志聰講論軒、岐、仲景之學，歷十年，悉窺精奧。遇病必究其本末，處方不同流俗。志聰著本草崇原，未竟，世栻繼成之。又注傷寒論。晚著醫學眞傳，示門弟子。自述曰：「醫理如剝蕉，剝至無可剝，方爲至理。以之論病，大中至正，一定不移。世行分門別類之方書，皆醫門糟粕，如薛己、趙獻可輩，雖有穎悟變通，非軒、岐、仲景一脈相傳之大道。古人云：『不知十二經絡，開口舉手便錯；不明五運六氣，讀盡方書無濟。』病有標有本，求其標，只取本，治千人，無一損。』故示正道，以斥旁門，使學者知所愼。」

後有張錫駒，字令韶，亦錢塘人。著傷寒論直解、胃氣論，其學本於志聰。

陳念祖，字修園，福建長樂人。乾隆五十七年舉人。著傷寒金匱淺注，本志聰、錫駒之說，多有發明，世稱善本。嘉慶中，官直隸威縣知縣，有賢聲。值水災，大疫，親施方藥，活人無算。晚歸田，以醫學教授，門弟子甚衆，著書凡十餘種，並行世。

黃元御，字坤載，山東昌邑人。諸生。因庸醫誤藥損目，發憤學醫，於素問、靈樞、難經、傷寒論、金匱玉函經皆有注釋，凡數十萬言。自命甚高，喜更改古書，以伸己說。其論治病，主於扶陽以抑陰。

柯琴，字韻伯，浙江慈谿人。博學多聞，能詩、古文辭。棄舉子業，矢志醫學。家貧，游吳，棲息於虞山，不以醫自鳴，當世亦鮮知者。著內經合璧，多所校正，書佚不傳。注傷寒論，名曰來蘇集。以方有執、喻昌等各以己意更定，有背仲景之旨，乃據論中有太陽證、桂枝證、柴胡證諸辭以證名篇，彙集六經諸論，各以類從。自序略曰：「傷寒論經王叔和編次，已非仲景之舊，讀者必細勘何者爲仲景言，何者爲叔和筆。其間脫落、倒句、訛字、衍文，一一指破，頓見眞面。且筆法詳略不同，或互文見意，或比類相形，因此悟彼，見微知著，得於語言文字之外，始可羽翼仲景。自來注家，不將全書始終理會，先後合參，隨文敷衍，彼此矛盾，黑白不分。三百九十七法，不見於仲景序文，又不見於叔和序例，林氏倡於前，成氏和於後，其不足取信，王安道已辨之矣。繼起者，猶瑣瑣於數目，亦何補於古人？何功於後學哉？大青龍湯，仲景爲傷寒中風無汗而兼煩燥者設，卽加味麻黃湯耳。而謂其傷寒見風、傷風見寒，因以麻黃湯主寒傷營、桂枝湯主風傷衞、大青龍湯主風寒兩傷營衞，曲成三綱鼎立之說，此鄭聲之亂雅樂也。且以十存二三之文，而謂之全篇，手足厥冷之厥，或混於兩陰交盡之厥，其間差謬，何可殫舉？此愚所以執卷長吁，不能已也！」

又著傷寒論翼，自序略曰：「仲景著傷寒、雜病論，合十六卷，法大備。其常中之變，變中之常，靡不曲盡。使全書俱在，盡可見論知源。自叔和編次傷寒、雜病，分爲兩書，然本論中雜病留而未去者尚多，雖有傷寒論之專名，終不失雜病合論之根蒂也。名不副實，並相淆混，而旁門歧路，莫知所從，豈非叔和之謬以禍之歟？夫仲景之言六經爲百病之法，不專爲傷寒一科，傷寒、雜病，治無二理，咸歸六經之節制。治傷寒者，但拘傷寒，不究其中有雜病之理；治雜病者，復以傷寒論無關於雜病，而置之不問。將參贊化育之書，悉歸狐疑之域，愚甚爲斯道憂之。」論者謂琴二書，大有功於仲景。

尤怡，字在涇，江蘇吳縣人。父有田千畝，至怡中落。貧甚，鬻字於佛寺。業醫，人未之異也。好爲詩，與同里顧嗣立、沈德潛游。晚年，學益深造，治病多奇中，名始著。性淡榮利，隱於花溪，自號飼鶴山人，著書自得。其注傷寒論，名曰貫珠集。謂後人因王叔和編次錯亂，辨駁改訂，各成一家言，言愈多而理愈晦。乃就六經，各提其綱，於正治法之外，太陽有權變法，斡旋法，救逆法，類病法；陽明有明辨法，雜治法；少陽有權變法；太陰有藏病、經病法，經、藏俱病法；少陰、厥陰有溫法、凊法。凡病機進退微權，各有法以爲辨，使讀者先得其法，乃能用其方。分證甚晰，於少陰、厥陰、溫凊兩法，尤足破世人之惑。注金匱要略，名曰心典。別撰集諸家方書、雜病治要，足以羽翼仲景者，論其精蘊，曰金匱翼。又著醫學讀書記，於軒、岐以下諸家，多有折衷，徐大椿稱爲得古人意。怡著述並篤雅，世以貫珠集與柯琴來蘇集並重焉。

葉桂，字天士，江蘇吳縣人。先世自歙遷吳，祖時、父朝采，皆精醫。桂年十四喪父，從學於父之門人，聞言卽解，見出師上，遂有聞於時。切脈望色，如見五藏。治方不出成見，嘗曰：「劑之寒溫視乎病，前人或偏寒涼，或偏溫養，習者茫無定識。假兼備以倖中，借和平以藏拙。朝用一方，晚易一劑，詎有當哉？病有見證，有變證，必胸有成竹，乃可施之以方。」

其治病多奇中，於疑難證，或就其平日嗜好而得救法；或他醫之方，略與變通服法；或竟不與藥，而使居處飲食消息之；或於無病時預知其病；或預斷數十年後：皆驗。當時名滿天下，傳聞附會，往往涉於荒誕，不具錄。卒，年八十。臨歿，戒其子曰：「醫可爲而不可爲。必天資敏悟，讀萬卷書，而後可以濟世。不然，鮮有不殺人者，是以藥餌爲刀刃也。吾死，子孫愼勿輕言醫！」

桂神悟絕人，貫徹古今醫術，而尠著述。世傳所注本草，多心得。又許叔微本事方釋義、景岳發揮。歿後，門人集醫案爲臨證指南，非其自著。附幼科心法一卷，傳爲桂手定，徐大椿謂獨精卓，後章楠改題曰三時伏氣外感篇；又附溫證證治一卷，傳爲口授門人顧景文者，楠改題曰外感溫證篇。二書最爲學者所奉習。

同里薛雪，名亞於桂，而大江南、北，言醫輒以桂爲宗，百餘年來，私淑者衆。最著者，吳瑭、章楠、王士雄。

雪，字生白，自號一瓢。少學詩於同郡葉燮。乾隆初，舉鴻博，未遇。工畫蘭，善拳勇，博學多通，於醫時有獨見。斷人生死不爽，療治多異迹。生平與桂不相能，自名所居曰掃葉莊，然每見桂處方而善，未嘗不擊節也。著醫經原旨，於靈、素奧旨，具有發揮。世傳溼溫篇，爲學者所宗，或曰非雪作。其醫案與桂及繆遵義合刻。

遵義，亦吳人。乾隆二年進士，官知縣。因母病，通方書，棄官爲醫，用藥每出創意，吳中稱三家焉。

瑭，字鞠通，江蘇淮陰人。乾、嘉之間游京師，有名。學本於桂，以桂立論甚簡，但有醫案散見於雜證之中，人多忽之。著溫病條辨，以暢其義，其書盛行。

同時歸安吳貞，著傷寒指掌，亦發明桂醫案之旨，與瑭相同。

楠，字虛谷，浙江會稽人。著醫門棒喝。謂桂、雪最得仲景遺意，而他家不與。

士雄，字孟英，浙江海寧人。居於杭，世爲醫。士雄讀書礪行，家貧，仍以醫自給。咸豐中，杭州陷，轉徙上海。時吳、越避寇者麕集，疫癘大作，士雄療治，多全活。舊著霍亂論，致慎於溫補，至是重訂刊行，醫者奉爲圭臬。又著溫熱經緯，以軒、岐、仲景之文爲經，葉、薛諸家之辨爲緯，大意同章楠注釋。兼採昔賢諸說，擇善而從，勝楠書。所著凡數種，以二者爲精詳。

同時浙西論醫者，平湖陸以湉、嘉善汪震、烏程汪曰楨，宗旨略同。陽湖張琦、曜孫，父子皆通儒，以醫鳴，取黃元御扶陽之說，偏於溫。曜孫至上海，或勸士雄往就正，士雄謝之。號葉氏學者，要以士雄爲巨擘，惟喜用辛涼，論者謂亦稍偏云。

徐大椿，原名大業，字靈胎，晚號洄溪，江蘇吳江人，翰林檢討釚孫。生有異稟，長身廣顙，聰强過人。爲諸生，勿屑，去而窮經，探研易理，好讀黃老與陰符家言。凡星經、地志、九宮、音律、技擊、句卒、嬴越之法，靡不通究，尤邃於醫，世多傳其異迹。然大椿自編醫案，惟剖析虛實寒溫，發明治療之法，歸於平實，於神異者僅載一二。其書世多有，不具錄。

乾隆二十四年，大學士蔣溥病，高宗命徵海內名醫，以薦召入都。大椿奏溥病不可治，上嘉其樸誠，命入太醫院供奉，尋乞歸。後二十年復詔徵，年已七十九，遂卒於京師，賜金治喪。

大椿學博而通，注神農本草經百種，以舊注但言其當然，不言其所以然，採掇常用之品，備列經文，推闡主治之義，於諸家中最有啓發之功。注難經曰經釋，辨其與靈樞、素問說有異同。注傷寒曰類方，謂：「醫家刊定傷寒論，如治尚書者之爭洪範、武成，注大學者之爭古本、今本，終無定論。不知仲景本論，乃救誤之書，當時隨證立方，本無定序。」於是削除陰陽六經門目，但使方以類從，證隨方定，使人可案證以求方，而不必循經以求證。一切葛藤，盡芟去之。所著蘭臺軌範，凡錄病論，惟取靈樞、素問、難經、金匱要略、傷寒論、隋巢元方病源、唐孫思邈千金方、王燾外臺祕要而止。錄方亦多取諸書，宋以後方，則採其義可推尋、試多獲效者，去取最爲謹嚴。於疑似出入之間，辨別尤悉。

其論醫之書曰醫學源流論，分目九十有三。謂：「病之名有萬，而脈之象不過數十，是必以望、聞、問三者參之。如病同人異之辨，兼證兼病之別，亡陰亡陽之分。病有不愈不死，有雖愈必死，又有藥誤不卽死。藥性有古今變遷，內經司天運氣之說不可泥。鍼灸之法失傳。」諸說並可取。

又愼疾芻言，爲溺於邪說俗見者痛下鍼砭，多驚心動魄之語。醫貫砭，專斥趙獻可溫補之弊。諸書並行世。

大椿與葉桂同以醫名吳中，而宗旨異。評桂醫案，多所糾正。兼精瘍科，而未著專書。謂世傳外科正宗一書，輕用刀鍼及毒藥，往往害人，詳爲批評，世並奉爲善本。

同郡吳縣王維德，字洪緒，自號林屋山人。曾祖字若谷，精瘍醫，維德傳其學，著外科全生集。謂：「癰疽無死證，癰乃陽實，氣血熱而毒滯；疽乃陰虛，氣血寒而毒凝。皆以開腠理爲要，治者但當論陰陽虛實。初起色紅爲癰，色白爲疽，截然兩途。世人以癰疽連呼並治，誤矣。」其論爲前人所未發。凡治初起以消爲貴，以托爲畏，尤戒刀鍼毒藥，與大椿說略同，醫者宗之。維德兼通陰陽家言，著永寧通書、卜筮正宗。

吳謙，字六吉，安徽歙縣人。官太醫院判，供奉內廷，屢被恩賚。乾隆中，敕編醫書，太醫院使錢斗保請發內府藏書，並徵集天下家藏祕籍，及世傳經驗良方，分門聚類，删其駁雜，採其精粹，發其餘蘊，補其未備，爲書二部。小而約者，以爲初學誦讀；大而博者，以爲學成參考。既而徵書之令中止，議專編一書，期速成，命謙及同官劉裕鐸爲總修官。謙以古醫書有法無方，惟傷寒論、金匱要略、雜病論始有法有方。靈、素而後，二書實一脈相承。義理淵深，方法微奥，領會不易，遂多譌錯。舊注隨文附會，難以傳信。謙自爲删定，書成八九，及是，請就謙未成之書，更加增減。於二書譌錯者，悉爲訂正，逐條注釋，復集諸家舊注實足闡發微義者，以資參考，爲全書之首，標示正軌。次刪補名醫方論，次四診要訣，次諸病心法要訣，次正骨心法要旨。書成，賜名醫宗金鑑。雖出衆手編輯，而訂正傷寒、金匱，本於謙所自撰。

其採引淸代乾隆以前醫說凡二十餘家，張璐、喻昌、徐彬、張志聰、高世栻、張錫駒、柯琴、尤怡，事具本傳。

其次者：林瀾，著傷寒折衷、靈素合鈔，兼通星象、堪輿之學；汪琥，著傷寒論辨注；魏荔彤，著傷寒金匱本義；沈明宗，著傷寒金匱編注；程應旄，著傷寒後條辨；鄭重光，著傷寒論條辨續注；周揚俊，著傷寒三注、金匱二注；程林，著金匱直解、聖濟總錄纂要；閔芝慶，著傷寒闡要編。而遺書湮沒無考者，尙六七家云。

綽爾濟，墨爾根氏，蒙古人。天命中，率先歸附。善醫傷。時白旗先鋒鄂碩與敵戰，中矢垂斃，綽爾濟爲拔鏃，傅良藥，傷尋愈。都統武拜身被三十餘矢，昏絕，綽爾濟令剖白駝腹，置武拜其中，遂甦。有患臂屈不伸者，令先以熱鑊熏蒸，然後斧椎其骨，揉之有聲，即愈。

覺羅伊桑阿，乾隆中，以正骨起家，至鉅富。其授徒法，削筆管爲數段，包以紙，摩挲之，使其節節皆接合，如未斷者然，乃如法接骨，皆奏效。故事，選上三旗士卒之明骨法者，每旗十人，隸上駟院，名蒙古醫士。凡禁庭執事人有跌損者，命醫治，限日報痊，逾期則懲治之。侍郎齊召南墜馬，傷首，腦出。蒙古醫士以牛脬蒙其首，其創立愈。時有祕方，能立奏效，伊桑阿名最著。當時湖南有張朝魁者，亦以治傷科聞。

朝魁，辰谿人，又名毛矮子。年二十餘，遇遠來乞者，朝魁厚待之，乞者授以異術，治癰疽、瘰癧及跌打、損傷、危急之證，能以刀剖皮肉，去淤血於臟腑。又能續筋正骨，時有劉某患腹痛，仆地瀕死，朝魁往視曰：「病在大小腸。」剖其腹二寸許，伸指入腹理之，數日愈。辰州知府某乘輿越銀壺山，忽墮巖下，折髑骨。朝魁以刀刺之，撥正，傅以藥，運動如常。

陸懋修，字九芝，江蘇元和人。先世以儒顯，皆通醫。懋修爲諸生，世其學。咸豐中，粵匪擾江南，轉徙上海，遂以醫名。研精素問，著內經運氣病釋。後益博通漢以後書，恪守仲景家法，於有清一代醫家，悉舉其得失。所取法在柯琴、尤怡兩家，謂得仲景意較多。吳中葉桂名最盛，傳最廣，懋修謂桂醫案出門弟子，不盡可信。所傳溫病證治，亦門人筆述。開卷揭「溫邪上受、首先犯肺、逆傳心包」一語，不應經法，誤以胃熱爲肺熱，由於不識陽明病，故著陽明病釋一篇，以闡明之。又據難經「傷寒有五」之文，謂：「仲景撰用難經，溫病即在傷寒中，治溫病法不出傷寒論外。」又謂：「瘟疫有溫、有寒，與溫病不同，醫者多混稱。吳有性、戴天章爲治疫專家，且不免此誤。」著論辨之，並精確，有功學者。

懋修既棄舉業，不求仕進，及子潤庠登第，就養京邸，著述至老不倦。光緒中，卒。潤庠亦通醫，官至大學士，自有傳。

王丙，字樸莊，吳縣人，懋修之外曾祖也。著傷寒論注，以唐孫思邈千金方僅採王叔和傷寒論序例，全書載翼方中，序次最古，據爲定本。謂：「方中行、喻昌等刪駁序例，乃欲申己見，非定論。」著迴瀾說，爭之甚力。又著古今權量考，古一兩準今六分七釐，一升準今七勺七秒，承學者奉以爲法。

呂震，字㮚村，浙江錢塘人。道光五年舉人，官湖北荊門州判。晚寓吳，酷嗜醫，診療輒有奇效。其言曰：「傷寒論使學者有切實下手工夫，不止爲傷寒立法。能從六經辨證，雖繁劇如傷寒，不爲多歧所誤，雜證一以貫之。」著內經要論、傷寒尋源。懋修持論多本丙、震云。

鄒澍，字潤安，江蘇武進人。有孝行，家貧績學，隱於醫。道光初，詔舉山林隱逸，鄉人議以澍名上，固辭。澍通知天文推步、地理形勢沿革，詩古文亦卓然成家，不自表襮。所著書，醫家言爲多。傷寒通解、傷寒金匱方解、醫理摘要、醫經書目，並不傳。所刊行者，本經疏證、續疏證、本經序疏要。謂明潛江劉氏本草述，貫串金、元諸家說，反多牽掣，故所注悉本傷寒、金匱，疏通證明，而以千金、外臺副之。深究仲景製方精意，成一家之言。

費伯雄，字晉卿。與澍同邑，居孟河，濱江。咸、同間以醫名遠近，詣診者踵相接，所居遂成繁盛之區。持脈知病，不待問。論醫，戒偏戒雜。謂古醫以「和緩」命名，可通其意。著書曰醫醇，燬於寇。撮其要，成醫醇賸義，附方論。大旨謂常病多，奇病少，醫者執簡，始能馭繁，不可尙異。享盛名數十年，家以致富，子孫皆世其業。伯雄所著，詳於雜病，略於傷寒，與懋修、澍宗旨並不同。清末江南諸醫，以伯雄爲最著，用附載焉。

清代醫學，多重考古，當道光中，始譯泰西醫書，王淸任著醫林改錯。以中國無解剖之學，宋、元後相傳臟腑諸圖，疑不盡合，於刑人時，考驗有得，參證獸畜。未見西書，而其說與合。光緒中，唐宗海推廣其義，證以內經異同，經脈奇經各穴，及營衞經氣，爲西醫所未及。著中西滙通醫經精義，欲通其郵而補其缺。兩人之開悟，皆足以啓後者。

蔣平階，字大鴻，江南華亭人。少孤，其祖命習形家之學，十年，始得其傳。偏證之大江南、北古今名墓，又十年，始得其旨；又十年，始窮其變。自謂視天下山川土壤，雖大荒內外如一也。遂著地理辨正，取當世相傳之書，訂其紕繆，析其是非，惟尊唐楊筠松一人，曾文辿僅因筠松以傳。其於廖瑀、賴文俊、何溥以下，視之蔑如。以世所惑溺者，莫甚於平砂玉尺一書，斥其僞尤力。自言事貴心授，非可言罄，古書充棟，半屬僞造。其昌言救世，惟在地理辨正一書。後復自抒所得，作天元五歌，謂此皆糟粕，其精微亦不在此，他無祕本。三吳兩浙，有自稱得平階眞傳及僞撰成書指爲平階祕本者，皆假託也。從之學者，丹陽張仲馨，丹徒駱士鵬，山陰呂相烈，會稽姜堯，武陵胡泰徵，淄川畢世持，他無所傳授。姜堯注靑囊奧語及平砂玉尺辨僞，總括歌，卽附地理辨正中。平階生於明末，兼以詩鳴。淸初諸老，多與唱和。地學爲一代大宗，所造羅經，後人多用之，稱爲「蔣盤」云。

章攀桂，字淮樹，安徽桐城人。乾隆中，官甘肅知縣，累擢江蘇松太兵備道。有吏才，多術藝，尤精形家言。謂近世形家諸書，理當辭顯者，莫如明張宗道地理全書，爲之作注，稍辨正其誤失。大旨本元人山陽指迷之說，專主形勢。攀桂既仕顯，不以方技爲業，自喜其術，每爲親族交友擇地，貧者助之財以葬。妻吳故農家，自恨門第微，攀桂爲購佳壤葬其親，擇子弟秀異者撫敎之，遂登進士第，爲望族。

高宗數南巡，自鎭江至江寧，江行險，每由陸。詔改通水道，議鑿句容故破岡瀆，攀桂相其地勢，謂茅山石巨勢高，縱成瀆，非設閘不可成，儲水多勞費。請從上元東北攝山下，鑿金烏珠刀鎗河故道，以達丹徒，工省修易。遂監其役，瀆成，謂之新河，百年來賴其利便，攀桂亦因獲優擢。

大學士于敏中於金壇里第築園，攀桂爲之相度營建，敏中歿後，事覺，高宗惡之，褫職居江寧。晚耽禪理，歿時預知期日。兼通日者術，括協紀辨方精要爲一書，曰選擇正宗，行於世。

劉祿，河南人。善風角。聖祖召直蒙養齋，欲授以官，屢辭。從上北征，會糧餉乏濟，命卜之，曰：「不出三日必至。」果如其言。後從幸熱河，一日，踉蹌至宮門，請上速徙高阜以避水厄。時方晴霽，夜山水漲發，果衝沒行宮。又善相人，謂張廷玉、史貽直皆異日太平宰相。六十一年冬，乞假歸，至十一月望日，忽命家人制縗服，北向哭，未幾，哀詔至，正聖祖崩之後二日也。後卒於家。

張永祚，字景韶，浙江錢塘人。幼即喜仰觀五緯，長通曉星學，究悉天象。年近三十，督學王蘭生稔其學，錄爲諸生。閩浙總督嵇曾筠求通知星象者，試永祚策，立成數千言。及薦於朝，授欽天監博士。屢引見，占候悉驗。詔刊二十二史，永祚校勘天文、律曆兩志。

書成，告歸。晚著書，曰天象原委。卒後，有女傳其學。壻沈度，亦善推步，守其書。

戴尚文，湖南漵浦人。諸生。從鴻臚卿羅典學，凡天官星卜諸書，無不究覽。嘗曰：「吾治經，師羅先生。吾術數，未知孰可吾師者？」聞江南某僧精六壬、奇門，往師焉，盡得其祕。歸，應鄉試長沙，同舍生失金，尚文爲占曰：「君金若干，盜者青衣，手魚肉，前行，後一白衣隨之，肩荷重物。以某時，候驛步門外，可獲也。」如其言往，果驗。嘗侍母夜坐，心動，知偸兒入宅。取井泥塗竈門，書符封之，偸不得去。

嘉慶初，福康安征苗，招致才異，羅典薦漵浦兩生，一嚴如熤，一卽尚文。謂曰：「嚴生負經濟才，應祿仕；汝疏散，爲幕客，愼勿官職自羈也。」

尚文見福康安，長揖不拜，福康安欲試其術，握絲帶問曰：「君神算，知吾握中何物？」乃請一字析其數，以五行推之，曰：「絲縷耳。」大驚異，禮遇之，凡事必諮。時苗猖獗，恆夜撲營，尚文輒預卜知之。當五月，進攻旗皷寨，占：「有大雹，賊伏林莽，師出不利。」勿聽。日午，將抵寨，忽大風，雷雨雹交下，如卵如拳，擊傷士卒，伏苗乘之，果敗。軍中呼曰「神仙」。又大軍在乾州，營龍頭，爲苗所圍，斷水，軍不得食。尚文設壇鑿池，以法禳之，劚地，清泉湧出。四年，駐天心寨，尚文夜觀天象，知有咎，作書置幕府，辭歸。數日，福康安遽卒。尚文歸未幾，亦病，自知死日。卒後，其母傷之，焚所傳書。

清史稿卷五百三

列傳二百九十

藝術二

王澍 蔣衡 徐用錫 王文治 梁巘 梁同書
鄧石如 錢伯坰 吳育 楊沂孫 吳熙載 梅植之 楊亮

王澍，字若林，號虛舟，江南金壇人。績學工文，尤以書名。康熙五十一年進士，入翰林，累遷戶科給事中。雍正初，詔以六科隸都察院。澍謂科臣掌封駁，品卑任重，儻隸臺臣，將廢科參，偕同官崔致遠、康五端抗疏力爭。世宗怒，立召詰之，從容奏對，上意稍解，遂改吏部員外郎。越二年，告歸，益耽書，名播海內。摹古名搨殆徧，四體並工。於唐賢歐、褚兩家，致力尤深，輒跋尾自道所得。後內閣學士翁方綱持論與異，謂其篆書得古法，行書次之，正書又次之。所著題跋及淳化閣帖考正，並行於世。

自明、清之際，工書者，河北以王鐸、傅山爲冠，繼則江左王鴻緒、姜宸英、何焯、汪士鋐、張照等，接踵而起，多見他傳。大抵淵源出於明文徵明、董其昌兩家，鴻緒、照爲董氏嫡派，焯及澍則於文氏爲近。澍論書尤詳，一時所宗。

蔣衡，改名振生，字湘帆，晚號拙老人。與澍同里。鍵戶十二年，寫十三經。乾隆中，進上，高宗命刻石國學，授衡國子監學正，終不出。衡早歲好游，足迹半海內，觀碑關中，獲晉、唐以來名蹟，臨摹三百餘種，曰拙存堂臨古帖。晚與澍相期鬬勝，每臨一書，相從質證。子驥，孫和，並以書世其家。

驥尤精分隸，著漢隸謁體集、古帖字體、續書法論各一卷，兼工畫。其言曰：「漢、魏字體不同，性情各異。書須懸臂中鋒，而用力以和平爲主。作畫之提頓逆折，參差映帶，其理一爾。」皆闡明其先說。

徐用錫，字壇長，宿遷人，占籍大興。登鄉舉，康熙四十八年進士，官翰林院編修。從李光地游，究心樂律、音韻、曆數、書法。五十四年，分校會試，嚴絕請託，銜之者反嗾言官劾其把持闈事，聖祖原之，終以浮議罷歸。乾隆初，起授翰林院侍讀，年已八十。尋告歸，卒於家。用錫鄉舉出姜宸英之門，與何焯同爲光地客，論書多與二家相出入。精於鑒別古人，言筆法亦多心得，著字學劄記二卷，載圭美堂集中。

王文治，字禹卿，江蘇丹徒人。生有夙慧，十二歲能詩，即工書。長游京師，從翰林院侍讀全魁使琉球，文字播於海外。乾隆三十五年，成一甲三名進士，授翰林院編修。逾三年，大考第一，擢侍讀。出爲雲南臨安知府，因事鐫級，乞病歸。後當復官，厭吏事，遂不出。往來吳、越間，主講杭州、鎮江書院。高宗南巡，至錢塘僧寺，見文治書碑，大賞愛之。內廷有以告，招之出者，亦不應。

喜聲伎，行輒以歌伶一部自隨，辨論音律，窮極幽渺。客至張樂，窮朝暮不倦。海內求書者，多有餽遺，率費於聲伎。然客散，默然禪定，夜坐，脇未嘗至席。持佛戒，自言吾詩與書皆禪理也。卒，年七十三。

所著詩集外有快雨堂題跋，略見論書之旨。文治書名並時與劉墉相埒，人稱之曰「濃墨宰相，淡墨探花」。與姚鼐交最深，論最契，當時書名，鼐不及文治之遠播；後包世臣極推鼐書，與劉墉並列上品，名轉出文治上。

梁巘，字聞山，安徽亳州人。乾隆二十七年舉人，官四川巴縣知縣。晚辭官，主講壽春書院，以工李北海書名於世。初爲咸安宮敎習，至京師，聞欽天監正何國宗曾以事繫刑部，時尙書張照亦以他事在繫，得其筆法，因詣家就問。國宗年已八十餘，病不能對客，遣一孫傳語。巘質以所聞，國宗答曰：「君已得之矣。」贈以所臨米、黃二帖。

後巘以語金壇段玉裁曰：「執筆之法，指以運臂，臂以運身。凡捉筆，以大指尖與食指尖相對，筆正直在兩指尖之間，兩指尖相接如環，兩指本以上平，可安酒杯。平其肘，腕不附几，肘圓而兩指與筆正當胸，令全身之力，行於臂而湊於兩指尖。兩指尖不圓如環，或如環而不平，則捉之也不緊，臂之力尙不能出，而況於身？緊則身之力全湊於指尖，而何有於臂？古人知指之不能運臂也，故使指頂相接以固筆，筆管可斷，指鍥痛不可勝，而後字中有力。其以大指與食指也，謂之單勾；其以大指與食指中指也，謂之雙勾；中指者，所以輔食指之力也，總謂之『撥鐙法』。王獻之七、八歲時學書，右軍從旁掣其筆不得，卽謂此法。舍此法，皆旁門外道。二王以後，至唐、宋、元、明諸大家，口口相傳如是，董宗伯以授王司農鴻緖，司農以授張文敏，吾聞而知之。本朝但有一張文敏耳，他未爲善。王虛舟用筆祇得一半，蔣湘帆知握筆而少作字樂趣。世人但言無火氣，不知火氣使盡，而後可言無火氣也。如此捉筆，則筆心不偏，中心透紙，紙上颯颯有聲。直畫粗者濃墨兩分，中如有絲界，筆心爲之主也。如此捉筆，則必堅紙作字，輭薄紙當之易破。其橫、直、撇、捺皆與今人殊，筆鋒所指，方向迥異，筆心總在每筆之中，無少偏也。古人所謂屋漏痕、折釵股、錐畫沙、印印泥者，於此可悟入。」巘少著述，所傳緒論僅此。當時與梁同書並稱，巘曰「北梁」，同書曰「南梁」。

梁同書，字元穎，晚號山舟，浙江錢塘人，大學士詩正子。乾隆十七年，會試未第，高宗特賜與殿試，入翰林，大考，擢侍講。淡於榮利，未老，因疾不出。晚年重宴鹿鳴，加侍講學士銜。卒，年九十三。好書出天性，十二歲能爲擘窠大字。初法顏、柳，中年用米法，七十後乃變化。名滿天下，求書者紙日數束，日本、琉球皆重之。

嘗與張燕昌論書，略曰：「古人云『筆力直透紙背』，當與天馬行空參看。今人誤認透紙，便如藥山所云『看穿牛皮』，終無是處。蓋透紙者，狀其精氣結撰墨光浮溢耳，彼用筆如游絲者，何嘗不透紙背耶？用腕力使極輭之筆自見，譬如人持一彊者，使之直，則無所用力；持一弱者，欲不使之偃，則全腕之力，自然集於兩指端。其實書者只知指運，而不知有腕力也。藏鋒之說，非筆如鈍錐之謂，自來書家從無不出鋒者，只是處處留得筆住，不使直走。筆要輭，輭則遒；筆要長，長則靈；筆要飽，飽則腴；落筆要快，快則意出。書家燥鋒曰渴筆，畫家亦有枯筆，二字判然不同。渴則不潤，枯則死矣。今人喜用硬筆故枯。帖教人看，不教人摹。今人只是刻舟求劍，將古人書摹畫如小兒寫倣本，就便形似，豈復有我？字要有氣，氣須從熟得來。有氣則有勢，大小、長短、高下、欹整，隨筆所至，自然貫注，成一片段，却著不得絲毫擺布，熟後自知。中鋒之法，筆提得起，自然中，亦未嘗無兼用側鋒處，總爲我一縷筆尖所使，雖不中亦中。亂頭粗服非字也，求逸則野，求舊則拙，此處不可有半點名心在。」同書平生書旨，與梁巘之異同，具見於此。

鄧石如，初名避仁宗諱，遂以字行，改字頑伯，安徽懷寧人。居皖公山下，又號完白山人。少產僻鄉，尠聞見，獨好刻石，仿漢人印篆甚工。弱冠孤貧，游壽州，梁巘見其篆書，驚爲筆勢渾鷙，而未盡得古法。介謁江寧梅鏐，都御史𣪍成子也。家多弆藏金石善本，盡出示之，爲具衣食楮墨，使專肆習。

好石鼓文，李斯嶧山碑、泰山刻石，漢開母石闕，燉煌太守碑，吳蘇建國山碑，皇象天發神讖碑，唐李陽冰城隍廟碑、三墳記，每種臨摹各百本。又苦篆體不備，寫說文解字二十本。旁搜三代鐘鼎，秦、漢瓦當、碑額。五年，篆書成。乃學漢分，臨史晨前、後碑，華山碑，白石神君，張遷，潘校官，孔羨，受禪，大饗諸碑，各五十本。三年，分書成。石如篆法以二李爲宗，縱橫闔闢，得之史籀，稍參隸意，殺鋒以取勁折，字體微方，與秦、漢當額爲近。分書結體嚴重，約嶧山、國山之法而爲之。自謂：「吾篆未及陽冰，而分不減梁鵠。」

客梅氏八年，學既成，徧游名山水，以書刻自給。游黃山，至歙，鬻篆於賈肆。編修張惠言故深究秦篆，時館修撰金榜家，偶見石如書，語榜曰：「今日得見上蔡眞迹。」乃冒雨同訪於荒寺，榜備禮客之於家。薦於尚書曹文埴，偕至京師，大學士劉墉、副都御史陸錫熊皆驚異曰：「千數百年無此作矣！」時京師論篆、分者，多宗內閣學士翁方綱，方綱以石如不至其門，力詆之。石如乃去，客兩湖總督畢沅，沅故好客，吳中名士多集節署，裘馬都麗，石如獨布衣徒步。居三年，辭歸，沅爲置田宅，俾終老。瀕行，觴之，曰：「山人，吾幕府一服清涼散也！」石如年四十六始娶，常往來江、淮間，卒，年六十三。

子傳密，初名廷璽，字守之。從李兆洛學，晚客曾國藩幕。能以篆書世其家。

當乾、嘉之間，嘉定錢坫、陽湖錢伯坰，皆以書名。坫自負其篆直接陽冰，嘗游焦山，見壁間篆書心經，歎爲陽冰之亞。既而知爲石如所作，摭其不合六書者以爲詆。伯坰故服石如篆、分爲絕業，及見其行、草，歎曰：「此楊少師神境也！」復與論筆法不合，遂助坫詆之尤力。坫見儒林傳。

伯坰，字魯斯，自號僕射山人，尙書維城從子。少孤，力學，工詩嗜酒，廣交游，以國子監生終。書學顏平原、李北海，嘗曰：「古人用兔毫，故書有中線，今用羊毫，其精者乃成雙鉤。

吾耽此五十年，才十得三四。」論者謂自劉墉歿，正、行書以伯坰爲第一。其執筆，虛小指，以三指包管外，與大指相拒，側毫入紙，助怒張之勢。指腕皆不動，以肘來去，斥古今相承撥鐙之說。石如作書，則懸腕雙鉤，管隨指轉，兩家法大殊。

吳育，字山子，江蘇吳江人。與包世臣、李兆洛游，能文，工書。謂：「下筆須使筆毫平鋪紙上，乃四面圓足，此陽冰篆法，書家眞秘密語。」世臣取其說。育篆書尤工，法與石如差近。

楊沂孫，字詠春，江蘇常熟人。道光二十三年舉人，官安徽鳳陽知府。父憂歸，遂不出，自號濠叟。少學於李兆洛，治周、秦諸子。耽書法，尤致力於篆、籀，著文字解說問諡，欲補苴段玉裁、王筠所未備。又考上古逮史籀、李斯，折衷於許愼，作在昔篇。篆、隸宗石如，而多自得。嘗曰：「吾書篆、籀，頡頏鄧氏，得意處或過之；分、隸則不能及也。」光緒七年，卒，年六十九。沂孫同時工篆、籀者，又推吳大澂，自有傳。

吳熙載，初名廷颺，以字行，後又字讓之，江蘇儀徵人。先世居江寧，父明煌，始游揚州，善相人術。熙載爲諸生，博學多能，從包世臣學書。世臣創明北朝書派，溯源窮流，爲一家之學。其筆法兼採同時黃乙生、王良士、吳育、朱昂之、鄧石如諸人之說。執筆，食指高鉤，大指加食指、中指之間，中指內鉤，小指貼名指外拒，管向左迤，後稍偃，若指鼻準。運鋒，使筆毫平鋪紙上，筆筆斷而後起。結字計白當黑，使左右牝牡相得，自謂合古人八法、九宮之旨。熙載恪守師法，世臣眞、行、藁草無不工，嗜篆、分而未致力，熙載篆、分功力尤深。復縱筆作畫，亦有士氣。咸豐中，卒。

與熙載同受包氏法者，江都梅植之蘊生，甘泉楊亮季子，高涼黃洵修存，餘姚毛長齡仰蘇，旌德姚配中仲虞，松桃楊承汪挹之。配中詳儒林傳。

植之，道光十九年舉人。通經，以詩鳴，世臣尤稱其詧。謂其跌宕遒麗，煅煉舊搨，血脈精氣，奔赴腕下，熙載未之敢先。又得琴法於吳思伯之女弟子顏夫人，獨具神解。糾正思伯傳譜，於古操製曲之故，輒能知之。自署所居曰嵇庵。配中與有同嗜，著琴學二卷。植之五十而卒，琴法未有傳書。

亮，世爲將家，襲騎都尉世職。篤學敦行，江、淮間士大夫多稱之。書亞於熙載。

合肥沈用熙最後出，至光緒末始卒，年近八十。畢生守師法，最爲包門老弟子。

世臣敍次清一代書人爲五品，分九等：「平和簡靜，遒麗天成，曰神品；醞釀無迹，橫直相安，曰妙品；逐迹尋源，思力交至，曰能品；楚調自歌，不謬風雅，曰逸品；墨守迹象，雅有門庭，曰佳品。神品一人，鄧石如隸及篆書。妙品上一人，鄧石如分及眞書；妙品下二人，劉墉小眞書，姚鼐行草書。能品上七人，釋邱山眞及行書，宋玨分牓書，傅山草書，姜宸英行書，鄧石如草書，劉墉牓書，黃乙生行牓書；能品下二十三人，王鐸草書，周亮工草書，笪重光行書，吳大來草書，趙潤草牓書，張照行書，劉紹庭草牓書，吳襄行書，翟賜履草書，王澍行書，周於禮行書，梁巘眞及行書，翁方綱行書，于令淓行書，巴慰祖分書，顧光旭行書，張惠言篆書，王文治方寸眞書，劉墉行書，汪庭桂分書，錢伯坰行及牓書，陳希祖行書，黃乙生小眞行書。逸品上十五人，顧炎武正書，蕭雲從行書，釋雪浪行書，鄭簠分及行書，高其佩行書，陳洪綬行書，程邃行書，紀映鍾行書，金農分書，張鵬翀行書，袁枚行書，朱筠蘽書，朱珪眞書，鄧石如行書，宋鎔行書；逸品下十六人，王時敏行及分書，朱彝尊分及行書，程京萼行書，釋道濟行書，趙靑藜眞及行書，錢載行書，程瑤田小眞書，巴慰祖行書，汪中行書，畢涵行書，陳淮行書，姚鼐小眞書，程世淳行書，李天澂行書，伊秉綬行書，張桂巖行書。佳品上二十二人，沈荃眞書，王鴻緒行書，先著行書，查士標行書，汪士鋐眞書，何焯小眞書，陳奕禧行書，陳鵬年行書，徐良行書，蔣衡眞書，于振行書，趙知希草書，孔繼涑行書，嵇璜眞書，錢澧行書，桂馥分書，翁方綱小眞書，張燕昌小眞書，康基田行書，錢坫篆書，谷際岐行書，洪梧小眞書；佳品下十人，鄭來行書，林佶小眞書，方觀承行書，董邦達行書，華嵒行書，秦大士行書，高方小眞書，金榜眞書，吳俊行書，陳崇本小眞書。」九品共九十七人，重見者六人，實九十一人。復增能品上一人，張琦眞、行及分書；能品下三人，于書佃行書，段玉立小眞及草書，吳德旋行書。佳品上六人，吳育篆及行書，方履籛分書，梅植之行書，朱昂之行書，李兆洛行書，徐準宜眞書。

其後包氏之學盛行，咸、同以來，以書名者，何紹基、張裕釗、翁同龢三家最著，並見他傳。紹基宗顏平原法，晚復出入漢分；裕釗源出於包氏；同龢規模閎變，不爲諸家所囿，爲一代後勁云。

清史稿卷五百四

列傳二百九十一

藝術三

王時敏 族姪鑑 子撰 孫原祁 原祁曾孫宸
陳洪綬 崔子忠 禹之鼎 余集 改琦 費丹旭
釋道濟 髠殘 朱耷 弘仁 王翬 吳歷 楊晉 黃鼎 方士庶
惲格 馬元馭 王武 沈銓 龔賢 趙左 項聖謨 查士標
高其佩 李世倬 朱倫瀚 張鵬翀
唐岱 焦秉貞 郎世寧 張宗蒼 余省 金廷標 丁觀鵬 繆炳泰
華喦 高鳳翰 鄭燮 金農 羅聘 奚岡 錢杜 方薰

王學浩　黄均

王時敏，字遜之，號煙客，江南太倉人，明大學士錫爵孫。以廕官至太常寺少卿。時敏系出高門，文采早著。鼎革後，家居不出，獎掖後進，名德爲時所重。明季畫學，董其昌有開繼之功，時敏少時親炙，得其眞傳。錫爵晚而抱孫，彌鍾愛，居之别業，廣收名蹟，悉窮秘奥。於黄公望墨法，尤有深契，暮年益臻神化。愛才若渴，四方工畫者踵接於門，得其指授，無不知名於時，爲一代畫苑領袖。康熙十九年，卒，年八十有九。

鑑，字圓照，明尚書世貞曾孫。與時敏同族，爲子姪行，而年相若。崇禎中，官廉州知府，甫强仕，謝職歸。就弇園故址，營構居之，蕭然世外。與時敏砥礪畫學，以董源、巨然爲宗，沉雄古逸，雖靑綠重色，書味盎然。後學尊之，與時敏匹。康熙十六年，卒，年八十。

時敏子撰，字異公。畫守家法，得其具體。

孫原祁，字茂京，號麓臺。幼作山水，張齋壁，時敏見之，訝曰：「吾何時爲此耶？」問知，乃大奇曰：「此子業且出我右！」康熙九年成進士，授任縣知縣。行取給事中，尋改中允，直南書房。累擢戶部侍郎，歷官有聲。時海內清晏，聖祖右文，幾餘怡情翰墨，常召入便殿，從容奏對。或於御前染翰，上憑几觀之，不覺移晷。命鑒定內府名蹟，充書畫譜總裁、萬壽盛典總裁，恩禮特異。五十四年，卒於官，年七十四。

原祁畫爲時敏親授，於黃公望淺絳法，獨有心得，晚復好用吳鎮墨法。時敏嘗曰：「元季四家，首推子久，得其神者，惟董宗伯；得其形者，予不敢讓；若形神俱得，吾孫其庶幾乎？」王翬名傾一時，原祁高曠之致突過之。每畫必以宣德紙，重毫筆，頂煙墨，曰：「三者一不備，不足以發古雋渾逸之趣。」或問王翬，曰「太熟」；復問查士標，曰「太生」。蓋以不生不熟自居。中年後，供奉內廷，乞畫者多出代筆，而自署名。每歲晏，與門下賓客畫，人一幅，爲製裘之需，好事者緘金以待。弟子最著者黃鼎、唐岱，並別有傳。

原祁曾孫宸，字子凝，號蓬心。乾隆二十五年舉人，官湖南永州知府。原祁諸孫，多以畫世其家，惟宸最工。枯毫重墨，氣味荒古。愛永州山水，自號瀟湘子，有終焉之志。罷官後，貧不能歸，畢沅爲總督，遂往依之武昌。以詩畫易酒，湖湘間尤重其畫。著繪林伐材十卷，王昶稱爲「畫史總龜」云。

陳洪綬，字章侯，浙江諸暨人。幼適婦翁家，登案畫關壯繆像於素壁，長八九尺，婦翁見之驚異，扃室奉之。洪綬畫人物，衣紋清勁，力量氣局，在仇、唐之上。嘗至杭州，摹府學石刻李公麟七十二賢像，又摹周昉美人圖，數四不已，人謂其勝原本，曰：「此所以不及也。吾畫易見好，則能事猶未盡。」嘗爲諸生，崇禎間，游京師，召爲舍人，摹歷代帝王像，縱觀御府圖畫，藝益進。尋辭歸。鼎革後，混迹浮屠間，初號老蓮，至是自號悔遲。縱酒不羈，語及亂離，輒慟哭。後數年卒。子字，號小蓮。畫亦有名。

洪綬在京師與崔子忠齊名，號「南陳北崔」云。

子忠，一名丹，字道母，別號青蚓，山東萊陽人，寄籍順天。爲諸生，負異才。作畫意趣在晉、唐之間，不屑襲宋、元窠臼。人物士女尤勝，董其昌稱之，謂非近代所有。以金帛請者不應，家居常絕食。史可法贈以馬，售得金，呼友痛飲，一日而金盡。爲詩古文，奧博奇崛。遭亂，走居土室中，遂窮餓以死。其後畫人物士女最著者，曰禹之鼎、余集、改琦、費丹旭。

之鼎，字尚吉，號愼齋，江蘇江都人。幼師藍瑛，後出入宋、元諸家，尤擅人物，繪王會圖傳世。其寫眞多白描，不襲李公麟之舊，而用吳道子蘭葉法，兩顴微用脂赭染之，彌復古雅。康熙中，授鴻臚寺序班。愛洞庭山水，欲居之，遂歸。朝貴名流，多屬繪圖像，世每傳之。

集，字秋室，浙江錢塘人。乾隆三十一年進士。工畫士女，時稱曰「余美人」，廷試，當得大魁，因此抑之。尋充四庫全書纂修，薦授翰林院編修，累擢侍讀。所作風神靜朗，無畫史氣，爲世所重，比諸仇、唐遺迹。

琦，字伯蘊，號七薌，先世爲西域人，壽春鎭總兵光宗孫，因家江南，居華亭。琦通敏多能，工詩詞。嘉、道後畫人物，琦號最工。出入李公麟、趙孟頫、唐寅及近代陳洪綬諸家。花草蘭竹小品，迥出塵表，有惲格遺意。

丹旭，字子茗，號曉樓，浙江烏程人。工寫眞，如鏡取影，無不曲肖。所作士女，娟秀有神，景物布置皆瀟洒，近世無出其右者。

釋道濟，字石濤，明楚藩裔，自號淸湘老人。題畫自署或曰大滌子，或曰苦瓜和尚，或曰瞎尊者，無定稱。國變後爲僧，畫筆縱恣，脫盡窠臼，而實與古人相合。晚游江、淮，人爭重之。著論畫一卷，詞議玄妙。與髡殘齊名，號「二石」。

髡殘，字石溪，湖南武陵人。幼孤，自翦髮投龍三三家菴。徧游名山，後至江寧，住牛首，爲堂頭和尙。畫山水奧境奇闢，緬邈幽深，引人入勝。道濟排奡縱橫，以奔放勝；髡殘沉著痛快，以謹嚴勝：皆獨絕。

朱耷，字雪個，江西人，亦明宗室。崇禎甲申後，號八大山人，嘗爲僧。其書畫題款「八大」二字每聯綴，「山人」二字亦然，類「哭」類「笑」，意蓋有在。畫簡略蒼勁，生動盡致，山水精密者尤妙絕，不概見。慷慨嘯歌，世以狂目之。

弘仁，字漸江，安徽休寧人，姓江，字亦奇。明諸生，亦甲申後爲僧。工詩古文，畫師倪瓚，新安畫家皆宗之。然弘仁所作層崖陡壑，偉俊沉厚，非若世之以疏竹枯株摹擬高士者比。歿後，墓上種梅數百本，因稱梅花古衲云。

自道濟以下，皆明之遺民，隱於僧，而以畫著。其後畫僧，上睿、明中、達受最有名。上睿，字目存，吳人。嘗從王翬游，得其指授。明中，字大恆，浙江桐鄉人。晚主杭州南屏淨慈。高宗南巡，賜紫衣。山水得元人法。達受，字六舟，浙江海寧人。故名家子。耽翰墨，書得徐渭、陳道復縱逸之致。善別古器，精摹搨，或點綴折枝於其間，多古趣。阮元呼曰「金石僧」。

王翬，字石谷，號耕煙，江南常熟人。太倉王鑑遊虞山，見其畫，大驚異，索見，時年甫冠。載歸，謁王時敏，館之西田。盡出唐以後名蹟，俾坐臥其中，時敏復挈之遊江南北，盡得觀收藏家秘本。如是垂二十年，學遂成。康熙中詔徵，以布衣供奉內廷。繪南巡圖，集海內能手，逡巡莫敢下筆，翬口講指授，咫尺千里，令衆分繪而總其成。圖成，聖祖稱善，欲授官，固辭，厚賜歸。公卿祖餞，賦詩贈行。翬天性孝友，篤於風義，時敏、鑑既歿，歲時猶省其墓。康熙五十六年，卒，年八十六。翬論畫曰：「以元人筆墨，運宋人丘壑，而澤以唐人氣韻，乃爲大成。」稱之者曰：「古今筆墨之齟齬不相入者，翬羅而置之筆端，融治以出。畫有南、北宗，至翬而合。」

吳歷，又名子歷，字漁山，號墨井道人，亦常熟人。學畫於王時敏，心思獨運，氣韻厚重沉鬱，迥不猶人。晚年棄家從天主教，曾再遊歐羅巴。作畫每用西洋法，雲氣縣渺淩虛，迥異平時。康熙五十七年，卒，年八十七。當時或言其浮海不歸，後於上海南郭得其墓碣，題曰「天學修士」云。翬初與友善，後絕交。王原祁論畫，右歷而左翬，曰：「邇時畫手，惟吳漁山而已。」世以時敏、鑑、翬、原祁、歷及惲格，並稱爲六大家。同縣又有楊晉、黃鼎。

晉，字子鶴。翬弟子，山水清秀，尤以畫牛名。翬作圖，凡有人物與轎駝馬牛羊，皆命晉寫之。從翬繪南巡圖，因摹內府名蹟進御。

鼎，字尊古。學於王原祁，而私淑翬，得其意。臨摹古人輒逼眞，尤擅元王蒙法。徧遊名山，號獨往客。論者謂翬看盡古今名畫，下筆具有淵源；鼎看盡九州山水，下筆具有生氣。常客宋犖家，梁、宋間其蹟獨多。

方士庶，字循遠，號小師道人，安徽歙縣人，家於揚州。鼎弟子，早有出藍之目。年甫逾四十，卒，論者惜之。翬畫派爲一代所宗，世比之王士禎之詩，當時門弟子甚盛，傳衍其法者益衆，附著其尤者。

惲格，字壽平，後以字行，改字正叔，號南田，江南武進人。父日初，見隱逸傳。格年十三，從父至閩。時王祈起兵建寧，日初依之。總督陳錦兵克建寧，格被掠，錦妻撫以爲子。從遊杭州靈隱寺，日初偵遇之，紿使出家爲僧，乃得歸。格以父忠於明，不應舉，擅詩名，鬻畫養父。畫出天性，山水學元王蒙。既與王翬交，曰：「君獨步矣！吾不爲第二手。」遂兼用徐熙、黃筌法作花鳥，天機物趣，畢集豪端，比之天仙化人。畫成，輒自題詠書之，世號「南田三絕」。雖自專意寫生，間作山水，皆超逸，得元人冷淡幽雋之致。王時敏聞其名，招之，不時至。至，則時敏已病，榻前一握手而已。家酷貧，風雨常閉門餓，以金幣乞畫者，非其人不與。康熙二十九年，卒，年五十四。子不能具喪，王翬葬之。

從父向，字道生。自明季以畫著，山水得董源法，格少卽師之。及格負重名，羣從子弟多工畫。其著者源濬，字哲長，官天津縣丞。能傳徐熙法，筆有生氣。族曾孫鍾蔭之女曰冰，尤有名，詳列女傳。

其弟子尤著者：馬元馭，字扶曦，常熟人。家貧，好讀書。幼卽工畫，王翬稱之。後學於格，得其逸筆，頗稱入室。孫女荃，傳其學，名與惲冰相匹。元馭嘗以畫法授同縣蔣廷錫，後廷錫官禁近，以書招之，謝不往。

格人品絕高，寫生爲一代之冠，私淑者衆，然不能得其機趣神韻。惟乾隆中華嵒號爲繼迹。後改琦亦差得其意云。

王武，字勤中，吳縣人。畫花草，流麗多風，王時敏亦稱爲妙品，學者宗之。及格出，遂掩其上。

沈銓，字南蘋，浙江德清人。工寫花鳥，專精設色，妍麗絕人。雍正中，日本國王聘往授畫，三年乃歸，故其國尤重銓畫，於格爲別派。

龔賢，字半千，江南崑山人。寓江寧，結廬清涼山下，葺半畝園，隱居自得。性孤僻，詩文不苟作。畫得董源法，埽除蹊徑，獨出幽異，自謂前無古人，後無來者。同時與樊圻、高岑、鄒喆、吳弘、葉欣、胡造、謝蓀號「金陵八家」。圻，字會公；造，字石公，與蓀，皆江寧人。岑，字蔚生，杭州人。喆，字方魯，吳人。弘，字遠度，金谿人。欣，字榮木，華亭人。諸家皆擅雅筆，負時譽，要以賢爲稱首。

清初畫學蔚盛，大江以南，作者尤多，各成派別，以婁東王時敏爲大宗。若金陵、雲間、嘉禾、新安，皆聞人迭起。

趙左，字文度，華亭人。畫出於宋旭，爲雲間派之首，吳、松間多宗之。

項聖謨，字孔彰，嘉興人，元汴之孫。初學文徵明，後益進於古，董其昌稱其與宋人血戰，又得元人氣韻。子奎，字東井，世其學。

同縣李琪枝，字雲連，日華之孫。山水淡逸，傳世者梅竹爲多。項、李皆名族，濡染有緒，羣從多以畫名。

其後雍、乾中錢綸光妻陳書，花鳥人物並工，詳列女傳。錢氏子孫及閨秀傳其法者衆，更盛於項、李二家。

張庚，字浦山，亦嘉興人。學於書，深通畫理，著畫徵錄及續錄，自明末至乾、嘉中，所載四百餘人。

查士標，字二瞻，號梅壑，安徽歙縣人。明諸生，後棄舉子業，專精書畫。家饒於貲，多藏鼎彝古器，及宋、元名蹟。初學倪瓚，後參以吳鎭、董其昌法，稱逸品。晚益以幽淡爲宗，疏嬾罕接賓客，蓋託以逃世。與同縣孫逸，休寧汪之瑞、釋弘仁，號「新安四家」。久寓揚州，康熙三十七年，卒，年八十四。

逸，字無逸。流寓蕪湖，曾繪歙山二十四圖。

之瑞，字無瑞。豪邁自喜，渴筆焦墨，酒酣揮灑如風雨。

時當塗蕭雲從，字尺木。與逸齊名，山水不專宗法，兼長人物。於采石太白樓下四壁畫五嶽圖，又畫太平山水及離騷圖，好事者並鐫刻以傳。

高其佩，字韋之，號且園，奉天遼陽人，隸籍漢軍。父殉耿藩之難，其佩以廕官至戶部侍郎。畫有奇致，人物山水，並蒼渾沉厚，衣紋如草篆，一袖數折。尤善指畫，嘗畫黃初平叱石成羊，或已成羊而起立，或將成而未起，或半成而未離爲石，風趣橫生。畫龍、虎，皆極其態。世既重其指墨，晚年以便於揮灑，遂不復用筆。其筆畫之佳，幾無人知之。雍正十二年，卒。甥李世倬、朱倫瀚皆學於其佩。

世倬，字漢章，總督如龍子。官至右通政。少至江南，從王翬游，得其傳。後官山西，觀吳道子水陸道場圖，悟人物之法。花鳥寫生，得其佩指墨之趣，易以筆運，各名一家。

倫瀚，字涵齋，明裔也，隸籍漢軍。官至都統，直內廷。指畫師其佩，丘壑奇而正，色淡味厚。喜作巨障，元氣淋漓。指上生有肉錐，故作人物，鬚眉尤有神，出於天授。其後傳其佩法者，有傅雯、瑛寶。

雯，字凱亭。奉天布衣，爲諸王邸客，京師多其遺迹。

瑛寶，字夢禪，滿洲人，大學士永貴子。以疾辭廕不仕，詩畫自娛。指墨以簡貴勝，深自矜許。

張鵬翀，字天飛，自號南華山人，江蘇嘉定人。雍正五年進士，入翰林，官至詹事府詹事。天才超邁，詩畫皆援筆立就，瀟洒自適，類其爲人。高宗愛其才，不次拔擢。進奉詩文，多寓規於頌。畫無師承，自然入古。雖應制之作，蕭散若不經意，愈見神韻。繪春林澹靄圖，題詩進上，上賜和，鵬翀卽於宮門疊韻陳謝。嘗從駕西苑液池，一渡之頃，得詩八首。屢敕御舟作畫，賜御筆枇杷折枝及松竹雙清圖，又賜雙清閣書額，迭拜筆硯、文綺之賜無算。乾隆十年，乞假歸，卒於途次。上眷之，久不忘，對羣臣輒曰：「張鵬翀可惜！」

自康熙至乾隆朝，當國家全盛，文學侍從諸臣，每以藝事上邀宸眷。大學士蔣廷錫及子溥，董邦達及子誥，尙書錢維城，侍郎鄒一桂，與鵬翀爲尤著。

廷錫以逸筆寫生，奇正、工率、濃淡，一幅間恆間出，無不超脫。源出於惲格，而不爲所囿。邦達山水源於董源、巨然、黃公望，墨法得力於董其昌，自王原祁後推爲大家。久直內廷，進御之作，大幅尋丈，小册寸許，不下數百。溥、誥各承其家法。維城山水蒼秀，花卉傳色尤有神采。一桂以百花卷被宸賞，世謂惲格後罕匹者。諸人所繪並入石渠寶笈，御題褒美，傳爲盛事。

嘉慶中，尙書黃鉞由主事改官翰林，入直，畫爲仁宗所賞。道、咸以後，侍郎戴熙、大學士張之萬，並官禁近，以畫名。然國家寖以多故，視承平故事稍異焉。

唐岱，字毓東，滿洲人。康熙中，以廕官參領。從王原祁學畫，丘壑似原祁。供奉內廷，聖祖品題當時以爲第一手，稱「畫狀元」。歷事世宗、高宗。高宗在潛邸，即喜其畫，數有題詠，後益被寵遇。唐岱專工山水，以宋人爲宗。少時名動公卿。直內廷久，筆法益進，人間傳播者轉稀。著繪事發微行世。

清制，畫史供御者無官秩，設如意館於啓祥宮南，凡繪工、文史及雕琢玉器、裝潢帖軸皆在焉。初類工匠，後漸用士流，由大臣引薦，或獻畫稱旨召入，與詞臣供奉體制不同。間賜出身官秩，皆出特賞。高宗萬幾之暇，嘗幸館中，每親指授，時以爲榮。其畫之精美者，一體編入石渠寶笈、祕殿珠林二書。嘉慶中，編修胡敬撰國朝院畫錄，凡載八十餘人，其尤卓著可傳者十餘人。

焦秉貞，山東濟寧人。康熙中，官欽天監五官正。工人物樓觀，通測算，參用西洋畫法，剖析分刌，量度陰陽向背，分別明暗，遠視之，人畜、花木、屋宇皆植立而形圓。聖祖嘉之，命繪耕織圖四十六幅，鐫版印賜臣工。自秉貞創法，畫院多相沿襲。

其弟子冷枚，膠州人，爲最肖。與繪萬壽盛典圖。

陳枚，江蘇婁縣人。官內務府郎中。初法宋人，折衷唐寅，後亦參西洋法。寸紙尺縑，圖羣山萬壑，人物胥備。

郎世寧，西洋人。康熙中入直，高宗尤賞異。凡名馬、珍禽、琪花、異草，輒命圖之，無不奕奕如生。設色奇麗，非秉貞等所及。

艾啓蒙，亦西洋人。其藝亞於郎世寧。

張宗蒼，字默存，江蘇吳縣人。學畫於黃鼎。初官河工主簿。乾隆十六年南巡，獻册，受特知，召入直。數年，授戶部主事，以老乞歸。宗蒼山水，氣體深厚，多以皴擦取韻，一洗畫院甜熟之習，被恩遇特厚。所畫著錄石渠者，百十有六，多荷御題。

弟子徐揚、方琮最得其法，亦邀宸賞，賜揚舉人，授內閣中書。

余省，字曾三，江蘇常熟人。善寫生，能得花外之趣。同時楊大章，亦賦色修潔，可與鄒一桂頡頏，花鳥以二人爲最工。

金廷標，字士揆，浙江桐鄉人。南巡進白描羅漢，稱旨，召入祗候。廷標畫不尚工緻，以機趣傳神。高宗題所作琵琶行圖曰：「唐寅舊圖，有琵琶伎在別船，廷標祗繪白居易一人側耳而聽，別有會心。古人畫意爲先，非畫院中人所及。」會愛烏罕進四駿，郎世寧繪之，復命廷標別作，仿李公麟法，增寫執靮人，古趣出彼上。及廷標卒，上命舊黏殿壁者悉付裝池，收入石渠寶笈。

丁觀鵬，工人物，效明丁雲鵬，以宋人爲法，不尙奇詭。畫仙佛神像最擅長，著錄獨多。時有嚴弘滋者，南巡兩次獻畫，所作三官神像，秀發飛揚，稱爲絕作，屢命畫院諸人摹之。

姚文瀚，亦以人物仙佛名，亞於觀鵬。

繆炳泰，字象賓，江蘇江陰人。初以國子監生召繪御容。南巡，應召試，賜舉人，授中書，官至兵部郎中。乾隆五十年以後御容，皆出所繪。又命繪紫光閣功臣像，人人逼肖，寫眞之最工者。

畫院盛於康、乾兩朝，以唐岱、郎世寧、張宗蒼、金廷標、丁觀鵬爲最，宗蒼所作，尤有士氣，道光以後無聞焉。至光緒中，孝欽皇后喜藝事，稍復如意館舊規，畫史皆凡材，無可紀者。

華嵒，字秋岳，號新羅山人，福建臨汀人。慕杭州西湖之勝，家焉。畫山水、人物、花鳥、草蟲無不工，脫去時蹊，力追古法。有時過求超脫，然其率略處，愈不可及。工詩，有離垢集，古質淸峭。書法脫俗，世稱「三絕」，可繼惲格。僑居揚州最久，晚歸杭州，卒年近八十。

乾、嘉之間，浙西畫學稱盛，而揚州游士所聚，一時名流競逐。其尤著者，爲高鳳翰、鄭燮、金農、羅聘、奚岡、黃易、錢杜、方薰等。

鳳翰，字西園，山東膠州人。雍正初，以薦得官，署安徽績溪知縣，被劾罷。久寓江、淮間，病偏痺，遂以左手作書畫，縱逸有奇氣。嘗登焦山觀瘞鶴銘，尋宋陸游題名，親埽積蘚，燃燭捫圖，以敗筆淸墨爲圖，傳爲傑作。性豪邁不羈，藏硯千，手自鐫銘，著硯史。又藏司馬相如玉印，秘爲至寶。盧見曾爲兩淮運使，欲觀之，長跪謝不可，其癖類此。

燮，字板橋，江蘇興化人。乾隆元年進士，官山東濰縣知縣，有惠政。辭官鬻畫，作蘭竹，以草書中竪長撇法爲蘭葉，書雜分隸法，自號「六分半書」。詩詞皆別調，而有摯語。慷慨嘯傲，慕明徐渭之爲人。

燮同縣李鱓，字復堂。舉人。官山東滕縣知縣。花鳥學林良，多得天趣。陳撰，字楞山，浙江鄞縣人，亦居揚州。舉鴻博，不就試。與鱓齊名，寫梅尤雋逸。

農，字壽門，號冬心，浙江仁和人。布衣，薦鴻博，好學癖古，儲金石千卷。中歲，游跡半海內，寄居揚州，遂不歸。分隸小變漢法，又師禪國山及天發讖兩碑。截毫端，作擘窠大字。年五十，始從事於畫。初寫竹，師石室老人，號稽留山民。繼畫梅，師白玉蟾，號昔耶居士。又畫馬，自謂得曹、韓法。復畫佛，號心出家盦粥飯僧。其點綴花木，奇柯異葉，皆意爲之。問之，則曰：「貝多龍窠之類也。」性逋峭，世以迂怪目之。詩亦鑱削苦硬。無子，晚手錄以付其女。歿後，羅聘搜輯雜文編爲集。

聘，字兩峯，江都人。淹雅工詩，從農游，稱高足弟子，畫無不工。躭禪悅，夢入招提曰花之寺，髣髴前身，自號花之寺僧。多摹佛像，又畫鬼趣圖，不一本。游京師，跌宕詩酒，老而益貧。曾燠爲兩淮運使，資之歸，未幾卒。妻方婉儀，亦工詩畫，好禪，號白蓮居士。

岡，字鐵生，號蒙泉，舊爲歙縣人，居錢塘，遂隸籍。負奇，不得志，寄於詩畫。山水取法婁東，自成逸韻；竹石花木，超雋得元人意；四十後名益噪。曾游日本，海外估舶，懸金購其畫。徵孝廉方正，辭不就。

岡與同縣黃易齊名。易父樹穀，亦工書畫。易詳文苑傳，篤嗜金石，每以訪碑紀游作圖，爲世所重。畫境簡淡，山左多宗之。

杜字，叔美，號松壺，仁和人。屈於下僚，曾官雲南經歷，足跡踰萬里。深擘畫學，摹趙伯駒、孟頫、王蒙皆神似。間爲金碧雲山，妍雅絕俗。畫梅疎冷出趙孟堅。兼擅詩名。著松壺畫贅、畫憶，多名論。

從兄東，字袖海，畫近惲格，名亞於杜。

薰，字蘭坻，浙江石門人。父槑，故善畫，薰幼從父游吳、越間，多見名蹟，接耆宿，遂兼衆長。論畫曰：「寫生以意勝形似。」又曰：「不拘難易，須雅馴。」著山靜居論畫，以布衣終。

王學浩，字椒畦，江蘇崑山人。乾隆五十一年舉人。幼學畫於同縣李豫德，豫德爲王原祁外孫，得南宗之傳。學浩溯源倪、黃，筆力蒼勁。論畫曰：「六法，一寫字盡之。寫者，意在筆先，直追所見，雖亂頭麤服，而意趣自足。或極工麗，而氣味古雅，所謂士大夫畫也。否則與俗工何異？」又曰：「畫以簡爲上，雖煙客、麓臺，猶未免繁碎，如大癡，眞未易到。大癡法固在荒率蒼古中求之，尤須得其不甚著力處。」時論學浩用墨，能入絹素之骨，比人深一色。晚好用破筆，脫盡窠臼，畫格一變。著南山論畫。卒，年七十九。學浩享大年，道光之季，畫苑推爲尊宿。館吳中寒碧山莊劉氏，壇坫甚盛。其時吳、越作者雖衆，足繼前哲名一家者，蓋寥寥焉。

黃均，字穀原，元和人。守婁東之法，盡其能事。游京師，法式善、秦瀛爲之延譽，得官，補湖北潛江主簿，未之任。於武昌臙脂山麓築小園，居之二十年，以吏爲隱。畫晚而益工，於吳中稱後勁。

淸畫家聞人多在乾隆以前，自道光後，卓然名家者，惟湯貽汾、戴熙二人，並自有傳。昭文蔣寶齡著墨林今話，繼張庚畫徵錄之後，子茝生爲續編，至咸豐初，視庚錄數幾倍之。

其後光緒中，無錫秦祖詠著桐陰論畫，論次一代作者，分三編，評隲較嚴，稱略備焉。今特著其尤工者，寶齡、祖詠畫亦並有法。

清史稿卷五百五

列傳二百九十二

藝術四

王來咸　褚士寶　馮行貞　甘鳳池　曹竹齋潘佩言
江之桐　梁九　張漣葉陶　劉源　唐英　戴梓
丁守存　徐壽子建寅　華封

王來咸，字征南，浙江鄞縣人。先世居奉化，自祖父居鄞，至來咸徙同嶴，從同里單思南受內家拳法。內家者，起於宋武當道士張三峯，其法以靜制動，應手卽仆，與少林之主於搏人者異，故別少林爲外家。其後流傳於秦、晉間，至明中葉，王宗岳爲最著，溫州、陳州同受之，遂流傳於溫州。嘉靖間，張松溪最著，松溪之徒三四人，寧波葉繼美爲魁，遂流傳

於寧波。得繼美之傳者，曰吳崑山、周雲泉、陳貞石、孫繼槎及思南，各有授受。思南從征

關白，歸老於家，以術教，頗惜其精微。來咸從樓上穴板窺之，得其梗概。以銀巵易美檟奉思南從征

思南，始盡以不傳者傳之。

來咸爲人機警，不露圭角，非遇甚困不發。凡搏人皆以其穴，死穴、暈穴、啞穴，一切如銅人圖法。有惡少侮之，爲所擊，數日不溺，謝過，乃得如故。牧童竊學其法，擊伴侶，立死。視之，曰：「此暈穴。」不久果甦。任俠，嘗爲人報讎，有致金以讎其弟者，絕之，曰：「此以禽獸待我也！」明末，嘗入伍爲把總，從錢肅樂起兵浙東，事敗，隱居於家。慕其藝者，多通殷勤，皆不顧。鋤地擔糞，安於食貧。未嘗讀書，與士大夫談論蘊藉，不知爲麤人。黃宗羲與之游，同入天童，僧少談有膂力，四五人不能掣其手，稍近來咸，蹶然負痛。來咸嘗曰：「今人以內家無可炫耀，於是以外家羼之，此學行衰矣！」因爲宗羲論述其學源流。康熙八年，卒，年五十三。宗羲子百家從之學，演其說爲內家拳法一卷，百家後無所傳焉。

清中葉，河北有太極拳，云其法出於山西王宗岳，其法式論解，與百家之言相出入。至清末，傳習者頗衆云。

褚士寶，字復生，江南上海人。家素封，膂力過人，好技擊，游學四方。與畢昆陽、武君

卿爲友，遂精槍法，名曰四平槍，旋轉如風，人莫能近。同邑有張擎者，虎頸板肋，力舉百鈞，橫行爲閭里患，衆請士賓除之。同飲酒，擎自誇其勇，酒酣，攘臂作勢，士賓徐以箸點其胸，曰：「子盍坐而言乎？」擎遂默然，少頃辭去，越日，死於橋亭。明季福王南渡，兵部員外郎何剛薦士賓爲伏波營游擊。未之官，南都陷，終老於家。所傳弟子有王聖蕃、池天榮。天榮又傳浙江提督喬照。其槍譜二種及治傷藥酒方，世猶有藏之者。

馮行貞，字服之，江南常熟人。父班，以文學著。兄行賢，傳其學。行貞少亦喜讀書，工小詞，性倜儻不羈。善射，能以後矢落前矢，投石子於百步外無不中。實鷄卵殼以鑛灰，遇劇盜，輒先發鷄卵中其目。山東響馬老瓜賊爲行旅患，聞馮氏名，莫敢攖。從休寧程打虎及張老受槍法，馳突無敵。山行遇虎，以短槍斃之。嘗爲客報讎。康熙中，從康親王傑書軍南征，有功，當得官，尋棄歸。僑居吳中婁門外村落，以經書教授，詩畫自娛。年七十餘，卒。以槍法授同縣陶元淳，元淳後無傳者。

甘鳳池，江南江寧人。少以勇聞。康熙中，客京師貴邸。力士張大義者慕其名，自濟南來見。酒酣，命與鳳池角，鳳池辭，固强之。大義身長八尺餘，脛力强大，以鐵裹拇，騰躍若風雨之驟至。鳳池卻立倚柱，俟其來，承以手，大義大呼仆，血滿韡，解視，拇盡嵌鐵中。即墨馬玉麟，長軀大腹，以帛約身，緣牆升木，捷於猱。客揚州巨賈家，鳳池後至，居其上。玉麟不平，與角技，終日無勝負。鳳池曰：「此勁敵，非張大義比！」明日又角，數蹈其瑕，玉麟直前擒鳳池，以駢指卻之，玉麟仆地，慚遁。鳳池嘗語人曰：「吾力不逾中人，所以能勝人者，善借其力以制之耳。」手能破堅，握鉛錫化爲水。又善導引術，同里譚氏子病瘵，醫不效，鳳池於靜室窒牖戶，夜與合背坐，四十九日而痊。

喜任俠，接人和易，見者不知爲賁、育。雍正中，浙江總督李衞捕治江寧顧雲如邪術不軌獄，株連百數十人，鳳池亦被逮，讞擬大辟。世宗於此獄從寬，未盡駢誅。或云鳳池年八十餘，終於家。江湖間流傳其佚事多荒誕，著其可信者。

曹竹齋，以字行，佚其名，福建人。老而貧，賣卜揚州市。江、淮間健者，莫能當其一拳，故稱曹一拳。少年以重幣請其術，不可。或怪之，則曰：「此皆無賴子，豈當授藝以助虐哉？拳棒，古先舞蹈之遺也，君子習之，所以調血脈，養壽命，其粗乃以禦侮。必彼侮而我禦之，若以之侮人，則反爲人所禦而自敗矣。無賴子以血氣事侵淩，其氣浮於上，而立脚虛，故因其奔赴之勢，略藉手而仆耳。一身止兩拳，拳之大纔數寸，焉足衞五尺之軀，且以接四面乎？惟養吾正氣，使周於吾身，彼之手足近吾身，而吾之拳，卽在其所近之處。以彼虛囂之氣，與吾靜定之氣接，則自無幸矣。故至精是術者，其徵有二：一則精神貫注，而腹背皆乾滑如腊肉；一則氣體健舉，而頟顱皆肥澤如粉粢。是皆血脈流行，應乎自然，內充實而外和平，犯而不校者也。」嘉慶末，歿於揚州，年八十餘。

潘佩言，亦以字行，安徽歙縣人。以槍法著稱，稱潘五先生。其言：「槍長九尺，而桿圓四五寸，然槍入手，則全身悉委於桿。故必以小腹貼桿，使主運；後手必盡鐓，以虎口實擫之；前手必直，令盡勢。以其掌根與後手虎口反正擰絞，而虛指使主導。兩足亦左虛右實，進退相任以趨勢。使槍尖、前手尖、前足尖、鼻尖五尖相對，而五尺之身，自託蔭於數寸之桿，遮閉周匝，敵仗無從入犯矣。其用，有戳、有打；其法，曰二、曰叉。二以取人，叉以拒人。此叉則彼二，此二則彼叉。叉二循環，兩槍尖交如繞指，分寸間，出入百合，不得令相附。桿一附，則有仆者，故曰『千金難買一聲響』。手同則爭目，目同則爭氣。氣之運也，久暫稍殊，而勝敗分焉。故其術爲至靜。」「吾授徒百數，而莫能傳吾術。吾之術，受於師者才十之三，其十之七，則授徒時被其非法相取之勢迫而得之於無意者也。是故名師易求，佳徒難訪。佳徒意在得師，以天下之大，求之無不如意者。至名師求徒，雖遇高資妙質，足以授道，而非其志之所存，不能耐勞苦以要之永久，則百貫而百見却矣。」

佩言與竹齋同時處揚州，後歸歙，不知所終。

江之桐，字蘭崖，安徽和州人。年十餘歲，傭於江寧賣餅家，嗜讀書，其主人異之。招至家，居之樓上數年，讀左傳、國語、戰國策、史記、漢書、三國志畢。乃謝主人去，自設小肆於市。更習武藝，手臂刀矛，皆務實用，變通成法。且讀書，且習藝，讀稍倦，則遍舉翕張，以作其氣。已而默坐，以凝其神，晝夜無間。至百日乃睡，睡十餘日，復如之。讀史善疑，質之儒生，往往無以答。其藝通緜長、兪刀、程棓、峩帽十八棍，多取洪門，敵硬鬭强，以急疾爲用。復及陣圖、形勢、器械，皆有理解。

年六十餘，始遇荆溪周濟。濟故績學，自負經世之略，通武藝，好談兵。與語大悅，延敎其孫，三年而之桐卒。濟之言曰：「兵事至危，非得練士能臨敵苦鬭歷三十刻，及選鋒一可當三者，雖上有致果之志，下有死長之心，遇强敵不能必克。以力爲本，以技濟之，謂之練士；作其勇者，謂之選鋒。世之便騎射、習火器，以爲士卒程，事取捷速，恆不能持久。洎乎接刃，則霍然而去。故曰『巧不勝拙』。若之桐，庶爲知務。」

梁九，順天人。自明末至淸初，大內興造匠作，皆九董其役。初，明時京師有工師馮巧者，董造宮殿，至崇禎間老矣。九往執業門下，數載，終不得其傳，而服事左右，不懈益恭。一日九獨侍，巧顧曰：「子可教矣！」於是盡授其奧。巧死，九遂隸籍工部，代執營造之事。康熙三十四年，重建太和殿，九手製木殿一區，以寸準尺，以尺準丈，大不逾數尺許，四阿重室，規模悉具，工作以之爲準，無爽。

張漣，字南垣，浙江秀水人，本籍江南華亭。少學畫，謁董其昌，通其法，用以疊石堆土爲假山。謂世之聚危石作洞壑者，氣象蹙促，由於不通畫理。故漣所作，平岡小阪，陵阜陂陁，錯之以石，就其奔注起伏之勢，多得畫意，而石取易致，隨地材足，點綴飛動，變化無窮。爲之既久，土石草樹，咸識其性情，各得其用。創手之始，亂石林立，躊躕四顧，默識在心。高坐與客談笑，但呼役夫，某樹下某石置某處，不假斧鑿而合。及成，結搆天然，奇正罔不入妙。以其術游江以南數十年，大家名園，多出其手。東至越，北至燕，多慕其名來請者，四子皆衣食其業。晚歲，大學士馮銓聘赴京師，以老辭，遣其仲子往。康熙中，卒。後京師亦傳其法，有稱山石張者，世業百餘年未替。吳偉業、黃宗羲並爲漣作傳，宗羲謂其「移山水畫法爲石工，比元劉元之塑人物像，同爲絕技」云。

葉陶，字金城，江南青浦人，本籍新安。善畫山水，康熙中，祗候內廷。奉敕作暢春園圖本稱旨，卽命佐監造，園成，賜金馳驛歸。尋復召，卒於途。

劉源，字伴阮，河南祥符人，隸漢軍旗籍。康熙中，官刑部主事，供奉內廷，監督蕪湖、九江兩關，技巧絕倫。少工畫，曾繪唐淩煙閣功臣像，鐫刻行世，吳偉業贈詩紀之。及在內廷，於殿壁畫竹，風枝雨葉，極生動之致，爲時所稱。手製淸煙墨，在「寥天一」、「青麟髓」之上。於一笏上刻滕王閣序、心經，字畫嶄然。奉敕製太皇太后及皇貴妃寶範，撥蠟精絕。時江西景德鎭開御窰，源呈甆樣數百種。參古今之式，運以新意，備諸巧妙。於彩繪人物山水花鳥，尤各極其勝。及成，其精美過於明代諸窰。其他御用木漆器物，亦多出監作，聖祖甚眷遇之。及卒，無子，命官奠茶酒，侍衞護柩，馳驛歸葬，恩禮特異焉。

唐英，字俊公，漢軍旗人。官內務府員外郞，直養心殿。雍正六年，命監江西景德鎭窰務，歷監粵海關、淮安關。乾隆初，調九江關，復監督窰務，先後在事十餘年。明以中官督造，後改巡道，督府佐司其事，淸初因之。順治中，巡撫郞廷佐所督造，精美有名，世稱「郞窰」。其後御窰興工，每命工部或內務府司官往，專任其事。年希堯曾奉使造器甚夥，世稱「年窰」。

英繼其後，任事最久，講求陶法，於泥土、釉料、坯胎、火候，具有心得，躬自指揮。又能卹工慎帑，撰陶成紀事碑，備載經費、工匠解額，臚列諸色甆釉，仿古採今，凡五十七種。自宋大觀，明永樂、宣德、成化、嘉靖、萬曆諸官窰，及哥窰、定窰、均窰、龍泉窰、宜興窰、西洋、東洋諸器，皆有仿製。其釉色，有白粉青、大綠、米色、玫瑰紫、海棠紅、茄花紫、梅子青、騾肝、馬肺、天藍、霽紅、霽青、鱔魚黃、蛇皮綠、油綠、歐紅、歐藍、月白、翡翠、烏金、紫金諸種。又有澆黃、澆紫、澆綠、塡白、描金、青花、水墨、五彩、錐花、拱花、抹金、抹銀諸名。

奉敕編陶冶圖，爲圖二十：曰採石製泥，曰淘煉泥土，曰煉灰配釉，曰製造匣鉢，曰圓器修模，曰圓器拉坯，曰琢器做坯，曰採取青料，曰煉選青料，曰印坯乳料，曰圓器青花，曰製畫琢器，曰蘸釉吹釉，曰鏇坯挖足，曰成坯入窰，曰燒坯開窰，曰圓琢洋采，曰明爐暗爐，曰束草裝桶，曰祀神酬願。各附詳說，備著工作次第，後之治陶政者取法焉。英所造者，世稱「唐窰」。

戴梓，字文開，浙江錢塘人。少有機悟，自製火器，能擊百步外。康熙初，耿精忠叛，犯浙江，康親王傑書南征，梓以布衣從軍，獻連珠火銃法。下江山有功，授道員劄付。師還，聖祖召見，知其能文，試春日早朝詩，稱旨，授翰林院侍講。偕高士奇入直南書房，尋改直養心殿。梓通天文算法，預纂修律呂正義，與南懷仁及諸西洋人論不合，咸忌之。陳弘勳者，張獻忠養子，投誠得官，向梓索詐，互毆搆訟。忌者中以蜚語，褫職，徙關東。後赦還家，留於鐵嶺，遂隸籍。

所造連珠銃，形如琵琶，火藥鉛丸，皆貯於銃脊，以機輪開閉。其機有二，相銜如牝牡，扳一機則火藥鉛丸自落筒中，第二機隨之並動，石激火出而銃發，凡二十八發乃重貯。法與西洋機關槍合，當時未通用，器藏於家，乾隆中猶存。西洋人貢蟠腸鳥槍，梓奉命仿造，以十槍賚其使臣。又奉命造子母礮，母送子出墜而碎裂，如西洋炸礮，聖祖率諸臣親臨視之，錫名爲「威遠將軍」，鐫製者職名於礮後。親征噶爾丹，用以破敵。

丁守存，字心齋，山東日照人。道光十五年進士，授戶部主事，充軍機章京。守存通天文、曆算、風角、壬遁之術，善製器。時英吉利兵犯沿海數省，船礮之利，爲中國所未有。守存慨然講求製造，西學猶未通行，凡所謂力學、化學、光學、重學，皆無專書，覃思每與闇合。大學士卓秉恬薦之，命繕進圖說，偕郎中文康、徐有壬赴天津，監造地雷、火機等器，試之皆驗。

咸豐初，從大學士賽尙阿赴廣西參軍事，會獲賊黨胡以晄，使招降其兄以晄，守存製一匣曰手捧雷，僞若緘書其中，俾以眺致之賊酋，酋啓匣炸首死。尋檻送賊渠洪大全還京，遷員外郎。

從尙書孫瑞珍赴山東治沂州團防，造石雷、石礮以禦賊。尋調直隸襄辦團練，上戰守十六策。十年，回山東，創議築堡日照要塞，曰濤雒。賊大擧來犯，發石礮，聲震山谷，賊辟易，相戒無犯。丁家堡附近之民歸之，數年遂成都聚。

同治初，復至直隸，留治廣平防務，築堡二百餘所。軍事竣，授湖北督糧道，署按察使。充鄉試監試，創法，以竹筒引江水注闈中，時以爲便。瀕江諸省，率倣行之。尋罷歸。所著書曰丙丁祕籥，進御不傳於外；所傳者曰造化究原，曰新火器說。

徐壽，字雪村，江蘇無錫人。生於僻鄉，幼孤，事母以孝聞。性質直無華。道、咸間，東南兵事起，遂棄擧業，專硏博物格致之學。時泰西學術流傳中國者，尙未昌明，試驗諸器絕尠。壽與金匱華蘅芳討論搜求，始得十一，苦心硏索，每以意求之，而得其眞。嘗購三稜玻璃不可得，磨水晶印章成三角形，驗得光分七色。知槍彈之行拋物線，疑其仰攻俯擊有異，設遠近多靶以測之，其成學之艱類此。久之，於西學具窺見原委，尤精製器。咸豐十一年，從大學士曾國藩軍，先後於安慶、江寧設機器局，皆預其事。

壽與蘅芳及吳嘉廉、龔芸棠試造木質輪船，推求動理，測算汽機，蘅芳之力爲多；造器置機，皆出壽手製，不假西人，數年而成。長五十餘尺，每一時能行四十餘里，名之曰黃鵠。國藩激賞之，招入幕府，以奇才異能薦。既而設製造局於上海，百事草創，壽於船礮槍彈，多所發明。自製强水棉花藥、汞爆藥。

創議繙譯西書，以求製造根本。於是聘西士偉力亞利、傅蘭雅、林樂知、金楷理等，壽與同志華蘅芳、李鳳苞、王德均、趙元益孶孶研究，先後成書數百種。壽所譯述者，曰西藝知新及續編，化學鑑原及續編、補編，化學考質，化學求數，物體遇熱改易說，汽機發軔，營陣揭要，測地繪圖，寶藏興焉。法律、醫學，刊行者凡十三種，西藝知新、化學鑑原二書，尤稱善本。

同治末，與傅蘭雅設格致書院於上海，風氣漸開，成就甚衆，壽名益播。山東、四川仿設機器局，爭延聘壽主其事，以譯書事尤急，皆謝不往，而使其子建寅、華封代行。大冶煤鐵礦、開平煤礦、漠河金礦經始之際，壽皆爲擘畫規制。購器選匠，資其力焉。無錫產桑宜蠶，西商購繭奪民利，壽考求烘繭法，倡設烘竈，及機器繅絲法，育蠶者利驟增。

壽狷介，不求仕進，以布衣終。光緒中，卒，年六十七。子建寅、華封，皆世其學。

建寅，字仲虎。從父於江寧、上海，助任製造。尋充山東機器局總辦，福建船政提調，出使德國二等參贊，洊擢直隸候補道。光緒末，張之洞調至湖北監造無煙火藥，已成，藥炸裂，殞焉，賜優卹。

華封，字祝三。性敏，爲父所愛，祕說精器多授之，以製造爲治生。建寅、華封並從父譯書行於世。

清史稿卷五百六

列傳二百九十三

疇人一

薛鳳祚 杜知耕　龔士燕　王錫闡 潘檉樟　方中通 揭暄

梅文鼎 子以燕 孫瑴成 曾孫鈁 弟文鼐 文鼏　明安圖 子新 陳際新 張肱

劉湘煃　王元啓　朱鴻　博啓　許如蘭

推步之學，由疏漸密。泰西新法，晚明始入中國，至清而中、西薈萃，遂集大成。聖祖聰明天亶，研究曆算，妙契精微。一時承學之士，蒸蒸嚮化，肩背相望。二百年來，推步之學，日臻邃密，匪特闡古學之榛蕪，抑且補西人之罅漏。嘉慶初，阮元撰疇人傳，後學一再續之，唐、宋以來，於斯爲盛。今甄其卓然名家者著於篇，其政事、文學登於列傳及儒林、文苑者，西人官欽天監，廁於卿貳，各自有傳者，不具列焉。

薛鳳祚，字儀甫，淄川人。少習算，從魏文魁游，主持舊法。順治中，與法人穆尼閣談算，始改從西學，盡傳其術，因著算學會通正集十二卷，考驗二十八卷，致用十六卷。其曰對數比例者，乃西算以假數求眞數之便法也；曰中法四線，以西法六十分爲度，不便以十進位，改從古法，以百分爲度，所列止正弦、餘弦、正切、餘切，故曰四線。其推步諸書：曰太陽太陰諸行法原，曰木火土三星經行法原，曰交食法原，曰歷年甲子，曰求歲實，曰五星高行，曰交食表，曰經星中星，曰西域回回術，曰西域表，曰今西法選要，曰今法表，皆會中、西以立法。以順治十二年乙未天正冬至爲元，諸應皆從以起算。以三百六十五日二十三刻三分五十七秒五微爲歲實，黃、赤道交度有加減，恆星歲行五十二秒，與天步眞原法同。梅文鼎謂其書詳於法，而無快論以發其趣，蓋其時新法初行，中、西文字輾轉相通，故詞旨未能盡暢。然貫通其中、西，要不愧爲一代疇人之功首云。

鳳祚定歲實秒數爲五十七，與奈端合，與穆尼閣以爲四十五秒者不同，則其學非墨守穆氏可知。或譏其謹守穆尼閣成法，依數推衍，非篤論也。

杜知耕，字端甫，號伯瞿，柘城舉人。精研幾何，以利瑪竇、徐光啓所譯幾何原本復加删削，作幾何論約七卷，後附十條，則知耕所作也。言其法似爲本書所無，其理實涵各題之內，非能于本書之外别生新義也。稱後附者，以别于丁氏、利氏之增題也。又雜取諸家算學，參以西人之說，依古九章爲目，作數學鑰六卷。言數非圖不明，圖非指不明，圖中用甲乙等字作誌者，代指也，故其書于圖解尤詳。梅文鼎稱其圖註九章，頗中肯綮云。

龔士燕，字武任，武進人。少穎異能文，講求性理，旁通算術，發明蔡氏律呂新書，推演黄鍾圜徑、開方密率諸法，而於元太史郭守敬授時術尤得其祕。如求冬至時刻，上推百年加一算，以爲歲周三百六十五日二十四刻二十五分之內，滿百年消長一分。核之春秋日食三十七事，多與符合。又如推晦、朔、弦、望，以太陽之盈與太陰之遲，以太陰之疾與太陽之縮皆相倂，爲同名相從；以太陽之盈與太陰之疾，以太陰之遲與太陽之縮皆相减，爲異名相消：乃得盈縮遲疾化爲加减時刻之差。以此加减朔望之大、小餘分，得定朔弦望諸時刻。至盈、縮、遲、疾，郭守敬創平、立、定三差，理隱數繁，能審其機括，繪圖以明之。

又如赤道變黄道之法，謂在二至後者，以度率一零八六五除赤道積度變爲黄道宿度；在二分後者，以度率一零八六五乘赤道積度變爲黄道宿度。凡此授時之術，引伸益明。其餘月離五星等法，與回回、西洋諸算，遇有疑難，無不洞悉。至日、月體徑有大小，交食限數有淺深，具見其奧。且悟唐順之弧容直闊之法，以推求太陰出入黃道，在內在外，不離乎六度。自是一應七政、氣朔、交食諸端，按法而推，百不失一。

康熙六年，詔募天下知算之士，於是入都。其時欽天監用大統算七政多不合天，奉旨在觀象臺每日測驗，而金星比算差至十度。因修改古法，乃據七年所測表景推測太盈縮，又據日測五星行度，考其遲疾。彼此推求加減，氣、閏、轉、交諸應，測驗皆與天合。蓋其法亦本郭守敬，太陽爲氣應，推冬至日躔用之；太陰周天爲轉應，朔望用之；日月地球之運，同在一直線，視點上爲交應，推日月食用之；合氣盈、朔虛之奇零爲閏應，推閏月用之；此外又有金、木、水、火、土同聚一宿爲合應，推五星用之。

修改諸應，取順治元年甲申爲元，以應世祖章皇帝撫有中夏之祥，欽天監名爲「改應法」。既改氣、閏、轉、交諸應，復改遲、疾限及求差諸法，又改冬至黃道日出分依步中星內法。又盈縮遲疾無積度，日食無時差，皆與天合。臺官交章保薦。八年，曆書告成，奏對武英殿，授曆科博士。時有薦西人南懷仁等於朝，及其實測諸術，驗且捷，遂定用西法，而古曆卒不行。

十年，以疾歸，著有象緯考一卷、曆言大略一卷。其天體論一卷及闇虛、中星、交食、定朔、五星諸論俱佚。

王錫闡，字曉菴，吳江人。兼通中、西之學，自立新法，用以測日、月食不爽秒忽。每遇天晴霽，輒登屋臥鴟吻察星象，竟夕不寐。著曉庵新法六卷，序曰：「炎帝八節，曆之始也，而其書不傳。黃帝、虞、夏、殷、周、魯七曆，先儒謂係僞作。今七曆俱存，大指與漢曆相似，而章蔀氣朔，未覩其眞，爲漢人所託無疑。太初、三統，法雖疏遠，而創始之功，不可泯也。劉洪、姜岌，次第闡明，何、祖專力表、圭，益稱精切。自此南、北曆象，率能好學深思，多所推論，皆非淺近所及。唐曆大衍稍密，然開元甲子當食不食，一行乃爲諛詞以自解，何如因差以求合乎？」

又曰：「明初元統造大統曆，因郭守敬遺法，增損不及百一，豈以守敬之術果能度越前人乎？守敬治曆，首重測日，余嘗取其表景，反覆布算，前後牴牾。餘所創改，多非密率。在當日已有失食失推之咎，況乎遺籍散亡，法意無徵。兼之年遠數盈，違天漸遠，安可因循不變耶？元氏藝不逮郭，在廷諸臣，又不逮元，卒使昭代大典，踵陋襲僞。雖有李德芳苦爭之，然德芳不能推理，而株守陳言，無以相勝，誠可歎也！

又曰：「萬曆季年，西人利氏來華，頗工曆算。崇禎初，命禮臣徐光啓譯其書，有曆指爲法原，曆表爲法數，書百餘卷，數年而成，遂盛行于世。言曆者莫不奉爲俎豆。吾謂西曆善矣，然以爲測候精詳可也，以爲深知法意未可也。循其理而求通，可也；安其誤而不辨，不可也。姑舉其概：二分者，春、秋平氣之中；二至者，日道南、北之中也。大統以平氣授人時，以盈縮定日躔。西人既用定氣，則分、正爲一，因譏中曆節氣差至二日。夫中曆歲差數强，盈縮過多，惡得無差？然二日之異，乃分、正殊科，非不知日行之朓朒而致誤也。曆指直以怫己而譏之，不知法意一也。諸家造曆，必有積年日法，多寡任意，牽合由人。守敬去積年而起自辛巳，屛日法而斷以萬分，識誠卓也。西曆命日之時以二十四，命時之分以六十，通計一日爲分一千四百四十，是復用日法矣。至於刻法，彼所無也。近始每時四分之，爲一日之刻九十六。彼先求度而後日，尚未覺其繁，施之中曆則窒矣。乃執西法反謂中曆百刻不適于用，何也？且日食時差法之九十有六，與日刻之九十六何與乎？而援以爲據，不知法意二也。天體渾淪，初無度分可指，昔人因一日日躔命爲一度，日有疾徐，斷以平行，數本順天，不可損益。西人去周天五度有奇，斂爲三百六十，不過取便割圜，豈眞天道固然？而黨同伐異，必曰日度爲非，詎知三百六十尙非天眞有此度數乎？不知法意三也。上古置閏，恆于歲終，蓋曆術疏闊，計歲以置閏也。中古法日趨密，始計月以置閏，而閏于積終，故舉中氣以定月，而月無中氣者卽爲閏。大統專用平氣，置閏必得其月，新法改用定氣，致一月有兩中氣之時，一歲有兩可閏之月，若辛丑西曆者，不亦盭乎！夫月無平中氣者，乃爲積餘之終，無定中氣者，非其月也。不能虛衷深考，而以鹵莽之習，侈支離之學，是以歸餘之後，氣尚在晦；季冬中氣，已入仲冬；首春中氣，將歸臘杪。不得已而退朔一日以塞人望，亦見其技之窮矣，不知法意四也。天正日躔，本起子半，後因歲差，自丑及寅。若夫合神之說，乃星命家猥言，明理者所不道。西人自命曆宗，何至反爲所惑，謂天正日躔定起丑初乎？況十二次命名，悉依星象，如隨節氣遞遷，雖子午不妨異地，豈玄枵、鳥咮亦無定位耶？不知法意五也。歲實消長，昉于統天，郭氏用之，而未知所以當用；元氏去之，而未知所以當去。西人知以日行最高求之，而未知以二道遠近求之，得其一而遺其一。當辨者一也。歲差不齊，必緣天運緩疾，今欲歸之偶差，豈前此諸家皆妄作乎？黃、白異距，生交行之進退；黃、赤異距，生歲差之屈伸；其理一也。曆指已明於月，何蔽于日？當辨者二也。日躔盈縮最高，斡運古今不同，揆之臆見，必有定數。不惟日月星應同，但行遲差微，非畢生歲月所可測度耳。西人每詡數千年傳人不乏，何以亦無定論？當辨者三也。日月去人時分遠近，眎徑因分大小，則遠近大小，宜爲相似之比例。西法日則遠近差多，而眎徑差少；月則遠近差少，而眎徑差多。因數求理，難會其通。當辨者四也。日食變差，機在交分，日軌交分，與月高交分不同；月高交於本道，與交於黃道者又不同。曆指不詳其理，曆表不著其數，豈黃道一術足窮日食之變乎？當辨者五也。中限左右，日月眎差，時或一東一西。交、廣以南，日月晷差，時或一南一北。此爲晷差異向與晷差同向者加減迥別，曆指豈以非所常遇，故置不講耶？萬一遇之，則學者何以立算？當辨者六也。日光射物，必有虛景，虛景者，光徑與實徑之所生也。闇虛恆縮，理不出此。西人不知日有光徑，僅以實徑求闇虛。及至推步不符，復酌損徑分以希偶合。當辨者七也。月食定望，惟食甚爲然，虧復四限，距望有差。日食稍離中限，卽食甚已非定朔。至于虧復，相去尤遠。西曆乃言交食必在朔、望，不用朓朒次差。當辨者八也。」

又曰：「語云：『步曆甚難，辨曆甚易。』蓋言象緯森羅，得失無所遁也。據彼所說，亦未嘗自信無差。五星經度，或失二十餘分，躔離表驗，或失數分，交食値此，所失當以刻計；凌犯値此，所失當以日計矣。故立法不久，違錯頗多，余於曆說已辨一二。乃癸卯七月望食當既不既，與夫失食失推者何異乎？且譯書之初，本言取西曆之材質，歸大統之型範，不謂盡隳成憲，而專用西法，如今日者也。余故兼采中、西，去其疵纇，參以己意，著曆法六篇，會通若干事，改正若干事，表明若干事，增輯若干事，立法若干事。舊法雖舛，而未遽廢者，兩存之；理雖可知，而上下千年不得其數者，缺之；雖得其數，而遠引古測，未經目信者，別見補遺，而正文仍襲其故。爲日一百幾十有幾，爲文萬有千言，非敢妄云窺其堂奧，庶幾初學之津梁也。」

其法：度法百分，日法百刻，周天三百六十五度二十五分六十五秒五十九微三十二纖，內外準分三十九分九十一秒四十九微，次準九十一分六十八秒八十六微，黃道歲差一分四十三秒七十三微二十六纖。列宿經緯：角一十度七十三分七十九秒，南二度一分二十三秒，亢一十度八十二分二十四秒，北三度一分一秒，氐一十八度一十六分一十四秒，北四十三分九十六秒，房四度八十三分六十三秒，南五度四十六分一十九秒，心七度六十六分二秒，南三度九十七分三十八秒，尾一十五度八十二分七十八秒，南一十五度二十一分九十秒，箕九度四十六分九十六秒，南六度五十九分四十九秒，南斗二十四度一十九分八十二秒，南三度八十八分九十三秒，牽牛七度七十九分五十五秒，北四度七十五分一十七秒，婺女一十一度八十二分二秒，北八度二十分五十九秒，虛一十度一十二分九十一秒，北八度八十二分七十秒，危二十度四十一分四秒，北一十度八十五分六十二秒，營室一十五度九十二分二十秒，北一十度七十一分七十一秒。

先是曉菴新法未成，作曆說六篇，曆策一篇，其說精核，與新法互有詳略。又隱括中、西步術，作大統西曆啓蒙。丁未歲，因推步大統法作丁未曆稿。辛酉八月朔日食，以中、西法及己法豫定時刻分秒，至期，與徐發等以五家法同測，己法獨合，作推步交朔測小記。又以治曆首重割圜，作圜解。測天當據儀晷，造三晷，兼測日、月、星，因作三辰晷志。俱能究術數之微奧，補西人所不逮。與同時青州薛鳳祚齊名，稱「南王北薛」云。曆策有云：「每遇交會，必以所步、所測課較疏密，疾病寒暑無間，變周、改應、增損、經緯、遲疾諸率，于茲三十年所。」亦可以想見作者實測之詣力矣。

潘檉樟，字力田。與王錫闡同邑友善。錫闡嘗館其家，講論算法，常窮日夜。檉樟著辛丑曆辨曰：「昔堯命羲和，曰以閏月定四時成歲，蓋曆法首重置閏。而春秋傳曰：『先王之正時也，履端于始，舉正于中，歸餘于終。』所謂始者，取氣朔分齊爲曆元也；所謂中者，月以中氣爲定，無中氣者則爲閏也；所謂終者，積氣盈、朔虛之數而閏生焉也。自漢以降，曆術雖屢變，未有能易此者。唯西域諸曆則不然，其法有閏年、有閏日，而無閏月。蓋中曆主日，而西曆主度，不可强同也。今之爲西曆者，乃以日躔求定氣、求閏月，不惟盡廢中國之成憲，而亦自悖西域之本法矣。故十餘年來，宮度既紊，氣序亦訛。如戊子之閏三月也，而置在四月；庚寅之閏十一月也，而置在明年之二月；癸巳之閏七月也，而置在六月；己亥之閏正月也，而置在三月。其爲舛誤，何可勝言！然非深于曆者，未易指摘。至于辛丑之閏月，則其失顯然無以自解矣。何也？閏法論平氣而不當論定氣，若以平氣，則是年小雪在十月晦，冬至在十一月朔，而閏在兩月之間。所謂閏前之月中氣在晦，閏後之月中氣在朔者也。今以定氣，則秋分居九月朔，故預于七月朔置閏，然後秋分仍在八月，而霜降、小雪各歸其月。無如大寒定氣乃在十一月朔，而十二月又無中氣，既不可再置一閏，則是同一無中氣之月，而或閏或否。彼所云太陽不及交宮卽置爲閏者，何獨於此而自背其法乎？蓋孟秋非歸餘之終，故天正不能履端於始，地正不能舉正於中也。如此，則四時不定，歲功不成，而閏法又安用之？且壬寅正月，定朔舊法在丙子丑初，卽彼法亦在丙子子正，則辛丑之季冬當爲大盡，而明年正月中氣復移於今歲之杪。彼亦自覺其未安，故進歲朔於乙亥，而季冬爲小盡之月，皆所謂欲蓋彌彰者耳。卽辛丑歲朔，以彼法推，當會於亥正，而今在戌正，差至六刻，其他牴牾，更難枚舉。噫！作法如是，而猶自以爲盡善，可乎？蓋其說以日行盈縮爲節氣短長，每遇日行最盈，則一月可置一氣，是古有氣盈、朔虛，而今更有氣虛、朔盈矣。然或晦朔兩節而中氣介其間。如丙戌仲冬，去閏稍遠，猶可不論；獨辛丑仲冬，冬至、大寒俱在晦朔，去閏最近，進退無據。苟且遷就，有不勝其弊者。夫閏法之主平氣，行之已數千年矣，今一變其術，未久而輒窮，至於無可如何，則又安取紛更爲也！」欅樟後坐法死。弟耒，亦學曆算，見文苑傳。

方中通，字位伯，桐城人。集諸家之說，著數度衍二十四卷，附錄一卷。言：「九章皆出於句股，環矩以爲圓，合矩以爲方，方數爲典。以方出圓，句股之所生也；少廣，方圓所出也。方田、商功，皆少廣所出。一方一圓，其間不齊，始出差分，而均輸對差分之數，盈朒借差求均。又差分、均輸所出，而以方程濟其窮。度量衡原出黃鍾，粟布出焉，黃鍾出於方圓者也。」又言：「古法用竹徑一寸長六分二百七十一而成六觚爲一握，後世有珠算而古法亡矣。泰西之筆算、籌算，皆出九九。尺算卽比例規，出三角。乘莫善於籌，除莫善於筆，加減莫善於珠，比例莫善於尺。」其珠算歸法，三一三十一，四一二十二之類，「十」字俱作「餘」字。其尺算以三尺交加，取數祇用平分一線。時廣昌揭暄亦明算術，與中通論難日輪大小，得光肥影瘦之故，及古今歲差之不同，須測算消長以齊之。一晝夜人一萬三千五百息，每息宗動天行十萬里有奇。別錄爲一書，曰揭方問答。

揭暄，字子宣，廣昌人。著璇璣遺述七卷，一名寫天新語。論日月東行如槽之滾丸，而月質不變。又謂七政之小輪，皆出自然，如盤水之運旋而周遭，以行疾而成旋渦，遂成留逆。於五星西行，日月盈縮，皆設譬多方，言之近理。康熙己巳，以草稿寄梅文鼎，抄其精語爲一卷，稱其「深明西術，而又別有悟入，其言多古今所未發」。卒年逾八十。

梅文鼎，字定九，號勿庵，宣城人。兒時侍父士昌及塾師羅王賓仰觀星象，輒了然於次舍運轉大意。年二十七，師事竹冠道士倪觀湖，受麻孟旋所藏臺官交食法，與弟文鼐、文鼏共習之。稍稍發明其立法之故，補其遺缺，著曆學駢枝二卷，後增爲四卷，倪爲首肯。

值書之難讀者，必欲求得其說，往往廢寢忘食。殘編散帖，手自抄集，一字異同，不敢忽過。疇人子弟及西域官生，皆折節造訪，有問者，亦詳告之無隱，期與斯世共明之。所著曆算之書凡八十餘種。

讀元史授時曆經，歎其法之善，作元史曆經補註二卷。又以授時集古法大成，因參校古術七十餘家，著古今曆法通考七十餘卷。授時以六術考古今冬至，取魯獻公冬至證統天術之疏，然依其本法步算，與授時所得正同，作春秋以來冬至考一卷。元史西征庚午元術，西征者，謂太祖庚辰；庚午元者，上元起算之端也。曆志訛太祖庚辰爲太宗，不知太宗無庚辰也。又訛上元爲庚子，則於積年不合。考而正之，作庚午元算考一卷。授時非諸古術所能方，郭守敬所著曆草，乃曆經立法之根，拈其義之精微者，爲郭太史曆草補註二卷。立成傳寫魯魚，不得其說，不敢妄用，作大統立成註二卷。授時術於日躔盈縮、月離遲疾，並以垛積招差立算，而九章諸書無此術，從未有能言其故者，作平立定三差詳說一卷，此發明古法者也。唐九執術爲西法之權輿，其後有婆羅門十一曜經及都聿利斯經，皆九執之屬。在元則有札馬魯丁西域萬年術，在明則馬沙亦黑、馬哈麻之回回術，西域天文書，天順時具琳所刻天文實用，卽本此書，作回回曆補註三卷，西域天文書補註二卷，三十雜星考一卷。

表景生於日軌之高下，日軌又因里差變移，作四省表景立成一卷。周髀所言里差之法，卽西人之說所自出，作周髀算經補註一卷。渾蓋之器，最便行測，作渾蓋通測憲圖說訂補一卷。西國以太陽行黃道三十度爲一月，作西國日月考一卷。西術中有細草，猶授時之有通軌也，以曆指大意隱括而注之，作七政細草補註三卷。新法有交食蒙求、七政蒙引二書，並逸，作交食蒙求訂補二卷、附說二卷。監正楊光先不得已日食圖，以金環食與食甚分爲二圖，而各有時刻，其誤非小，作交食作圖法訂誤一卷。新法以黃道求赤道交食，細草用儀象志表，不如弧三角之親切，作求赤道宿度法一卷。謂中、西兩家之法，求交食起復方位，皆以東西南北爲言。然東西南北惟日月行至午規而又近天頂，則四方各正其位。非然，則黃道有斜正之殊，而自虧至復，經歷時刻，輾轉遷移，弧度之勢，頃刻易向。且北極有高下，而隨處所見必皆不同，勢難施諸測驗。今別立新法，不用東西南北之號，惟人所見日月員體，分爲八向，以正對天頂處爲上，對地平處爲下，上下聯爲直線，作十字橫線，命之曰左、曰右，此四正向也；曰上左、上右，曰下左、下右，則四隅向也。乃以定其受蝕之所在，則舉目可見，作交食管見一卷。太陽之有日差，猶月離交食之有加減時，因表說含糊有誤，作日差原理一卷。火星最爲難算，至地谷而始密，解其立法之根，作火緯圖法一卷。訂火緯表記，因及七政，作七政前均簡法一卷。天問略取緯不眞，而列表從之誤，作黃赤距緯圖辨一卷。

新法帝星、句陳經緯刊本互異，作帝星句陳經緯考異一卷。測帝星、句陳二星爲定夜時之簡法，作星軌眞度一卷。以上皆以發明新法算書，或正其誤，或補其缺也。

康熙己未，明史開局，曆志爲錢塘吳任臣分修，經嘉禾徐善、北平劉獻廷、毘陵楊文言，各有增定，最後以屬黃宗羲，又以屬文鼎，摘其訛誤五十餘處，以算草、通軌補之，作明史曆志擬稿一卷。雖爲大統而作，實以闡明授時之奧，補元史之缺略也。其總目凡三：曰法原，曰立成，曰推步。而法原之目七：曰句股測望，曰弧天割圜，曰黃赤道差，曰黃赤道內外度，曰白道交周，曰日月五星平立定三差，曰里差刻漏。立成之目凡四：曰太陽盈縮，曰太陰遲疾，曰晝夜刻，曰五星盈縮。推步之目凡六：曰氣朔，曰日躔，曰月離，曰中星，曰交食，曰五星。

又作曆志贅言一卷，大意言：「明用大統，實卽授時，宜詳元史缺載之事，以補其未備。又回回曆承用三百年，法宜備書。又鄭世子曆學已經進呈，宜詳述。他如袁黃之曆法新書，唐順之、周學述之會通回曆，以庚午元曆之例例之，皆得附錄。其西洋曆方今現行，然崇禎朝徐、李諸公測驗改憲之功，不可沒也，亦宜備載緣起。」

己巳，至京師，謁李光地于邸第，謂曰：「曆法至本朝大備矣，而經生家猶若望洋者，無快論以發其趣也。宜略仿元趙友欽革象新書體例，作簡要之書，俾人人得其門戶，則從事者多，此學庶將大顯。」因作曆學疑問三卷。

光地扈駕南巡，駐蹕德州，有旨取所刻書籍回奏，光地匆遽未及攜帶，遂以所訂刻曆學疑問謹呈。奉旨：「朕留心曆算多年，此事朕能決其是非，將書留覽再發。」二日後，召見光地，上云：「昨所呈書甚細心，且議論亦公平，此人用力深矣，朕帶回宮中仔細看閱。」光地因求皇上親加御筆，批駁改定，上肯之。

明年癸未春，駕復南巡，於行在發回原書，面諭光地：「朕已細細看過。」中間圈點塗抹及簽貼批語，皆上手筆也。光地復請此書疵繆所在，上云：「無疵繆，但算法未備。」蓋其書本未完成，故聖諭及之。

未幾，聖祖西巡，問隱淪之士，光地以關中李顒、河南張沐及文鼎三人對。上亦夙知顒及文鼎，乙酉二月，南巡狩，光地以撫臣扈從，上問：「宣城處士梅文鼎焉在？」光地以「尚在臣署」對。上曰：「朕歸時，汝與偕來，朕將面見。」四月十九日，光地與文鼎伏迎河干，越晨，俱召對御舟中，從容垂問，至于移時，如是者三日。上謂光地曰：「曆象算法，朕最留心，此學今鮮知者，如文鼎，眞僅見也。其人亦雅士，惜乎老矣！」連日賜御書扇幅，頒賜珍饌。臨辭，特賜「績學參微」四大字。越明年，又命其孫瑴成內廷學習。

五十三年，瑴成奉上諭：「汝祖留心律曆多年，可將律呂正義寄一部去，令看，或有錯處，指出甚好。夫古帝王有『都俞吁咈』四字，後來遂止有『都俞』，卽朋友之間，亦不喜人規勸，此皆是私意。汝等須竭力克去，則學問長進。可併將此意寫與汝祖知之。」恩寵爲古所未有。

文鼎圖注各直省及蒙古各地南北東西之差，爲書一卷，名分天度里。地旣渾員，則所云二百五十里一度，緯度則然，若經度離赤道遠，則里數漸狹。故惟路正東西行，自有一定算法；路或斜行，則其法不可用爲立法。若兩地各有北極高度，又相有距之經度，而無相距里數，是有兩邊一角，而求餘一邊，卽可以知斜距之里。若先有斜距之里數而求經度，是爲三邊求角，亦可以知相距之經度。其法並用斜弧三角形立算，可與月食求經度之法相參，而且簡易的確。

文鼎於測算之圖與器，一見卽得要領，古六合、三辰、四遊之儀，以意約爲小製，皆合。又自製爲月道儀，揆日測高諸器，皆自出新意。嘗登觀象臺，流覽新製六儀，及元郭守敬簡儀、明初渾球，指數其中利病，皆如素習。其書有測器考二卷，又自鳴鐘說一卷，壺漏考一卷，日晷備考一卷，赤道提晷一卷，勿菴揆日器一卷，加時日軌高度表一卷，揆日測說一卷，璇璣尺解一卷，測量定時簡法一卷，勿庵測望儀式一卷，勿庵仰觀儀式一卷，月道儀式一卷。

其說曰：「月道出入于黃道，猶黃道之出入于赤道也。自古及今，未有爲之儀器者。今依渾蓋北密南疏之度，以黃極爲樞，而月道半在其內，半出其外，則月緯大小之理，及正交、中交、交前、交後之法，可以衆著。儀以銅爲之，略如渾蓋，其上盤爲月道，亦如渾蓋天盤之黃道圈；其下盤黃道經緯，分宮分度，並以黃極爲心，而儘邊以黃緯九十五度少半爲限。出黃道南五度少半，月道所到也。」

禮部郎中李煥斗嘗從文鼎問曆法，作答李祠部問曆一卷。滄州老儒劉介錫同客天津，問曆法，作答劉文學問天象一卷。又言生平於難讀之書，每手疏而攜諸篋，以待明者問之，於曆學尤多，作思問編一卷。緯度以測日高，因知北極爲用甚博，古用二至二分，今則逐日可測，承友人之問，作七十二候太陽緯度一卷。潘天成從文鼎學曆，而苦于布算，作寫曆步曆法一卷授之。又授時步交食式一卷，文鼎季弟文鼐之稿也。步五星式六卷，文鼎與其仲弟文鼏共成之者也。

文鼎每得一書，皆爲正其訛闕，指其得失，又古曆列星距度考一卷，從殘壞之本，尋其普天星宿，入宿去極度分，中缺二星，又從閩中林侗寫本補完之，而斷以爲授時之法。萬曆中利瑪竇入中國，始倡幾何之學，以點線面體爲測量之資，制器作圖，頗爲精密。學者張皇過甚，未暇深考，輒薄古法爲不足觀；而株守舊法者，又斥西人爲異學：兩家之説，遂成隔礙。文鼎集其書而爲之說，用籌、用尺、用筆，稍稍變從我法。若三角、比例等，原非中法可賅，特爲表出。古法方程，亦非西法所有，則專著論，以明古人之精意不可湮沒。又爲九數存古，以著其概。總爲中西算學通例一卷。

餘分九種：一，勿庵籌算七卷。二，筆算五卷。皆易橫爲直，以便中文。三，度算一卷，原無算例，其弟文鼐補之，而參以嘉禾陳藎謨尺算用法。又有矩算，用一尺一方板，則文鼎所創。四，比例數解四卷。釋穆尼閣所譯之對數。五，三角法舉要五卷。其目有五：曰測量名義，曰算例，曰內容外切，曰或問，曰測量。六，方程論六卷，安溪李鼎徵爲刻于泉州。七，幾何摘要三卷，就原本刪繁補遺。八，句股測量二卷，就周髀、海島諸術，錄要以存古意。九，九數存古十卷，九數卽九章隸首之法，僅存者九章之目耳。後有作者，莫能出其範圍。

外有書一十七種爲續編：一，少廣拾遺一卷。古有一乘方至九乘方相生之圖，而莫詳所用。後或增之至十乘，惟四乘方與十乘方不可借用他法，因爲推演至十二乘方，有條不紊。二，方田通法一卷，算家有捷田二十三法，廣之爲百二十有四。三，幾何補編四卷。幾何原本六卷，止於測面，七卷以後，未經譯出，取測量全義量體諸率，實考其作法根源，以補原書之未備。而原書二十等面體之說，向固疑其有誤者，今乃得其實數。又原本理分中末線，但有求作之法，而莫知所用。今依法求得十二等面及二十等面之體積，因得其各體中稜線及輳心對角諸線之比例。又兩體互相容及兩體與立方、立員諸體相容各比例，並以理分中末線爲法，乃知此線不爲徒設。四，西鏡錄訂註一卷。五，權度通幾一卷。重學爲西術一種，載於比例規解者多譌誤，今以南勳卿儀象志互相訂補，其數始眞。六，奇器補註二卷。關中王公徵奇器圖說所述引重轉木諸製，並有裨於民生日用，而又本於西人重學，以明其意。嘗以書史所傳，如漢杜詩作水鞴以便民，及王氏農書諸水器之類，睹記所及，如劉繼莊詩集載筒車灌田法，稍爲輯錄，以補其所遺，而圖與說不相應者正之，以西字爲識者易之。七，正弦簡法補一卷。大測諸書，言作八線表之法詳矣，薛鳳祚書有用矢線求度法，爲之作圖，以明其意。因得兩法，在六宗、三要之外，而爲用加捷。兩法者，一曰正弦方冪倍而退位得倍弧之矢，一曰正矢進位折半得半弧正弦上方冪。八，弧三角舉要五卷。曆書皆三角法也，內分二支：一曰平三角，一曰弧三角。凡曆法所測，皆弧度也，弧線與直線不能爲比例，則剖析渾員之體，而各於弧線中得其相當直線。卽於無句股中尋出句股，此法之最奇而確者。弧三角之用法雖多，而其最著明者，爲黃赤交變一圖。反覆推論，瞭如列眉，熟此一端，則其餘不難推及矣。測量全義第七、第八、第九卷專明此理，而舉例不全，且多錯謬。其散見諸曆指者，僅存用數，無從得其端倪。天學會通圜線三角法，作圖草率，往往不與法相應。一以正弧三角爲綱，仍用渾儀解之。正弧三角之理，盡歸句股。參伍其變，斜弧三角之理，亦歸句股矣。其目：曰弧三角體式，曰正弧句股，曰求餘角法，曰弧角比例，曰垂線，曰次形，曰垂弧捷法，曰八線相當。九，環中黍尺五卷。舉要中弧度之法已詳，然更有簡妙之用宜知。測量全義原有斜弧兩矢較之例，所立圖姑爲斜望之形，而無實度可言。今一以平儀正形爲主，凡可以算得者，卽可以器量。渾儀眞象，呈諸片楮，而經緯歷然，無絲毫隱伏假借。至於加減代乘除之用，曆書舉其名不詳其說，疑之數十年，而後得其條貫，卽初數次數甲數乙數諸法。其目：曰總論，曰先數後數，曰平儀論，曰三極通幾，曰初數次數，曰加減法，曰甲數乙數，曰加減捷法，曰加減又法，曰加減通法。十，塹堵測量二卷。古法斜剖立方，成兩塹堵形，塹堵又剖爲二，成立三角，立三角爲量體所必需，然此義皆未發。今以渾儀黃赤道之割切二線成立三角形，立三角本實形，今諸線相遇成虛形，與實形等，而四面皆句股，西法通於古法矣。又于餘弧取赤道及大距弧之割切線，成句股方錐形，亦四面皆句股，卽弧度可相求，亦不言角，古法通于西法矣。二者並可以堅楮爲儀象之，則八線相爲比例之理，瞭如掌紋。而郭守敬員容方直矢接句股之法，不煩言說而解。其目：曰總論，曰立三角摘要，曰渾員內容立三角，曰句股錐，曰句股方錐，曰方塹堵容員塹堵，曰員容方直儀簡法，曰郭太史本法，曰角卽弧解。十一，用句股解幾何原本之根一卷。

幾何不言句股，而其理莫能外。故其最難通者，以句股釋之則明。惟理分中末線似與句股異源，今爲游心於立法之初，仍不外乎句股，益信古句股義包舉無遺。徐光啓譯大測表，名之曰割圜句股八線表，其知之矣。十二，幾何增解數則。其目有四：曰以方斜較求斜方，曰切線角與員內角交互相應，曰量無法四邊形捷法，曰取平行線簡法。並就幾何各題而增，不入補編，附前條共卷。十三，仰觀覆矩二卷。一查地平經度爲日出入方位，一查赤道經度爲日出入時刻，並依里差，用弧三角立算，與曆書法微別。徑率至二十位，然其入算，仍用古率十一與十四之比例，豈非以乘除之際難用多位歟？今以表列之，取數殊易，乃爲之約法，則徑與周之比例卽方、員二冪之比例，亦卽爲立方、立員之比例，殊爲簡易直捷。十五，麗澤珠璣一卷。友朋之益，取其有關算學者。十六，算器考一卷。十七，數學星槎一卷。

文鼎曆學疑問，曾呈御覽，後又引申其說，作曆學疑問補二卷，皆平正通達，可爲步算家準則。

文鼎爲學甚勤，劉輝祖同舍館，告桐城方苞曰：「吾每寐覺，漏鼓四五下，海君猶搆燈夜誦，乃今知吾之玩日而愒時也。」居京師時，裕親王以禮延致朱邸，稱梅先生而不名。李文貞公命子鍾倫從學，介弟鼎徵及羣從皆執弟子之禮。宿遷徐用錫，晉江陳萬策，景州魏廷珍，河間王之銳，交河王蘭生，皆以得與參校爲榮。家多藏書，頻年遊歷，手抄雜帙不下數萬卷。歲在辛丑，卒，年八十有九。上聞，特命有地治者經紀其喪，士論榮之。

子以燕，字正謀。康熙癸酉舉人。於算學頗有悟入，有法與加減同理，而取徑特殊，能於恆星曆指中摘出致問，文鼎所謂「能助余之思」也。早卒。

轂成，字玉汝，以燕子。文鼎疑日差既有二根，卽宜列二表，轂成以爲：「定朔時既有高卑盈縮之加減矣，復用于此，豈非複乎？」文鼎因其說，然後悟交食之非缺，比之童烏九歲能與太玄。康熙乙未進士，改編修，與修國史。轂成肄業蒙養齋，以故數學日進。御製數理精蘊、曆象考成諸書，皆與分纂。所著增刪算法統宗十一卷，赤水遺珍一卷，操縵巵言一卷。

明代算家，不解立天元術，轂成謂立天元一卽西法之借根方，其說曰：「嘗讀授時曆草求弦矢之法，先立天元一爲矢，而元學士李冶所著測圓海鏡，亦用天元一立算。傳寫魯魚，算式訛舛，殊不易讀。明唐荊川、顧箬溪兩公互相推重，自謂得此中三昧。荊川之說曰：『藝士著書，往往以秘其機爲奇，所謂天元一云爾，如積求之云爾，漫不省其爲何語。』而箬溪則言：『細考測圓海鏡，如求城徑，卽以二百四十爲天元，半徑卽以一百二十爲天元，卽知其數，何用算爲？似不必立可也。』二公之言如此，余于顧說頗不謂然，而無以解也。後供奉內廷，蒙聖祖仁皇帝授以借根之法，且諭曰：『西人名此書爲阿爾熱八達，譯言東來法也。』敬受而讀之，其法神妙，誠算法之指南，而竊疑天元一之術頗與相似。復取授時曆草觀之，乃煥然冰釋，殆名異而實同，非徒似之而已。夫元時學士著書，臺官治曆，莫非此物。乃歷久失傳，猶幸遠人慕化，復得故物。東來之名，彼尚不忘所自，而明人視若贅疣而欲棄之。噫！好學深思如唐、顧二公，尚不能知其意，而淺見寡聞者，又何足道哉？」

明史館開，彀成與修天文、曆志，呈總裁書曰：「一曆志半係先祖之藁，但屢經改竄，非復原本，其中訛舛甚多。凡有增刪改正之處，皆逐條籤出。一，天文志不宜入曆志，擬仍另編。蓋曆以欽若授時，置閏成歲，其術委曲繁重，其理精微，爲說深長。且有明二百七十餘年沿革非一事，造曆者非一家，皆須入志。雖盡力刪削，卷帙猶繁。若加入天文志之說，則恐冗雜不合史法。自司馬氏分曆與天官爲二書，歷代因之，似不可易。一，天文志例載天體、星座、次舍、儀器、分野等事，遼史謂天象千古不變，歷代之志天文者近于衍，其說似是而非。蓋天象雖無古今之異，而古今之言天者，則有疏密之殊。況恆星去極，交宮中星，晨昏隱現，歲歲有差，安得謂千古不易？今擬取天文家精妙之說著於篇；其不足信者，擬削之。」

又時憲志用圖論曰：「客問于梅子曰：『史以紀事，因而不創。聞子之志時憲也用圖，此固廿一史所無，而子創爲之，宜執事以爲非體而欲去之也。而子固執己見，復呶呶上言，獨不記昌黎之自訟乎？吾竊爲子危之！』梅子曰：『吾聞史之道貴信而直，余本不願爲史官，總裁謂時憲、天文兩志非專家不能辦，不以爲固陋而委任之。余既不獲辭，不得不盡其職。今客謂舊史無圖而疑余之創，竊謂史之記事，亦視其信否耳，因、創非所計也。夫後史之增于前者多矣，漢書十志，已不侔于八書，而後漢皇后本紀，與魏書之志釋老，唐書之傳公主，宋史之傳道學，皆前史所無，又何疑于國史用圖之爲創哉？且客未讀明史耶？明史於割員弧矢、月道距差諸圖，備載曆志，何明史不疑爲創，而顧疑余乎？』客曰：『後史增于前者，必非無因，若明史之用圖，亦有說歟？』梅子曰：『疑以傳疑，信以傳信，春秋法也，作史者誰能易之？古之治曆者數十家，大率不過增損日法，益天周，減歲餘，以求合一時而已。卽太初之起數鍾律，大衍之造端蓍策，亦皆牽合，並未能深探天行之故，而發明其所以然之理。本未嘗有圖，史臣何從取而載之？至元郭太史修授時，不用積年日法，全憑實測，用句股割員以求弦矢，于是有割圜諸圖載于曆草。作元史時，不知採摭，則宋、王諸公之疎也。明之大統，實卽授時。本朝纂修明史諸公，以義非圖不明，遂採曆草入志，其識極超。至復經聖君賢相鑒定，不以爲非體而去之，俾精義傳于無窮，洵足開萬古作史者之心胸矣。至于時憲立法之妙，義蘊之奧，悉具于圖，更不可去。如必以去圖爲合體，豈以明史爲非體，而本朝之制不足法歟？且客亦知時憲之圖所自來乎？我聖祖仁皇帝憫絕學之失傳，留心探索四十餘年，見透底蘊，始親授儒臣，作圖立說，以闡明千古不傳之秘，卽御製曆象考成是也。余親承聖訓，實與彙編之列。彼前輩纂修明史，尙不忍沒古人之善，創例以傳之。而余以承學之臣，恭紀御製，顧恐失執事之意，而遷就迎合，以致聖學不彰，貽誤後學，尙得謂之信史乎？不信之史，人可塞責，而何用余越俎而代之？余之呶呶，非沽直，不得已也。然則韓子之自訟，亦謂其言之可以已者耳。使韓子果務爲容悅以求倖免，則諍臣之論，佛骨之表，又何爲若是其侃侃哉？」客唯唯而退。

又儀象論曰：「齊政授時，儀象與算術並重。蓋非算術，無以預推節候以前民用；非儀象，無以測現在之行度，以驗推步之疎密，而爲修改之端也。虞書『璇璣玉衡』，爲儀象之權輿，其制不傳。漢人創造渾天儀，卽璣衡遺製，唐、宋皆倣爲之。至元始有簡儀、仰儀、闚几、景符等器，視古加詳矣。明于齊化門南倚城築觀象臺，倣元制作渾儀、簡儀、天體三儀，置于臺上，臺下有晷影堂，圭表壺漏，國初因之。康熙八年，命造新儀，十一年，告成，安置臺上，其舊儀移藏他室。五十四年，西人紀理安欲炫其能而滅棄古法，復奏製象限儀，遂將所遺舊器用作廢銅，僅存明仿元渾儀、簡儀、天體三儀而已。所製象限儀成，亦置臺上。按明史云：『嘉靖間修相風杆及簡、渾二儀，立四大表以測晷影，而立運儀、正方案、懸晷、偏晷，具備于觀象臺，一以元法爲斷。』余于康熙五十二三年間，充蒙養齋彙編官，屢赴觀象臺測驗。見臺下所遺舊器甚多，而元製簡儀、仰儀諸器，俱有王珣、郭守敬監造姓名。雖不無殘缺，然規其遺制，想見創造苦心，不覺肅然起敬也。乾隆年間，監臣受西人之愚，屢欲廢臺下餘器作銅送製造局，賴廷臣奏請存留，禮部奉旨查檢，始知僅存三儀，殆紀理安之燼餘也。夫西人欲藉技術以行其教，故將盡滅古法，使後世無所考，彼益得以居奇，其心叵測。乃監臣無識，不思存什一於千百，而反助其爲虐，何哉？乾隆九年冬，有旨移置三儀於紫微殿前，古人法物，庶幾可以永存矣。」

又論句股曰：「句股和較相求，言算學者莫不留心，其法可謂詳且備矣，未有以句股積與句弦和較爲問者。元學士李冶著測圜海鏡，用餘句、餘股立算，神明變化，幾如五花八門，亦未及此。豈俱未計及耶？抑有其法而遺之耶？統宗少廣章內，雖有句股積及句弦較兩題，乃偶合于句三股四之數，非通法。昔待罪蒙養齋，彙編數理精蘊，意欲立法以補其缺。先用平方輾轉推求，皆不能御，思之累日，而後得用帶縱立方求句股二法。」

卒，年八十有三，謚文穆。

鈁，字導和，瑴成第四子也。瑴成纂叢書輯要六十餘卷，圖皆所繪。删訂統宗圖，十之七八，皆出其手。年二十六，卒。

文鼐，字和仲，文鼎從弟也。初學曆時，未有五星通軌，無從入算。與兄文鼎取元史曆經，以三差法布爲五星盈縮立成，然後算之，共成步五星式六卷。早卒。

文鼏，字爾素，文鼎季弟也。著中西經星同異考一卷。以三垣二十八宿星名，依步天歌次第，臚列其目，而以中、西有無多寡分注其下，載古歌、西歌于後。古歌卽步天歌，西歌則利瑪竇所撰經天該也。其南極諸星，則據湯若望算書及南懷仁儀象志，爲考證補歌，附之于末。其發凡略言：「齊七政，非先定恆星，則無從著手。故曰『七政如乘傳，恆星其地志也；七政如行棋，恆星其楸局也。』曰『恆』者，謂其終古不易；曰『經』者，謂其不同緯星南北行，『經』亦有『恆』之義焉。是編專以中、西兩家所傳之星歌星名考其多寡同異，故曰經星同異考。星官之書，自黃帝始，重黎、羲和，志天文者，紛糅不一。漢張衡云：『中外之官常明者百有二十四，可名者三百二十，爲星二千五百，微星之數蓋萬一千五百二十。』至三國時，太史令陳卓始列甘、石、巫咸三家所著星，總二百八十三官，一千四百八十四星。自唐以來，以儀考測，迨宋兩朝志，始能言某星去極若干度，入某星若干度，爲說較詳。此中國之言星學者。西儒星學遠有端緒，據其書所譯，周赧王丙寅古地末一測，漢永和戊寅多祿某一測，明嘉靖乙酉尼谷老一測，萬曆乙酉第谷一測，崇禎戊辰湯若望一測。國朝康熙壬子，南懷仁著儀象志，又依歲差改定黃經及赤經。今依南公志表，稽其大小，分爲六等。一等大星一十有六，二等星六十有八，三等星二百有八，四等星五百一十有二，五等星三百四十有二，六等星七百三十有二，總計一千八百七十八。其微茫小星，則不能以數計。此泰西之學也。」

文鼏又有累年算稿，文鼎爲錄存，名曰授時步交食式一卷。又有幾何類求新法，算書中比例規解，本無算例，文鼎作度算，用文鼏所補，而參之以陳藎謨尺算用法。

明安圖，字靜庵，蒙古正白旗人。官欽天監監正。受數學於聖祖，預修御定曆象考成後編、御定儀象考成。因西士杜德美用連比例演周徑密率及求正弦、正矢之法，知其理深奧，索解未易，因積思三十餘年，著割圜密率捷法四卷。一曰步法，於杜氏三法外，補創弧背求通弦、求矢法，仍杜氏原法，但通加一四除耳。又弦、矢求弧背，並通弦、矢求弧背，凡六法，合杜氏共成九法。其弦求弧背法，以弦爲連比例二率，半徑爲一率，求得二、四、六、八、十諸率，以一、三、五、七、九之五數各自乘，爲累次乘數。二、三、四、五、六、七、八、九相挨，兩兩相乘，爲累次除數，即用二率爲第一得數。復置四率，以第一乘數乘之，第一除數除之，爲第二得數。又置六率，以第一、第二乘數乘之，第一、第二除數除之，爲第三得數。又置八率，以第一、第二、第三乘數乘之，第一、第二、第三除數除之，爲第四得數。如是累求，至所得數祇一位止，乃併之，卽所求之弧背也。矢求弧背法，倍正矢爲連比例三率，亦以半徑爲一率，求得五、七、九、十一諸率。以一、二、三、四、五之五數各自乘，爲屢次乘數，三、四、五、六、七、八、九、十相挨，兩兩相乘，爲屢次除數，卽用三率爲第一得數。復置五率，以第一乘數乘之，第一除數除之，爲第二得數。又置七率，以第一、第二乘數乘之，第一、第二除數除之，爲第三得數。又置九率，以第一、第二、第三乘數乘之，第一、第二、第三除數除之，爲第四得數。如是累求，至所得數祇一位而止。開平方，卽所求之弧背也，通弦求弧背，亦各加一四除。矢求弧背，則三率又多加一四。因更創餘弧求弦矢，餘弦矢求本弧，及借弧與正、餘弦互求四術。二曰用法，以角度求八線，及直線、弧線、三角形邊角相求，共設七題。謂今法所以密於古者，以用三角形也。然三角形非用八線表不能相求，惟用此法，以之立表則甚易，以之推三角形，則不用表而得數同。三、四兩卷曰法解，皆闡明弦、矢與弧背相求之根。其法先以一分弧通弦求二分弧通弧弦之數，次以一分、二分弧通弦求三分、四分全弧通弦之數，以一分三分弧通弦求五分全弧通弦之數。又因二分、五分相乘得十分，十分自乘得百分，十分、百分相乘得千分，十分、千分相乘得萬分。遂以半徑爲一率，一分弧通弦爲二率，各如相乘之率數，求得十、百、千、萬諸分弧率數。比例得弧背求通弦，應減四率二十四分之一，加六率八十分之一，減八率一百六十八分之一，加十率二百八十八分之一，減十二率四百四十分之一，加十四率六百二十四分之一，減十六率八百四十分之一。各四歸之，則二十四得六，爲二三相乘數；八十得二十，爲四五相乘數；一百六十八得四十二，爲六七相乘數；二百八十八得七十二，爲八九相乘數；四百四十得一百一十，爲十與十一相乘數；六百二十四得一百五十六，爲十二與十三相乘數；八百四十得二百一十，爲十四與十五相乘數。故以二、三、四、五、六、七、八、九等數兩兩相乘，爲屢次除數。又以通弦求得二率一分多，四率一分，六率九分，八率二百二十五分，十率一萬一千二十五分，十二率八十九萬三千二十五分，十四率一億八百五萬六千二十五分，得後率分數爲實。各遞降二等，使二率降爲四率，四率降爲六率，得前率分數爲法。以法除實，得四率一分，爲一自乘數；六率九分，爲三自乘數；八率二十五分，爲五自乘數；十率四十九分，爲七自乘數；十二率八十一分，爲九自乘數；十四率一百二十一分，爲十一自乘數；十六率一百六十九分，爲十三自乘數：故以一、三、五、七、九等數各自乘爲屢次乘數。次求通弦法，求得十、百、千、萬諸分弧正矢率數，比例得弧背求正矢，應減五率十二分之一，加七率三十分之一，減九率五十六分之一，加十一率九十分之一，減十三率一百三十二分之一，加十五率一百八十二分之一，減十七率二百四十分之一；而十二爲三四相乘數，三十爲五六相乘數，五十六爲七八相乘數，九十爲九與十相乘數，一百三十二爲十一與十二相乘數，一百八十二爲十三與十四相乘數，二百四十爲十五與十六相乘數，故以三、四、五、六、七、八、九等數兩兩相乘，爲屢次除數。又以正矢求得五率一分多，七率四分，九率三十六分，十一率五百七十六分，十三率一萬四千四百分，十五率五十一萬八千四百分，十七率二千五百四十萬一千六百分，爲後率分數，各遞降二等爲前率分數。如前通弦法，除得五率一分爲一自乘數，七率四分爲二自乘數，九率九分爲三自乘數，十一率十六分爲四自乘數，十三率二十五分爲五自乘數，十五率三十六分爲六自乘數，十七率四十九爲七自乘數，故以一、二、三、四、五等數各自乘，爲屢次乘數。書未成而卒，子新續之。

新，字景臻，安圖季子。充食俸生。安圖病且革，以所著捷法授之，新遵父命，與門下士陳際新、張肱共續成之。

陳際新，字舜五，宛平諸生。官靈臺郎，爲監正。續明安圖割圜密率捷法，尋緒推究，質以生前面授之言。至乾隆甲午，始克成書。

劉湘煃，字允恭，江夏人。聞梅文鼎以曆算名當世，鬻產走千餘里，受業其門，湛思積悟，多所創獲。文鼎得之甚喜，曰：「劉生好學精進，啓予不逮！」其與人書曰：「金、水二星，曆指所說未徹，得劉生說，而後二星之有歲輪，其理確不可易。」因以所著曆學疑問囑之討論，湘燦爲著訂補三卷。又謂曆法自漢、唐以來，五星最疏，故其遲、留、伏、逆皆入于占，至元郭守敬出，而五星始有推步經度之法，而緯則猶未備。西法舊亦未有緯度，至地谷而後有五星緯度，已在守敬後矣。曆書有法原、法數，並爲曆法統宗。法原者，七政與交食之曆指也；法數者，七政與交食經緯之表也，故曆指實爲造表之根本。今曆所載金、水，曆指如其法以造表，則與所步之表不合，如其表以推算測天，則又密合，是曆雖有表數，而猶未知立表之根也。」乃作五星法象五卷，文鼎深契其說，摘其要目爲五星紀要。

湘燦又欲爲渾蓋通憲天盤安星之用，以戊辰曆元加歲差，用弧三角法，作恆星經緯表根一卷，及月離交均表根、黃白距度表根各一卷，皆補新法所未及也。所著又有論日、月食算稿各一卷，各省北極出地圖說一卷，答全椒吳荀淑曆算十問書一卷。

王元啓，字宋賢，號惺齋，嘉興人。乾隆辛未進士，授將樂縣知縣。究心律曆句股之學，著書已刻者爲惺齋雜著。內有史記、漢書正譌兩種，其正史記之譌者，爲律書、曆書、天官書各一卷；正漢書之譌者，爲律曆志上下二卷。未刻者爲曆法記疑、句股衍、角度衍、九章雜論。而句股衍一書，因繁求簡，最爲精晰。分甲、乙、丙三集，甲集術原三卷，乙集綱要二卷，丙集晰義四卷。甲集首卷通論術原，爲句股因積求邊張本。二卷專論立方，因及平方法。三卷專論和數開立方，所以盡立方諸數之變。乙集兩卷，爲相求法百二十三則之綱要。丙集四卷，卽相求法，逐則分晰其義，專取發明立法之意。

其總序曰：「句股弦相求法，參以和較，凡得七十八則，求句股中函數。又有冪積求容員、容方、容縱方，及依弦作底求容方，與句股求外方、外員之數。又有積數與句股和較相求容方，與句股餘數相求之法。綜而計之，凡得二十九則。立表測量，得求高、求遠、求深三則，重表亦然。舊算書多簡略，詳者又苦錯出無緒。閒嘗力爲區別，使各以類從，先定相求法百十三則。甲申仲秋，復理前緒，逐一布算，捷於舊法，而舊法仍附見，以資參考。至以中函積與弦之所和、所較相求而得句、股、弦之正數，舊法罕見，今亦竊擬一法，以附於後。又別創截弦分兩，及補句求股、補股求句之法，分爲六則，使不成句股之形，亦化爲句股。幷載不成句股求中函積二則，容方、容員四則，外切員徑一則，員內累求句股六則，凡又一十九則。以該西術三角之算，兼備割員之用。使學者知周髀一經，於術無所不該。後人不能觸類旁通，以盡其變，故使西術得出而爭勝，其實西術亦出周髀，不能出折句爲股之外也。」

又略例引言曰：「算家句股一門，爲術最繁，非鑿指一數以爲布算之準，難以虛領其義。然如廣三修四見於經者，特其正例，正例外變例尤多。必欲正變兼呈，則一卷中彼此錯出，使閱者耳目數易，轉增煩憒。茲特標舉略例，併不成句股之形亦附見焉，以盡句股之變，而該三角之法。」

又答友問句股書曰：「欲求句股，先學開方，方有正方、縱方之異。縱方則以修廣之和、較數開之，其次則求四率比例，有三率求四率之法，有二率求三率之法，又有一率求三率之法。知此卽可以知求句、股、弦各無零數法。以三率之中率爲主，倍中率爲股，首末二率相減爲句，相加爲弦。依此衍之，得句股略例十數則，然後以句、股、弦爲正數，兩數相加爲和，相減爲較。又有句股三數相加減之和較數，弦與和，和弦與較和三數相加之和數也；弦與較，較弦與和較三數相減之較數也。三數相加減，今名之爲兼三和較。凡正數和較之數各三，兼三和較各二，共十三數。十三數中，隨舉兩數，卽可求句股弦全數。凡得相求法九十四則，而容方、容員、截股分兩、立表測量單表、重表之法，猶不與焉。其次則求截弦分兩之法，是爲一句股分兩句股，卽可以知不成句股亦可以分兩句股。不成句股分兩句股，卽西法三角算之所由名，今則總以句股概之。其法取大小兩句股形，小股與大句同數者合爲一形，卽爲不成句股之形。分之爲兩，則所謂中垂線者，卽小矩之股，大矩之句。以此衍之，又得不成句股略例二十餘則。依類推之，又得合形分兩、削形求全二法。合形分兩，則有正合形截偶分兩、反合形截中分兩、偏合形截邊分兩之法。削形求全，則有削去正矩、偏矩之殊，偏矩中又有淺削、深削之分。知此則句股之學盡矣。」元啓嘗曰：「我無他長，惟好學深思，心知其意而已。」然其句股術一書，幾欲駕梅文鼎而上之，爲算術中不可少之書云。

朱鴻，字雲陸，秀水人。嘉慶七年進士，改翰林院庶吉士，散館授編修。擢御史，歷給事中，出官督理湖南糧儲道。研精算學。同郡錢儀吉譔三國會要，集乾象、景初二術成，嘗爲作注。烏程陳杰時爲臺官博士，陽湖董祐誠亦客京邸，皆日從講數，各出所得相質問。舊無橢圓求周術，爲祐誠言，圜柱斜剖，則成橢員，可以句股形求之。祐誠既發明其說，繫以圖釋。初得杜德美割圜九術寫本，以示祐誠，創圖解三卷。既成，復得密率捷法於李潢家，則蒙古監正明安圖師弟續釋之書也，與傳寫本互異。鴻曾依杜法步算，徑一者，周三一四一五九二六五三五八九七九三二三八四六二六四三一八六三六七四七二二七九五一四，周十者，徑三一八三零九八八六一八三七九零六七一五三七七六七五四六六九九六三八九零五六六六一。徐有玉采入務民義齋算學中。道光十年後，辭官仍居京師，譔考工記車制參解。又評程氏易疇考工創物小記，多所糾正云。

博啓，字繪亭，滿洲正白旗人。乾隆中，官欽天監監副。嘗因句股和較之術，前人論之極詳，獨句股形中所容之方邊、員徑、垂線三事，尙缺而未備。爰以三事分配和較，創法六十。惜其書未刊，法不傳。今所傳者，惟有方邊及垂線求句、股、弦一題。法用平行線剖容方冪爲四小句股形，借垂線爲小句股和，借方邊爲小弦，求小句小股。以小股與垂線比，若方邊與句比；以小句與垂線比，若方邊與弦比。道光初，方履亨官監正，每舉此題課士。其後得甘泉羅士琳力爲表章，博術乃復明于世。

羅論云：「曩者聞方愼菴監正言繪亭監副有是法，失傳。因仿監副遺法，用平行線剖半員冪爲四小句股形，以半圓徑減垂線餘，借爲小句股和，借半員爲小弦，求得小句、小股。以小股比垂線，若半員徑比股；以小股比股，若半員徑比弦。又以半員徑減方邊，得較。用平行線剖較冪爲四小句股形，借半員徑爲小句股和，借較爲小弦，求得小句、小股。以小股比半員徑，若方邊比句；以小句比半員徑，若方邊比股，以小股比股，若較比弦。用補副監之遺。復用天元術演得三事和較六十題，更立天、地兩元爲廣例二十五術，撰句股容三事拾遺四卷。更試變通其術，御以八線，取方邊用方斜率，得容方中之斜線。以垂線爲一率，半徑爲二率，斜線爲三率，求得四率爲正割。檢八線表得度用，與四十五度相加減，得垂線所分之大小兩弧，副以半徑爲一率，垂線爲二率，小弧正割爲三率，求得四率爲句。如以大弧正割爲三率，求得四率爲股，又如以大小兩弧之兩正切爲三率，求得四率，爲大小兩弧之兩分弦，相併得弦餘。二題仿此，其得數同，而尾數有奇零。以八線表所列之數至單位止，單位以下，棄其餘分，故不能如句股與天元所得之密合。或有妄詆天元術不能馭三角和較者，抑知天元創於宋、明之間，安能逆知西法之有三角而豫爲立法？要在學者善爲會通耳。試設平三角形，有一角而角在兩邊之中，有大邊與對邊和，有小邊與對邊和，求三邊及垂線，此西人常法所不能御者。若立天元一術，則任求何邊或和數或較數，皆一平方卽得。然則天元之與西法，其優劣可見矣。」

許如蘭，字芳谷，全椒人。乾隆三十年舉人，大挑知縣，分發福建。因親老改江西，歷任浮梁、新建等縣事。丁憂服闋，赴福建，題補侯官，未履任，會瘴氣發，病卒。

如蘭性敏，所讀書皆究心精妙，於曆算始習西法，通薛鳳祚所譯天步眞原、天學會通。時同縣山西寧武同知吳烺受梅文鼎學於劉湘煃，如蘭因並習梅氏曆算。又于乾隆四十年夏，謁戴震于京都，受句股割圜記。四十四年，謁董化星于常州。戴傳緝古算經十書，而董則專業薛氏者也。由是兼通中、西之學。

嘗謂其弟子胡早春曰：「古人以句股方程列于小學，童而習之，人人能曉，今則老宿不能通其義。一則時尚帖括，視句股爲不急之務；再則習爲風雅，不屑持籌握算，效疇人子弟所爲。噫，過矣！」又謂：「士大夫不精弧矢之術，雖識天文，無益也。疇人算工不明象數之理，雖能步算，無益也。」著有乾象拾遺、春暉樓集諸書，今多散佚。

其存者，有書梅氏月建非專言斗柄論後，略曰：「天氣渾淪，無可識認，古人不得已，即以恆星爲天以識日躔。恆星積久而差，冬至日躔不在原宿，始立歲差之法。古謂恆星不動，而黃道西移。今測普天星座皆動，其經緯之度，不隨赤道運轉，而順黃道東移。故謂黃道不動，而恆星東行，與七政同一法。」又謂：「古人以中數爲歲，朔數爲年。上古氣朔同日，故月建起於節氣，而不起於中氣；日躔過宮，起於中氣，而不起於節氣。起於節氣，故曰冬至子之半；起於中氣，故曰冬至日躔星紀之次也。然則一歲十二建，乃天道經歷十二辰，故謂之月建，此萬古不易者也。斗柄所指分位不眞，且恆星東移，積久有差，辨之誠是也。但古人云：『斗爲帝車，斟酌元氣而布之四方』。又曰：『招搖東指』。不過言天道無跡。可見順時布化，斗柄有象可徵耳。拘泥其詞，則惑矣。」其歲差說略曰：「恆星一年東行五十餘秒，又黃、赤二道斜交，並非平行，於左旋至速之中，微斜牽向右。日之於天，猶經緯之於日也。日行至黃道分至節氣之限，則春秋寒暑皆隨之而應。七政躔于各宮，遇各宮燥濕寒溫風雨，則隨恆星之性而應。然則冬、夏二至，乃黃道上子、午之位也。春、秋二分，乃黃道上卯、酉之位也。惟唐、虞時冬至日躔虛中，恆星之子中，正逢黃道之子中。嗣是漸差，而東周在女，漢在斗，今在箕。黃道之子，非恆星之子也。以丑宮初度爲冬至者，因周時冬至恆星已差至丑，周人卽以恆星爲黃道之十二次，故命丑爲星紀，言諸星以此紀也。其實丑乃周時恆星之宿度，並非恆星之子中。今並不在丑，又移至寅十餘度矣。由今箕一以上溯古虛五，歷年四千有餘，已差至五十八度，此恆星東行之明驗也。」其他著論無關曆算者不錄。

清史稿卷五百七

列傳二百九十四

疇人二

李潢 汪萊 陳杰 丁兆慶 張福僖 時曰淳 李銳 黎應南
駱騰鳳 項名達 王大有 丁取忠 李錫蕃 謝家禾 吳嘉善
羅士琳 易之瀚 顧觀光 韓應陛 左潛 曾紀鴻 夏鸞翔
鄒伯奇 李善蘭 華衡芳 弟世芳

李潢，字雲門，鍾祥人。乾隆三十六年進士，由翰林官至工部左侍郎。博綜羣書，尤精算學，推步律呂，俱臻微妙。著九章算術細草圖說九卷，附海島算經一卷，共十卷。其自序重差圖云：「圖九，望遠，海島舊有圖解，餘八圖今所補也。同式形兩兩相比，所作四率，二三率相乘，與一四率相乘同積。如欲作圖明之，第取一三率聯爲一邊，又取二四率聯爲一邊，作相乘長方圖之，自然分爲四冪。又以斜弦界爲同式句股形各二，則形勢驗矣。舊圖於形外別作同積二方，至兩形相去遼遠者，又必宛轉通之，皆可不必也。圖中以四邊形、五邊形立說，似與句股不類，然於本形外補作句股形，則亦句股也。四率比例法，在九章粟米謂之今有，一爲所有率，二爲所求率，三爲所有數，四爲所求數，在句股則統目之爲率。劉氏注云：『句率股率，見句見股者是也。』今祇云同式相比者，取省易耳，異乘同除則一也。」書甫寫定，潢卽病。俟吳門沈欽裴算校，方可付梓。越八年，其甥程矞采家爲之校刊，以成其志。

九章初經東原戴氏從永樂大典中錄出，一刻於曲阜孔氏，再刻於常熟屈氏，悉依戴氏原校本刊刻。其時古籍甫顯，校訂較難，不無閒有扞格，自是天下之習九章者，莫不家弆一編，奉爲圭臬。而劉徽九章亦從此有善本矣。潢又嘗因古算經十書中，九章之外最著者，莫如王孝通之輯古。唐制開科取士，獨輯古四條限以三年，誠以是書隱奧難通。世所傳之長塘鮑氏、曲阜孔氏、羅江李氏各刻本，又悉依汲古閣毛影宋本，祇有原術文而未詳其法，且復傳寫脫誤。雖經陽城張氏以天元一術推演細草，但天元一術創自宋、元時人，究在王氏後，似非此書本旨。爰本九章古義，爲之校正，凡其誤者糾之，闕者補之，著考注二卷。

以明斜袤廣狹割截附帶分幷虛實之原，務如其術乃止。稿未成，潢歿後，爲南豐劉衡授其鄉人，以西士開方法增補算草，幷附圖解，刻於江西省中，喧賓奪主，殊亂其眞。喬采取江西刻本削去圖草，仍以原考注刊布。

武進李兆洛爲之序，曰：「輯古何爲而作也？蓋闡少廣、商功之蘊而加精焉者也。商功之法，廣袤相乘，又以高若深乘之爲立積，今轉以積與差求廣袤高深，所求之數，最小數也。曷爲以最小數爲所求數？曰，求大數，則實方廉隅，正負雜糅。求小數，則實常爲負，方廉隅常爲正也。觀臺羨道，築隄穿河，方倉圓囤，芻甍輸粟，其形不一，槪以從開立方除之何也？曰，一以貫之之理也。物生而後有象，象而後有滋，滋而後有數。斜解立方，得兩塹堵，一爲陽馬，一爲鼈臑。陽馬居二，鼈臑居一，不易之率也。今於平地之餘續狹斜之法，無論爲塹堵、爲陽馬、爲鼈臑，皆作立積。觀其立積內不以所求數乘者爲減積，以所求數一乘者爲方法，再乘者爲廉法，所求數再自乘爲立方，卽隅法也。從開立方除之，得所求數。若繪圖於紙，令廣袤相乘，以所求數從橫截之。剖平冪爲若干段，又以截高與所求數乘之。分立積爲若干段，若者爲減積，若者爲方，若者爲廉，若者爲隅，條段分明，歷歷可指。作者之意，不煩言而解矣。其云廉母自乘爲方母，廉母乘方母爲實母者之分，開方之要術也。先生於是書立法之根，如鋸解木，如錐劃地，又復補正脫誤，條理秩然，信王氏之功臣矣！

爰述大旨，以告世之習是書者，無復苦其難讀云。」

汪萊，字孝嬰，號衡齋，歙縣人。年十五，補博士弟子。弱冠後，讀書於吳葑門外，慕其鄉江文學永、戴庶常震、金殿撰榜、程徵君易疇學，力通經史百家及推步曆算之術。嘉慶十二年，以優貢生入都，考取八旗官學教習，會御史徐國楠奏請續修天文、時憲二志，經大學士首舉萊與徐準宜、許澐入館纂修。十四年，書成。議敍，以本班教職用，選授石埭縣訓導。十八年，應省試，得疾歸，卒於官，年四十有六。先是十一年夏，黃河啓放王營減壩，正溜直注張家河，會六塘河歸海。兩江督臣奉上命，查量雲梯關外舊海口與六塘河新海口地勢高下，延萊測算，蓋其精算之名，久爲官卿所知。曾製渾天、簡平、一方各儀器觀測。

與郡人巴樹穀最友善，客江、淮間，又與焦孝廉循、江上舍藩、李秀才銳，辯論宋秦九韶、元李冶立天元一及正、負開方諸法。天性敏絕，極能攻堅，不肯苟於著述。凡所言，皆人所未言，與夫人所不能言。

嘗以古書八線之制，終於三分取一，用益實歸除法求之，其一表之眞數，僅得十之二。因悟得五分之一通弦與五分之三通弦交錯爲三角形，比例立法，以取五分之一之通弦，而弦切之數益密。梅氏環中黍尺，有以量代算之術，惟求倚平儀外周之兩角，而縮於內半周之角未詳。其法較易，因立新術，量取不倚外周之角度，而三角之量法乃全。堆垜有求平三角、立三角、尖堆積法，不及三乘方以上，又復推而廣之，自三乘、四乘以上之尖堆，皆可由根知積。幷及諸物遞兼之法，以補古九章所未備。

又糾正梅文穆公句股知積術，及指識天元一，正、負開方之可知、不可知。其糾正句股知積術也，文穆亦水遺珍稱：「有句股積及股弦和較求句股，向無其術，苦思力索，立法四條。」其門人丁維烈又造減縱翻積開三乘方法，文穆許之。萊謂：「句股形等積、等弦和，帶縱立方形等基、等高闊和，皆有兩形互易。如句二十，股二十一，弦二十九，句弦和四十九，句股積二百一十。若句十二，股三十五，弦三十七，句弦積亦四十九，句股積亦二百一十。設問者暗執一形，則對者交盲兩數。梅、丁諸公法成而不可用，蓋兩句弦較，與一句弦和，恆爲連比例之三率。其兩句弦較，卽首、末二率；兩較減一和之餘，卽中率；而句弦和必爲三率併。遂創立有兩積相等、兩句弦和相等、求兩句股形之法。以四倍句股積自乘，句弦和除之，爲帶縱長立方積。以句弦和爲縱，開得數爲兩句弦較之中率，自乘爲帶縱平方積。又以中率與句弦和相減爲長闊和，求得長闊兩根爲兩句股較，用求兩句股形各數。又同積之邊，彼此可互，三次之乘，先後可通，故四倍句股積自乘，卽兩形之倍句相乘爲底，兩形之股相乘爲高，卽猶以中末乘首。中化爲中率，再乘爲立方三率，併爲帶縱。由是推得立方形兩高數恆爲首末二率，高闊和恆爲三率，併數與等積、等弦和之兩弦較及弦和絲毫無異。如高九闊十，高闊和十九，立方積九百。若高四闊十五，高闊和亦十九，立方積亦九百，其數莫不由兩形相引而出。故其法卽命積爲帶縱長立方積，以高闊和爲所帶之縱。用帶縱長立方法開得本方根，爲兩形高數之中率。與高闊和相減，餘爲帶縱之平方長闊和。中率自乘，爲帶縱平方積。用帶縱平方長闊和法開之，得長闊一根，爲兩形之兩高數。兩高與和相減，爲兩闊數。」

其指識正、負開方也，「元李冶傳洞淵九容術，撰測圓海鏡、益古演段，以明天元如積相消，其究必用正、負開方，互詳於宋秦九韶數學九章。梅文穆公雖指天元一爲西人借根方所由來，而正、負開方則未有闡明者。元和李秀才銳特爲讐校，謂少廣一章，得此始貫於一。好古之士，翕然相從。萊獨推其有可知、有不可知。如測圓海鏡邊股第五問『圜田求徑二百四十步與五百七十六步共數』，而李仁卿專以二百四十爲答。數學九章田域第二題『尖田求積二百四十步與八百四十步共數』，而秦道古專以八百四十爲答。乃自二乘方以下，縷析推之，得九十五條。凡幾根數爲帶縱長闊較則可知，爲帶縱長闊和則不可知。又推得幾眞數少，幾根數又多，幾平方與一立方積等多少雜糅，和較莫定。立法以審之，以幾平方數用幾立方數除之，得數乘幾根數，以較幾眞數。若少於眞數，則以幾平方爲高闊較，是爲可知。若多於眞數，則或幾平方爲通分法，三母總數、幾眞數爲三母維乘之共數，幾根數爲通分之共子，如二、如六、如十二。設眞數一百四十四，少二百八，根數多二十，平方積與一立方積相等，則三數皆同，是爲不可知。」

蓋以一答爲可知，不止一答爲不可知。故李秀才銳跋其書，括爲三例以證明之。謂：「隅實同名者不可知；隅實異名，而從廉正負不雜者可知；隅實異名，而從廉正負相雜，其從翻而與隅同名者可知，否則不可知。隅實異名，卽帶縱之長闊較也，較僅一答；隅實同名，卽帶縱之長闊和也，和則不止一答。」銳以隅實同名、異名，明一答與不止一答；萊以長闊、和較，明可知、不可知，其義一也。著有衡齋算學七册，考定通藝錄磬氏倨句解一册。

陳杰，字靜弇，烏程諸生。考取天文生，任欽天監博士，供職時憲科兼天文科，司測量。累官國子監算學助教。道光十九年，謝病歸，卒于家。生平邃于算學，尤神明于比例之用。初著輯古算經細草一卷，後十餘年，又爲之指畫形象，成圖解三卷；又博采訓詁，考正其傳寫之舛譌，稽合各本之同異，別成音義一卷。

其自述比例言有曰：「比例之法，昉自九章，傳由西域，在古法曰異乘同除，在西法曰比例等。假如甲有錢四百，易米二斗，問乙有錢六百，易米幾何？答曰三斗。法以乙錢爲實，甲米乘之，得數，甲錢除之，卽得。錢與米異名相乘，與錢同名相除，故謂之異乘同除，此古法也。以甲錢比甲米，若乙錢與乙米。凡言以者一率，言比者二率，言若者三率，言與者四率。二三相乘，一率除之，得四率，此西法也。古法元、明時中土幾以失傳，不知何時流入西域。明神宗時，西人利瑪竇來中國，出其所著算書，中人矜爲創獲，其實所用皆古法，但異其名色耳。茲以西人名色解王氏，固取其平近，亦以名中、西之合轍也。」

又有論曰：「二十一史律志無不用比例者，他如九章、緝古、十種算書，多用比例，無如古人總不言比例。如緝古第二問，求均給積尺，欲以本體求又一形之體，忽取兩面冪之數，一用以乘，一用以除，而得數。又第九問求員囤，第十問求員窖，忽以周徑乘除，卽如方亭法求之，諸數悉得。走作圖解，審諦久之，而始知爲比例，乃明言比例以揭之。嗣是而閱古算書者，罔弗比例矣。」

又自道光以來，嘗親在觀象臺督率値班天文生頻年實測黃、赤大距爲二十三度二十七分，未經奏明，故當時未敢用。迨甲辰歲修儀象考成續編，監臣卽取此數上之，而欽定頒行焉。

晚年所譔爲算法大成，上編十卷，首加、減、乘、除，次開方、句股，次比例、八線，次對數，次平三角、弧三角。門分類別，皆先列舊法，而以新法附之，圖說理解，不憚反覆詳明，專爲引誘初學設也。下編十卷，則有目無書。其言曰：「算法之用多端，第一至要爲治曆，故下編言在官之事，先治曆，次出師，次工程錢糧，次戶口鹽司，次堆積丈量；儒者則考據經傳，下及商賈庶民，則貲本營運，市廛交易，持家日用，凡事無鉅細，各設題爲問答，以明算法之用，蓋如此之廣云。」下編似未成。其門人丁兆慶、張福僖均以算名。

兆慶，字寶書，歸安人。沉潛好學，爲項學正兩邊夾角逕求對角新法圖說，謂其講解明晰，戛戛獨造。

福僖，字南坪，烏程諸生。精究小輪之理，著有慧星考略。

時曰淳，字清甫，嘉定人。精算術。發明古人術意，無不入微。咸豐末，與長沙丁取忠同客胡林翼幕府，每與商榷數理，見丁氏數學拾遺之百鷄術，謂與二色方程暗合。因爲廣衍，立二十八題，以「舊學商量加邃密、新知培養轉深沉」十四字識其上下，爲十四耦。諸題皆借方程爲本術，並述大衍求一術以博其趣，作百鷄術衍二卷。

自序略曰：「張丘建算經鷄翁鷄母題問，甄、李兩註及劉孝孫草，皆未達術意，不可通。近焦理堂所釋尤誤。讀吾友丁君果臣數學拾遺，設術與二色方程暗合，乃通法也。駱氏藝游錄用大衍求一術，以大小較求中數，取徑頗巧，然遇較除共較實適盡者，則不可求。方程術則遇法除實得中數，不盡者以分母與減率相求而齊同之，無不可得。駱氏殆未知有方程本術耳。夫題祇本經一術，算理之微妙，不如孫子不知數一問，而術文各隱秘。彼則但舉用數，此亦僅著加減三率，於前半段取數之法皆闕如。豈古人不傳之秘，必待學者深思而自得乎？孫子求一術，至宋秦道古發之，獨是題襲謬傳訛，無借方程以問途者。曰淳蓄疑既久，今年春與果臣連楊鄂城，復一商榷，別後數月乃通之。怡然渙然，了無滯凝，亦窮愁中一快事也。因衍方程術爲數學拾遺補，求負數法及加減率求答數法，附述求一術爲藝游錄補。以中小較求大數法，及大中較、大小較互求得中數、小數法，引伸鉤索，溫故知新，庶足以大暢厥旨乎！易翁、母、雛爲大、中、小，設數不必以百，而統以百鷄命之者，識斯術所自昉也。」

李銳，字尚之，元和諸生。幼開敏，有過人之資。從書塾中檢得算法統宗，心通其義，遂爲九章、八線之學。因受經於錢大昕，得中、西異同之奧，於古曆尤深。自三統以迄授時，悉能洞澈本原。

嘗謂：「三統，世經稱殷術，以元帝初元二年爲紀首，是年歲在甲戌。推而上之，一千五百二十歲而歲值甲寅爲元首，又上四千五百六十年而歲復甲寅爲上元。以此積年，用四分上推，太初元年得至朔同日，而中餘四分日之三，朔餘九百四十分之七百五，故太初術虧四分日之三，去小餘七百五分也。漢書載三統而不著太初，其實一月之日，二十九日八十一分日之四十三，是日法、月法與三統同。賈逵稱太初術斗二十六度三百八十五分，是統法周天又與三統同。蓋四分無異於太初，而太初亦得謂之三統。鄭注召誥，周公居攝五年二月三月，當爲一月二月，不云正月者，蓋待治定制禮，乃正言正月故也。江徵君聲、王光祿鳴盛以爲據洛誥十二月戊辰逆推之，其說未核。今案鄭君精於步算，此破二月三月爲一月二月，以緯候入蔀數，推知上推下驗，一一符合，不僅檢勘一二年間事也。」因據詩大明疏，鄭注尚書文王受命、武王伐紂時日皆用殷曆甲寅元，遂從文王得赤雀受命年起，以乾鑿度所載之積年推算，是年入戊午蔀，二十九年歲在戊午，與劉歆所說殷曆周公六年始入戊午蔀不同。歆謂文王受命九年而崩，崩後四年武王克殷，後七年而崩，明年周公攝政元年，較鄭少一年。又載召誥、洛誥俱攝政七年事，其年二月乙亥朔，三月甲辰朔，十二月戊辰朔，並與鄭不合。乃以推算各年及一月二月，排比干支，分次上下，著召誥日名考，此融會古曆以發明經術者也。

當是時，大昕爲當代通儒第一，生平未嘗親許人，獨於銳則以爲勝己。大昕嘗以太乙統宗寶鑑求積年術日法一萬五百歲，實三百八十三萬五千四百四十八分二十五秒爲疑。銳據宋同州王湜易學，謂每年於三百六十五日二千四百四十分之外，有終於五分者，有終於六分者，有終於五六分之間者。終於五分者，五代王朴欽天曆是也，以七千二百爲日法。終於六分者，近年萬分曆是也，以一萬分爲日法。終於五六分之間者，景祐曆法載於太乙遁甲中是也，以一萬五百分爲日法，此暗用授時法也。試以日法爲一率，歲實爲二率，授時日法一萬爲三率，推四率，得三百六十五萬二千四百二十五分，卽授時之歲實也。探本窮源，一言破的。

近世曆算之學，首推吳江王氏錫闡、宣城梅氏文鼎，嗣則休寧戴氏震亦號名家。王氏謂土盤曆元在唐武德年間，非開皇己未；梅氏謂回回曆實用洪武甲子爲元，而託之於開皇己未。其算宮分，雖以開皇己未爲元，其查立成之根，則在己未元後二十四年，二說幷同。戴氏謂回回曆百二十八年閏三十一日，是每歲三百六十五日之外，又餘百二十八分日之三十一也。以萬萬乘三十一，滿百二十八而一，得二千四百二十一萬八千七百五十，地谷所定歲實三百六十五日二十三刻三分四十五秒，通分內子以萬萬乘之，滿日法而一，亦得二千四百二十一萬八千七百五十，與梅氏疑問所云合。是三家所論，未嘗不確知灼見，然均未得其詳。銳據明史曆志、回回本術，參以近年瞻禮單，精加考核，謂回回曆有太陽年，彼中謂爲宮分；有太陰年，彼中謂爲月分。宮分有宮分之元，則開皇己未是也；月分有月分之元，則唐武德壬午是也。自開皇己未至洪武甲子，積宮分年七百八十六，自武德壬午至洪武甲子，積月分年亦七百八十六，其惑人者卽此兩積年相等耳，因著回回曆元考。有求宮分白羊一日入月分截元後積年月日法，以爲不明乎此，雖有立成，不能入算也。稿佚未刊。

梅氏未見古九章，其所著方程論，率皆以臆創補，然又囿於西學，致悖直除之旨。銳尋究古義，探索本根，變通簡捷，以舊術列於前，別立新術附於後，著方程新術草，以期古法共明於世。古無天元一術，其始見於元李冶測圓海鏡、益古演段二書，元郭守敬用之，以造授時曆草，而明學士顧應祥不解其旨，妄删細草，遂致是法失傳。自梅文穆悟其卽西法之借根方，於是李書乃得鄭重於世。其有原術不通，別設新術數則，更於梅說外辨得天元之相消，有減無加，與借根方之兩邊加減法少有不同。

且不滿顧氏所著之句股、弧矢兩算術，謂：「弧矢肇於九章方田，北宋沈括以兩矢羃求弧背，元李冶用三乘方取矢度，引伸觸類，厥法綦詳。顧氏如積未明，開方徒衍，不亦傎乎？」爰取弧矢十三術，入以天元，著弧矢算術細草。幷倣演段例，括句股和較六十餘術，著句股算術細草，以導習天元者之先路。

又從同里顧千里處得秦九韶數學九章，見其亦有天元一之名，而其術則置奇於右上，定於右下，立天元一於左上。先以右上除右下，所得商數與左上相生，入於左下。依次上下相生，至右上末後奇一而止，乃驗左上所得以爲乘率。與李書立天元一於太極上，如積求之，得寄左數與同數相消之法不同。因知秦書乃大衍求一中之又一天元，秦與李雖同時，而宋與元則南北隔絕，兩家之術，無緣流通，蓋各有所授也。

銳嘗謂：「四時成歲，首載虞書，五紀明曆，見於洪範。曆學誠致治之要，爲政之本。乃通典、通考置而不錄，邢雲路雖撰古今律曆考，然徒援經史，以侈卷帙之多。梅氏祗有欲撰曆法通考之議，卒未成書。因更網羅諸史，由黃帝、顓頊、夏、殷、周、魯六曆，下逮元、明數十餘家，一一闡明義蘊，存者表而章之，缺者考而訂之，著爲司天通志，俾讀史者啓其扃，治曆者益其智。」惜僅成四分、三統、乾象、奉天、占天五術注而已。餘與開方說皆屬稿未全。

開方說三卷，銳讀秦氏書，見其於超步、退商、正負、加減、借一爲隅諸法，頗得古九章少廣之遺，較梅氏少廣拾遺之無方廉者，不可以道里計。蓋梅氏本於同文算指、西鏡錄二書，究出自西法，初不知立方以上無不帶從之方。銳因秦法推廣詳明，以著其說。甫及上、中二卷而卒，年四十有五。其下卷則弟子黎應南續成之。

應南，字見山，號斗一，廣東順德人。嘉慶戊寅順天經魁，以書館議敍，選浙江麗水縣知縣，調平陽縣知縣。海疆俸滿，加六品銜，卒於官。

駱騰鳳，字鳴岡，山陽人。嘉慶六年舉人，道光六年，大挑一等，用知縣。以母老不願仕，改授舒城縣訓導。未一年，告養歸，教授里中，學徒甚衆。二十二年八月，卒於家，年七十有二。性敏銳，好讀書，尤精疇人術。在都中從鍾祥李潢學，研精覃思，寒暑靡間。

著開方釋例四卷，自序略謂：「天元一術，見宋秦九韶大衍數中，不言創於何人。元李冶測圓海鏡、益古演段二書，亦用此例。冶稱其術出於洞淵九容，今不可詳所自矣。是書自平方以至多乘，悉用一術，卽朒童、羨餘諸形，亦可握觚而得，洵算術之秘鑰也。西法借根方實原於此，乃以多少代正負，徒欲掩其襲取之迹。不知正負以別異同，多少以分盈朒，毫釐千里，必有能辨之者。」

又著游藝錄二卷，自識云：「余於正、負開方之例，既爲釋例以明其法矣。至於衰分方程、句股等法，以及九章所未載，與夫古今算術之未能該洽者，輒爲溯其源，正其誤。不敢掠前哲之美以爲名，亦不爲黯黮之詞以欺世也。隨所見而識之，彙爲一編。」遺稿凡十餘萬言，卽今傳本也。

南匯張文虎嘗與青浦熊戸部其光書論之曰：「承示駱司訓算書二種，讀竟奉繳。李四香開方說，詳於超步、商除、翻積、益積諸例，而不言立法之根，令初學者茫不解其所謂。駱氏於諸乘方、方廉、和較、加減之理，皆質言之，而推求各元進退、定商諸術，尤足補李書所未備，誠學開方者之金鎖匙。汪孝嬰創設兩句股同積同句股和一問，以兩句弦較中率轉求兩句弦較，立術迂迴。駱氏以正、負開方徑求得兩句，頗爲簡易。衡齋亦當首肯也。」其爲人所推服如此。

項名達，字梅侶，仁和人。嘉慶二十一年舉人，考授國子監學正。道光六年，成進士，改官知縣，不就，退而專攻算學。三十年，卒于家，年六十有二。著述甚富，今傳世者，但有下學庵句股六術及圖解，復附句股形邊角相求法三十二題，合爲一卷。以句股和較相求諸題術稍繁難，爰取舊術稍爲變通。分術爲六，使題之相同者通爲一術，釐然悉有以御之。第一、二、三術及第四術之前二題，悉本舊解，餘爲更定新術，皆別注捷法，各爲圖解，以明其意。第四、五、六術其原皆出於第三術，可釋之以比例。第三術以句弦較比股，若股與句弦和，以股弦較比句，若句與股弦和，是爲三率連比例。凡有比例加減之，其和較亦可互相比例。故第四、五、六術諸題，皆可由第三術之題加減而得，卽可因第三術之比例而另生比例。因比例以成同積，而諸術開方之所以然遂明。名達又創有弧三角總較術，求橢圓弧線術，術定，未有詮釋，以義奧趣幽，難猝竟事，故六術獨先成云。

名達與烏程陳杰、錢塘戴煦契最深，晚年詣益精進，謂古法無用，不甚涉獵，而專意于平弧三角，與杰意不謀而合。與杰論平三角，名達曰：「平三角二邊夾一角，逕求斜角對邊，向無其法，竊嘗擬而得之，君聞之乎？」杰曰：「未也。」錄其法以歸。蓋以甲乙邊自乘與甲丙邊自乘相加，得數寄左；乃以半徑爲一率，甲角餘弦爲二率，甲乙、甲丙兩邊相乘倍之爲三率，求得四率，與寄左數相減，鈍角則相加，平方開之，得數卽乙丙邊。

又嘗謂泰西杜德美之割圜九術，理精法妙，其原本于三角堆，董方立定四術以明之，洵爲卓見。惟求倍分弧，有奇無偶，徐有壬補之，庶幾詳備。名達嘗玩三角堆，歎其數祇一遞加，而理法象數，包蘊無窮，夫方圜之率不相通，通方圜者必以尖，句股，尖象也；三角堆，尖數也。古法用半徑屢求句股得圜周，不勝其繁。杜氏則以三角堆御連比例諸率，而弧弦可以互通，割圜術蔑以加矣。然以此製八線全表，每求一數，必乘除兩次，所用弧綫，位多而乘不便，董、徐二氏大、小弧相求法亦然。向思別立簡易法，因從三角堆整數中推出零數，但用半徑，卽可任求幾度分秒之正餘弦，不煩取資于弧綫及他弧弦矢。且每一乘除，便得一數，似可爲製表之一助。

又著象數原始一書，未竟，疾革時，囑戴煦。後煦索稿於名達子錦標，校算增訂六閱月而稿始定，都爲七卷。原書之四，僅六紙，並第七卷皆煦所補也。卷一曰整分起度弦矢率論，卷二曰半分起度弦矢率論，卷三、卷四曰零分起度弦矢率論，皆以兩等邊三角形明其象，遞加法定其數，末乃申論其算法。卷五曰諸術通詮，取新立弧弦矢求他弧弦矢二術、半徑求弦矢二術及杜、董諸術，按術詮釋之。卷六曰諸術明變，雜列所定弦矢求八線術，開諸乘方捷術，算律管新術，橢圓求周術，以明皆從遞加數轉變而得。卷七曰橢圓求周圖解，原術以衺爲徑，求大圓周及周較，相減而得周，補術則以廣爲徑，求小圓周，周較相加而得周，末係以圖解。徐有壬巡撫江蘇，郵書索煦寫定本梓行，刻甫就而有壬殉難，書與板皆燬焉。

有王大有者，字吉甫，仁和諸生。翰林院待詔。窮究天算，問業於處士戴煦。凡煦所著述，皆錄副本去，名達見之，因與煦訂交。大有嘗校割圜捷術合編。後殉於杭州。

丁取忠，字果臣，長沙人。研究象數，不求聞達，刻算書二十有一種，爲白芙堂叢書。光緒初，卒于家，年逾七十。所自譔者爲數學拾遺一卷，以所演算草較詳，可便初學，又意在拾遺，故未暇詳其義之出自何人。

又譔粟布演草二卷，自序曰：「道光壬辰，余始習算，友人羅寅交學博洪賓以難題見詢，久無以應。同治初元，始獲交南豐吳君子登太史，馭以開屢乘方法，余始通其術，然未悉其立法之根也。後吳君遊嶺表，余推之他題，及輾轉相求，仍多窒礙。又函詢李君壬叔，蒙示以廉法表及求總率二術，而其理始顯。後吳君又示以指數表及開方式表，李君復爲之圖解以闡其義。由是三事互求，理歸一貫。余因取數題詳爲演草，幷捷法圖解，都爲一卷。質之南海鄒君特夫，君復爲增訂開屢乘方法，幷另設題演草，補所未備。卽算家至精之理，如圜內容各等邊形，皆可借發商生息以明之，誠快事也！」

後又譔演草補一篇，序云：「余前年與左君壬叟共輯粟布演草，原爲商賈之習算者設，或一例而演數題，或一題而更數式。或用眞數，或用代數。其式或橫列，或直下，雜然並陳，無非欲學者比類參觀，易於領悟也。乃初學習之，猶謂茫無入門處，蓋商賈所習算書，大都詳於文而略於式。況代數又古算術所無，宜其卒然覽之而不解也。茲更擬一題附後，特仿數理精蘊借根方體例，專詳於文，庶初學讀之，可因文知義。算理旣明，則全書各式，可渙然冰釋，或兼可爲習代數者之先導乎？」其鄉人李錫蕃，亦以演算名。錫蕃，字晉夫。道光三十年早卒，著有借根方句股細草一卷，衍爲二十有五術，取忠刊入叢書。

謝家禾，字和甫，錢塘舉人。與同學戴氏兄弟煦、煦相友善。少嗜西學，點線面體四部，靡不淹貫。已，復取元初諸家算書，幽探冥索，悉其秘奥。乃輯平時所得析通分加減，定方程正負，以標舉立元大要，撰演元要義一卷。其自序云：「元學至精且邃，而求其要領，無過通分加減，凡四元之分正負，及相消法，互隱通分法，大致原於方程。方程者，卽通分之義。方程不明，由於正負無定例，加減無定行，以譌傳譌，如梅宣城精研數理，未暇深究，他書可知矣。九章算經正負術甚明，而釋者反以意度，古誼之不明，可勝道哉！唯以衍元之法正方程之義，由是方程明而元學亦明。著演元要義，綜通分方程而論列之，附以連枝同體之分等法。通乎此，則四元庶可窺其涯涘耳。」

又以劉徽、祖沖之之率求弧田，求其密於古率者，撰弧田問率一卷。同里戴煦爲之序曰：「古率徑一周三，徽率劉徽所定，徑五十周一百五十七也。密率乃祖沖之簡率，徑七二十二也。諸書弧田術皆用古率，郭太史以二至相距四十八度，求矢亦用古法。顧徽、密二率之周既盈於古，則積亦盈於古，試設同徑之圜，旁割四弧，其中兩弦相得之方三率皆同，知三率圓積之盈縮，正三率弧積之盈縮也。徽、密二率弧田古無其術，惟四元玉鑑一覩其名，而設問隱晦，莫可端倪。穀堂得其旨，因依李尙之弧矢算術細草設問立術，亦足發前人所未發也。」

又以直橫與句股弦和較輾轉相求，撰直積回求一卷，其自序云：「始戴諤士著句股和較集成，予亦著直積與和較求句股弦之書，然二書爲義尙淺，且直積與句弦和求三事，用立方三乘方等，得數不易，而又不足以爲率，其書遂不存。近見四元玉鑑直積與和較回求之法，多立二元，嘗與謬士思其義蘊，有不必用二元者。蓋以句弦較與句弦和相乘爲股冪，股弦和與股弦較相乘爲句冪，而直積自乘，卽句冪股冪相乘也。如以句弦較乘股弦較冪，除直積冪，卽爲句弦和乘股弦和冪矣。句弦和乘股弦和冪，卽弦冪和冪共內少半個黃方冪也。蓋相乘冪內去一弦冪，所餘爲句股相乘者一，句弦相乘者一，股弦相乘者一，此三冪合成和冪，則少一半黃方冪。半黃方冪，卽句弦較股弦較相乘冪也。加一半黃方冪，卽爲弦冪和冪共矣。加二直積，卽二和冪也。減六直積，卽二較冪也。又句弦和乘股弦較冪，爲句冪內少個句股較乘股弦較冪也。股弦和乘句弦較冪，爲股冪內多個句股較乘句弦較冪也。減一句股較乘股弦較冪，尙餘一句股較冪矣。術中精意，皆出於此。其他之參用常法者，可不解而自明耳。草中既未暇論，恐習者不知其理，因揭其大旨於簡端，見演段之不可不精也。」

家禾歿後，戴煦搜遺稿，囑其弟煦校讐而授諸梓。煦精算，見忠義傳。著有補重差圖說，句股和較集成消法簡易圖解，對數簡法，外切密率，假數測圓，及船機圖說等。

吳嘉善，字子登，南豐人。咸豐十一年進士，改翰林院庶吉士，散館授編修。與徐有壬同治算學。同治改元，避粵匪亂游長沙，識丁取忠。逾年，客廣州，因鄒伯奇又識錢塘夏鸞翔。三人志同道合，相得益彰。光緒五年，奉使法蘭西，駐巴黎。後受代還，旋卒。

所譔算書，首述筆算。次九章翼，曰今有術，曰分法，曰開方，曰平方平員各術。推演方田者，曰立方立員術，推演商功者，曰句股，曰衰分術，曰盈不足術，曰方程術。於句股術後，次附平三角、弧三角測量高遠之術。又次則專述天元四元之書，爲天元一術釋例，爲名式釋例，爲天元一草，爲天元問答，爲方程天元合釋，爲四元名式釋例並草，爲四元淺釋。自序曰：「算學至今日，可謂盛矣。古義既彰，新法日出，前此所未有也。余與丁君果臣皆癖此，既忘其癖，更欲以癖導人。嘗苦近世津逮初學之書無善本，梅文穆公所刪之算法統宗，今亦不傳。因商榷述此，取其淺近易曉，以爲升高行遠之助云。」

羅士琳，字茗香，甘泉人。以監生循例貢太學，嘗考取天文生。咸豐元年，恩詔徵舉孝廉方正之士，郡縣交薦，以老病辭。三年春，粵匪陷揚州，死之，年垂七十矣。少治經，從其舅江都秦太史恩復受舉業，已乃棄去，專力步算，博覽疇人書，日夕研求數年。

初精西法，自譔言曆法者曰憲法一隅。又思句股、少廣相表裏，而方田與商功無異，差分與均輸不殊。按類相從，摘九章中之切于日用者，悉以比例馭之，匯爲十二種。以各定率冠首，以借根方繼後，以諸乘方開法附末，凡四卷，曰比例匯通，雖悔其少作，實便初學問途。

後見四元玉鑑，服膺歎絕，遂壹意專精四元之術。士琳博文强識，兼綜百家，於古今算法尤具神解，以朱氏此書實集算學大成，思通行發明，乃殫精一紀，步爲全草，併有原書於率不通及步算傳寫之譌，悉爲標出，補漏正誤，反覆設例，申明疑義，推演訂證。就原書三卷二十有四門，廣爲二十四卷，門各補草。

嘗爲提要鈎元之論，謂：「是書通體弗出九章範圍，不獨商功修築、句股測望、方程正負已也。如端匹互隱、廩粟廻求寓粟布，如意混和寓借衰，茭草形段、果垜叠藏，如像招數寓商功中之差分，直段求源、混積問元、明積演段、撥換截田、鎖套吞容寓方田、少廣諸法。他若分索隱之爲約分命分，方員交錯、三率究員、箭積交參之爲定率兼交互。至於或問歌彖、雜範類會，以其各自爲法，不能比類。故一則寄諸歌詞，一則編成雜法，均似補遺。大旨皆以加、減、乘、除、開方、帶分六例爲問，每門必備此例，略簡易而詳繁難，尤於自來算書所無者，必設二問以明之。如混積問元中既設種金田及句三股四八角田爲問。撥換截田中復設半種金田，鎖套吞容中復設方五斜七八角田爲問。又果垜叠藏兩設員錐垜，雜範類會既設徽率割員，又設密率割員是矣。更有一門專明一義者，如和分索隱之分開方，三率究員兩儀合轍之反覆互求是矣。是書但云如積求之，如積有用定率爲同數相消者，有如問加減乘除得積爲同數相消者。祖序謂：『平水劉汝諧撰如積釋鎖，惜今不傳。』意者其釋此例歟？」

道光中，得朱氏算學啓蒙於京師廠肆，士琳復加斠詮刊布之。此書總二十門，凡二百五十九問，其名術義例多與玉鑑相表裏。士琳爲之互斠，始于天元，終于四元，義主精邃，所得甚深。考大德四年莫若序，計後此書四年。此書首列乘除布算諸例，始于超徑等接之術，終于天元如積開方，由淺近以至通變，循序漸進，其理易知。名曰啓蒙，實則爲玉鑑立術之根，此一證也。玉鑑原本十行，行十九字，「今有」低一格，「術曰」又低二格，與此書同，此二證也。玉鑑斗斛之「斗」別作「㪷」，此假借字，本漢書平帝紀及管子乘馬篇，尙雜見于唐以前之孫子、五曹、張丘建諸算經，鈞石之「石」，說文本作「柘」，玉鑑作「碩」，「碩」「石」古雖互通，然假「碩」爲「石」，則僅見于毛詩甫田疏引漢書食貨志，而算書罕見。又玉鑑晥田之「晥」，雖見李籍九章音義，爲字書所無，此書幷同，此三證也。玉鑑雖亦三卷，而門則爲二十四，問則爲二百八十八，較多此書四門二十九問，然以四字分類，其體裁同。且如商功、修築、方程、正負之屬，則又二書互見，此四證也。玉鑑如意混和第一問，據數知一秤爲十五斤，適與此書之斤秤起率合，此五證也。玉鑑鎖套吞容第九問，方五斜七八角田左右逢元第六、第十三、第二十諸問，有小平小長，皆向無其術。此書卷首明乘除段，卽載平除長爲小長，長除平爲小平之例。其田畝形段第十五問，復載方五斜七八角田求積通術，此六證也。他如玉鑒或問歌彖第四問，與此書盈不足術第七問，又玉鑒果垜叠藏第十四問，與此書堆積還原第十四問，又玉鑒方程正負第四問，與此書方程正負第五問，題皆約略相同，此七證也。知係朱氏原書佚而復出，并其算法一則，亦爲附列，間有魚豕，悉仍其舊，但各標識于誤字旁，別記刊誤於卷末。

又嘗以乾隆間明氏捷法校得八線對數表，一度十三分二十秒正切第五字「〇」誤「一」，又六度四十一分十秒正切第五字「〇」誤「六」；又十二度五十分正弦第六字「七」誤「五」；又十六度三十二分十秒正切第七字「九」誤「〇」；又四十二度三十二分四秒正切第九字「五」誤「四」。可見西人所能，中人亦能之。

又因會通四元玉鑒如像招數一門，更取明氏捷法，御以天元，知密率亦可招差，其弧與弦矢互求之法，與授時曆之垜積招差一一符合。且以祖氏綴術失傳，其法屢見於秦書，即大衍之連環求等遞減遞加，亦與明氏捷法相近。爰融會諸家法意，撰綴術輯補二卷。

又甄錄古今疇人，仍阮氏體例爲列傳，采前傳所未收者，得補遺十二人，附見五人，續補二十人，附見七人，合共四十有四人，次於前傳四十六卷之後。

集所校著都爲觀我生室彙稾十二種。如四元玉鑒細草二十四卷，釋例二卷，校正算學啓蒙三卷，校正割圜密率捷法四卷，續疇人傳六卷，皆別有單行本。

外已刻者尙得七種，曰句股容三事拾遺三卷，附例一卷，本繪亭監副博啓法補其遺，取內容方邊員徑垂線交互相求，一以天元馭之。曰三角和較算例一卷，取斜平三角形中兩邊夾一角術鎔入天元法，用和較推演成式。曰演元九式一卷，括玉鑑中進退消長諸例，借無數之數，以正負開方式入之。曰臺錐積演一卷，以玉鑑茭草、果垜二門可補少廣之闕，爰取臺錐形段引而伸之。曰周無專鼎銘考一卷，以四分周術佐以三統漢術，推得宣王十有六年九月既望甲戌，與銘辭正合。曰弧矢算術補一卷，以元和李四香原術未備，爲增補二十七術，合成四十術。曰推算日食增廣新術一卷，推廣正升斜升橫升之算法，以求太陰隨地隨時之明魄方向分秒，復推其術，以求交食限內之方向，及所經歷之諸邊分。

餘若春秋朔閏異同考、綴術輯補交食圖說舉隅、句股截積和較算例、淮南天文訓存疑、博能叢話，凡若干卷，未有刻本。其同縣友有易之瀚者，亦以算名。

易之瀚，字浩川。知士琳有四元玉鑑補草，因從問難，爲撰四元釋例一卷。凡開方例二十九則，天元例十一則，四元例十三則。

顧觀光，字尙之，金山人。太學生，三試不售，遂無志科舉，承世業爲醫。鄉錢氏多藏書，恆假讀之。博通經、傳、史、子、百家，尤究極天文曆算，因端竟委，能抉其所以然，而摘其不盡然。時復蹈瑕抵隙，蒐補其未備。如據周髀「笠以寫天，青黃丹黑」之文及後文「凡爲此圖」云云，而悟篇中周徑里數皆爲繪圖而設。天本渾員，以視法變爲平員，則不得不以北極爲心，而內外衡以次環之，皆爲借象，而非眞以平員測天也。

開元占經魯曆積年之算不合，因用演積術，推其上元庚子至開元二年歲積，知占經少三千六十年。又以占經顓頊曆歲積考之史記秦始皇本紀，知其術雖起立春，而以小雪距朔之日爲斷。蓋秦以十月爲歲首，閏在歲終，故小雪必在十月，昔人未及言也。李尙之用何承天調日法考古曆日法朔餘强弱不合者十六家，以爲未能推算入微。爰別立術，以日法朔餘輾轉相減，以得强弱之數。但使日法在百萬以上皆可求，惟朔餘過於強率者不可算耳。授時術以平定立三差求太陽盈縮，梅氏詳說未明其故。讀明志乃知卽三色方程之法。謂凡兩數升降有差，彼此遞減，必得一齊同之數。引而伸之，卽諸乘差，則八線、對數、小輪、橢員諸術，皆可共貫。讀占經所載瞿曇悉達九執術，知回回、太西曆法皆源於此。其所謂高月者卽月孛，月藏者卽月引數，日藏者卽日引數，特稱名不同，亦猶回曆稱歲實爲宮日數，朔策爲月分日數也。

其論婺源江氏冬至權度，推劉宋大明五年十一月乙酉冬至前以壬戌丁未二日景求太陽實經度，而後求兩心差，乃專用壬戌。今用丁未求得兩心差，適與江氏古大今小之說相反。蓋偏取一端，其根誤在高衝行太疾也。西法用實朔距緯求食甚兩心實相距，術繁而得數未確。改以前後兩設時求食甚實引徑得兩心實相距，不必更資實朔，較本法爲簡而密矣。

西人割圜，止知內容各等邊之半爲正弦，而不知外切各等邊之半爲正切。乃依六宗、三要、二簡諸術，別立求外切各等邊之正切法，以補其缺。杜德美求員周術，用員內容六邊形起算，巧而降位稍遲，謂內容十等邊之一邊，卽理分中末線之大分，距周較近。且十邊之邊與周同數，不過遞進一位，而大分與全分相減卽得小分，則連比例各率，可以較數取之。入算尤簡易，可用弧度入算，不用弧背眞數。然猶慮其難記，仍不能無藉於表，因又合兩法用之，則術愈簡，而弧線、直線相求之理始盡。錢塘項氏割圜捷術，止有弦矢求餘線術，以爲可通之割、切二線，因補其術。西人求對數，以正數屢次開方，對數屢次折半，立術繁重。李氏探原以尖錐發其覆，捷矣，而布算術猶繁。且所得者皆前後兩數之較，可以造表而不可徑求。戴氏簡法及西人數學啓蒙，又有新術，而未窮其理。乃變通以求二至九之八對數，因任意設數，立六術以御之，得數皆合。復立還原四術，並推衍爲和較相求八術，爲自來言對數者所未有也。又謂對數之用，莫便于八線，而西人未言其立表之根，因冥思力索，仍用諸乘方差，迎刃而解，尤晚歲造微之詣也。其它凡近時新譯西術，如代數、微分、諸重學，皆有所糾正，類此。

所著曰算賸初、續編凡二卷。曰九數存古，依九章分爲九卷，而以堆垜、大衍、四元、旁要、重差、夕桀、割圜、弧矢諸術附焉，皆采古書而分門隸之。曰九數外錄，則隱括四術爲對數、割圜、八線、平三角、弧三角各等面體、員錐三曲線、靜重學、動重學、流質重學、天重學，凡記十篇。曰六曆通考，則據古經所紀黃帝、顓頊、夏、殷、周、魯積年而加以考證。曰九執曆解，曰回回曆解，皆就原法疏通證明之。曰推步簡法，曰新曆推步簡法，曰五星簡法，則就原術改度爲百分，省迂迴而歸簡易，蓋於學實事求是，無門戶異同之見，故析理甚精，而談算爲最云。其友人韓應陛，亦以表章算書顯。

應陛，字對虞，婁縣人。道光二十四年舉人，官內閣中書舍人。少好讀周、秦諸子，爲文古質簡奧，非時俗所尚。旣而從同里姚椿遊，得望溪、惜抱相傳古文義法。西人所創點、線、面、體之學，爲幾何原本，凡十五卷，明萬曆間利譯止前六卷。咸豐初，英人偉烈亞力續譯後九卷，海寧李壬叔寫而傳之。應陛反覆審訂，授之剞劂，亞力以爲泰西舊本弗及也。外若新譯重、氣、聲、光諸學，應陛推極其致，往往爲西人所未及云。

左潛，字壬叔，大學士宗棠從子。補縣學生。於詩、古文辭無不深造，尤明算理。長沙丁取忠引爲忘年交。早卒，士林惜之。所學自大衍、天元及借根方、比例諸新法，無不貫通。且能自出己意，變其式，勘其誤，作爲圖解，往往突過先民。嘗增訂徐有壬割圜綴術，既成，忽悟通分捷法析分母、分子爲極小數，根同者去之，凡多項通分，頃刻立就。因演數草，爲通分捷法一帙。

所譔綴術補草四卷，自序曰：「自泰西杜德美創立割圜九術，以屢乘屢除通方圜之率，我朝明氏、董氏各爲之說，而杜書之義，推闡靡遺。顧八線互求，尙無通術，未足以盡一圜之變，非明氏、董氏之智力，不能因法立以盡其變也。其能窮杜氏之義也，資於借根方；其不能廣杜氏之法也，亦限於借根方。蓋借根方卽天元一之變術，究不如元術之巧變莫測也。是書祖杜宗明，又旁參以董氏之法，八線相求，各立一式，因式立法，因法入算。嚮之不可立算者，今皆能馭之以法，卽有不能立法布算者，而其式存，則能濟法之窮；而度圜諸線，一以貫之矣。推其立式之由，所謂比例術，卽明氏定半徑爲一率，所有爲二率或三率之法也。所謂還原術，卽明氏弧背求正矢，又以正矢求弧背之法也。所謂借徑術，卽明氏借十分全弧通弦率數求百分全弧通弦率數，求千分全弧通弦率數諸法也。所謂商除法，又卽還原術之變法。是故綴術胎于明氏，而又足以盡明氏之變。明氏之未立式者，以借根方取兩等數，其分母、分子雜糅繁重，既不可通，其多號、少號，輾轉互變，又不可約。試取明氏書馭之以綴術，其遞降各率，頃刻可求。則是書也，其眞能因法立法，別樹幟於明、董之後者歟？書爲徐君青先生所作，吳君子登成之，顧詳於式而略於草。敬考其立法之原，不可遽得，學者難焉，潛因於暇日爲補草四卷，因綴數語於簡端云。」

又譔綴術釋明二卷，湘鄉曾紀鴻爲之序，略曰：「易繫云：『極其數遂定天下之象。』則綜天下難定之象以歸有定，莫數若矣。在昔聖神，制器尙象，利物前民，於數理必有究極精微，範圍後世者，代久年湮，漸至失傳。近三百年，泰西猶能推闡古法，而中國才智之士，或反率其成轍。孔子曰：『天子失官，學在四夷。』正今日數學之謂也。中國舊有弧矢算術，而未標角度八線鈐表，則雖有用其理以入算者，而無表可檢。則每求一數，必百倍其功，而所得數仍非密率。明代譯出泰西八線表及八線對數表，覈其立法得數之原，甚屬繁難，而成表之後，一勞永逸。大至無外，細及極微，莫不以此表測之，則其用之廣大可想。然得表之後，雖無事於再求，而任舉一數，無從較其訛誤。若仍用舊術，則非帀月經旬，不能得一數，此明靜菴、董方立推演杜德美弧矢捷術之所以可貴也。向來求八線者，例用六宗、三要、二簡各法，若任言一弧，必不能考其弦矢諸數。至杜氏創立屢乘屢除之法，則但有弧徑，而八線均可求。董方立解杜術，先取其線之極微者，令與與弧線合，而後用連比例以推至極大。又考諸率數與尖錐理相合，故用尖錐以釋弧矢，而弧矢之數理以顯。明靜菴解杜術，先取四分弧與十分弧之通弦直線之極大者，用連比例以推至千分、萬分弧通弦之極微者，考其乘除之率數，與杜術乘除之原理合，故用綴術以釋弧矢，而弧矢之數理亦出。董、明二氏，均爲弧矢不祧之宗，無庸軒輊。邇百年中繼起者，如戴、徐、李三氏所著書，雖自出心裁，要皆奉董、明爲師資也。吾友左君壬叟，於數學尤孜孜不倦，遇有疑難，必窮力追索，務洞澈其奧窔。嘗謂方員之理，乃天地自然之數，吾之宗中宗西，不必分畛域，直以爲自得新法也可。曾釋君青徐氏綴術，又釋戴鄂士求表捷術，茲又釋明靜菴弧矢捷術，而一貫以天元寄分之式，於員率一道三致意焉，可謂勤矣。孰意天厄良才，壬叟竟於甲戌秋不永年而逝，凡在同人，無不歎惜！況余與之爲兩世神交，安能無愴切耶！」

曾紀鴻，字栗誠，大學士國藩少子。恩賞舉人。早卒。紀鴻少年好學，與兄紀澤並精算術，尤神明於西人代數術。銳思勇進，創立新法，同輩多心折焉。謂大衍求一術亦可以代數推求，依題演之，理正相通，撰對數詳解五卷，始明代數之理，爲不知代數者開其先路。書中言對數之理，末言對數之用，明作書之本意。其於常對、訥對，辨析分明。先求得各眞數之訥對，復以對數根乘之，卽爲常對數。級數朗然，有條不紊，雖初學循序漸進，無不可相說以解焉。

夏鸞翔，字紫笙，錢塘人。以輸餉議敍，得詹事府主簿。爲項梅侶入室弟子。講究曲線諸術，洞悉員出于方之理。匯通各法，推演以盡其變，譔洞方術圖解二卷，自序略曰：「自杜氏術出，而求弦矢得捷徑焉。顧猶煩乘除，演算終不易，思一可省乘除之法而迄未得。丁巳夏，客都門，細思連比例術者，尖堆底也。尖堆底之比例，與諸乘方之比例等。以之求連比例術，必合諸乘方積而幷求之。設不得諸乘方積遞差之故，方積何能幷求？且幷求方積而欲以加減代乘除，又必得諸較自然之數而後可，誠極難矣。旣而悟曰，方積之遞加，加以較也。較之遞生，生於三角堆也。較加較而成積，亦較加較而成較。且諸乘方積之數與諸乘尖堆之數，數異而理同。三角堆起於三角形，故屢次增乘，皆增以三角。方積起於正方形，故累次增乘，皆增以正方。三角之較數，增一根則增一較；方積之較數，增一乘則增一較，理正同也。累次相較，較必有盡，惟其有盡，乃可入算。相連諸弦矢所以愈相較而較愈均者，正此理矣。諸較之理，皆起於天元一，而生於根差。遞加根一，諸乘方根差皆一。一乘之數不變，故可省乘。若增其根差，非復單一，則乘不能省。弦矢弧背之差，或一秒，或十秒，卽以一秒、十秒弧線當根差，按根遞求，卽可盡得諸乘方之較。以較加較，卽盡得所求弦矢各數矣，豈不捷哉！爰演爲求弦矢術，俾求表者得以加減代乘除。併細繹立術之義，以俟精於術數者采擇。」

又譔致曲術一卷，曰平員，曰橢員，曰拋物線，曰雙曲線，曰擺線，曰對數曲線，曰螺線，凡七類。類皆自定新術，參差幷列，法密理精。復著致曲圖解一卷，謂天爲大員，天之賦物，莫不以員。顧員雖一名，形乃萬類。循員一帀，而曲線生焉。西人以線所生之次數分爲諸類，一次式爲直線；二次式有平員、橢員、拋物線、雙曲線四式；三次式有八十種；四次式有五千餘種；五次以上，殆難以數計矣。今但就二次式四種，溯其本源，幷附解諸乘方。拋物線形雖萬殊，理實一貫。諸曲線式備具於員錐體，員錐者，二次曲線之母也。橢員利用聚，拋物線利用遠，雙曲線利用散，其理皆出於平員。苟會其通，則制器尙象，仰觀俯察，爲用無窮矣。今爲一一解之，其目爲諸曲線始於一點終於一點第一，諸式之心第二，準線第三，規線第四，橫直二徑第五，兌徑亦名相屬二徑第六，兩心差第七，法線切線第八，斜規線又名曲率徑第九，縱橫線式第十，諸式互爲比例第十一，八線第十二。

又嘗立捷術以開各乘方，不論益積、翻積，通爲一術，俱爲坦途，可徑求平方根數十位，成少廣縋鑿一卷。

鸞翔同治三年卒。因方積之較而悟求弦矢之術，駸駸乎駕西人而上之，然微分所棄之常數，猶方積之方與隅也。所求之變數，猶兩廉遞加之較也。其術施之曲線，無所不通，鸞翔猶待逐類立術，是則不能不讓西人以獨步。然西法開方，自三次式以上，皆枝枝節節爲之，不及中法之一貫。鸞翔又於中法外獨創捷術，非西人所能望其項背云。

鄒伯奇，字特夫，南海諸生。聰敏絕世，覃思聲音文字度數之源。尤精天文曆算，能薈萃中、西之說而貫通之，靜極生明，多具神解。嘗作春秋經傳日月考，謂：「昔人考春秋者多矣，類以經、傳日月求之，未能精確。今以時憲術上推二百四十二年之朔閏及食限，然後以經、傳所書，質其合否，乃知有經誤、傳誤及術誤之分。」又謂：「尚書克殷年月，鄭玄據乾鑿度，以入戊午蔀四十二年克殷，下至春秋，凡三百四十八年。劉歆三統術以爲積四百年，近人錢塘李銳皆主其說。今以時憲術上推，且以歲星驗之，始知鄭是劉非。」其解孟子「由周而來，七百有餘歲」句，謂閻百詩孟子生卒年月考據大事記及通鑑綱目，以孟子致爲臣而歸在周赧王元年丁未，逆數至武王有天下，歲在己卯，當得八百有九年。然周共和以上年數，史遷已不能紀，可考者魯世家耳，此爲劉歆曆譜所據。然將歆譜與史記比對，歆於煬公、獻公等年分多所加，共計五十二。若減其所加，則歆所謂八百有九年者，實七百五十七年耳。

又謂向來注經者，於算學不盡精通，故解三禮制度多疏失，因作深衣考，以訂江永之謬。作戈戟考，以指程瑤田之疏。以文選景福殿賦「陽馬承阿」證古宮室阿棟之制。以體積論臬氏爲量，以重心論懸磬之形，皆繪圖立說，援引詳明。

又嘗謂羣經注疏引算術未能簡要，甄鸞五經算術既多疏略，王伯厚六經天文篇博引傳注，亦無辨證。因即經義中有關於天文、算術，爲先儒所未發，或發而未闡明者，隨時錄出，成學計一得二卷。

於天象著甲寅恆星表、赤道星圖、黃道星圖各一卷，自序略曰：「甲寅春，製渾球，以考證經史恆星出沒歷代歲差之故。然製器必先繪圖，繪圖必先立表，此恆星表之所由作也。史、漢、晉、隋諸志，於恆星但言部位，至唐、宋始略有去極度數，蓋舊傳新圖，大抵據步天歌意想爲之，與天象不符。國朝康熙初，南懷仁作靈臺儀象志，然後黃、赤經、緯各列爲表。乾隆九年，增修儀象考成，補正缺誤。道光甲辰，再加考測，爲儀象考成續編，入表正座一千四百四十九星，外增一千七百九十一星，洵爲明備。今踰十載，歲漸有差，故復據現時推測立表，庶繪圖製器密合天行也。」

又謂：「繪地難於算天，天文可坐而推，地理必須親歷。近人不知古法，故疏舛失實。因考求地理沿革，爲歷代地圖，以補史書地志之缺。」

又手摹皇輿全圖，自序略曰：「地圖以天度畫方，至當不易。地球經緯相交皆正角，而世傳輿圖，至邊地竟成斜方形，殊失繪圖原理，其蔽在以緯度爲直線也。昔嘗爲小總圖，依渾蓋儀，用半度切線，以顯迹象。然州縣不備，且內密外疏，容與實數不符，故復爲此圖。其格緯度無盈縮，而經度漸狹，相視皆爲半徑與餘弦之比例。橫九幅，縱十一幅，合成地球滂沱四顃之形，欲使所繪之圖與地相肖也。

又變西人之舊，作地球正變兩面全圖，其序略曰：「地形渾員，上應天度，經緯皆爲員線。作圖者繪渾於平，須用法調劑，方不失其形似。然視法有三，其一在員外視員，法用正弦，則經圈爲橢員，緯圈爲直線，其形中廣旁狹，作简平儀用之。其一在員心視員，法用正切，則經圈爲直線，緯圈爲弧線，其形中曲旁殺，內密外疏，作日晷用之。斯二者，線無定式，量算繁難。且經緯相交，不成正角。其邊際或太促褊，或太展長，以畫地球，既昧方斜本形，復失修廣實數，所不取也。其一在員周視員，法用半切線，經緯圈皆爲平員，雖亦內密外疏，而各能自相比例，西人以此作渾蓋儀，最爲理精法密。今本之爲地球圖，分正背兩面。正面以京師爲中線，其背面之中，卽爲京師對衝之處，尊首都也。旁分二十四向，審中土與各國彼此之勢，定準望也。經緯俱以十度爲一格，設分率也。」

因推演其法，著測量備要四卷，分備物致用、按度考數二題。備物致用其目四：一丈量器，曰插標、曰線架、曰指南尺、曰曲尺、曰丈竹、曰竹籌、曰皮活尺、曰蕃紙簿、曰鉛筆；二測望儀，曰指南分率尺、曰立望表、曰三脚架、曰矩尺、曰地平經儀、曰平水準、曰紀限儀、曰迴光環、曰折照玻璃屋、曰千里鏡、曰象限儀、曰秒分時辰標、曰行海時辰標、曰析分大日晷、曰風雨針、曰寒暑針；三檢覈書，曰志書、曰地圖、曰星表、曰星圖、曰度算版、曰對數尺、曰八線表、曰八線對數表、曰十進對數表，曰現年行海通書、曰清蒙氣差表、曰太陽緯度表、曰日晷時差表、曰句陳四游表、曰大星經緯表、曰對數較表、曰對數較差表；四畫圖具，曰大小幅紙、曰硯、曰墨、曰硃、曰顏色料、曰筆、曰五色鉛筆、曰筆殼、曰指南分率矩尺、曰長短界尺、曰平行尺、曰分微尺、曰機翦、曰交連比例規、曰玻璃片、曰橡皮。

按度考數其目四：一明數，曰尺度考、曰畝法、曰里法、曰方向法、曰經緯里數；二步量，曰量田計積、曰步地遠近、曰記方向曲折、曰認山形、曰準望所見；三測算，曰測量方向遠近法、曰測地緯度法、曰論平陽大海地平界角、曰測地經度法、曰經緯方向里數互求法；四布圖，曰正紙幅、曰定分率、曰縮展、曰識別設色。

又因修改對數表之根求析小術，是開極多乘方法，可徑求自然對數，卽訥對數，以十進對數根乘之，卽得十進對數，著乘方捷術三卷。

又創對數尺，蓋因西人對數表而變通其用，畫數於兩尺，相併而伸縮之，使原有兩數相對，而今有數卽對所求數。一曰形製，二曰界畫，三曰致用，四曰諸善，五曰圖式，爲記一卷。

又嘗撰格術補一卷，同郡陳澧序之，略曰：「格術補者，古算家有格術，久亡，而吾友鄒徵君特夫補之也。格術之名，見夢溪筆談，其說云：『陽燧照物，迫之則正，漸遠則無所見，過此則倒，中間有礙故也。如人搖艣，臬爲之礙，本末相格，算家謂之格術。』又云：『陽燧面窪，向日照之，則光聚向內，離鏡一二寸，聚爲一點，著物火發。』筆談之說，皆格術之根源也。宋以前蓋有推演爲算書者，後世失傳，遂無有知此術者。徵君得筆談之說，觀日光之景，推求數理，窮極微眇，知西人製鏡之法皆出於此。乃爲書一卷，以補古算家之術。蓋古所謂陽燧者，鑄金以爲鏡也，西洋鐵鏡，卽陽燧，玻璃爲鏡，亦同此理。故推陽燧之理，可以貫而通之。有此書而古算家失傳之法復明，可知西人製器之法，實古算家所有，此今世之奇書也。至若古算失傳，如此者當復不少，吾又因此而感慨係之矣！」

同治三年，郭嵩燾特疏薦之，堅以疾辭。曾國藩督兩江日，欲以上海機器局旁設書院，延伯奇以數學教授生徒，亦未就。八年五月，卒，年五十有一。

李善蘭，字壬叔，海寧人。諸生。從陳奐受經，於算術好之獨深。十歲卽通九章，後得測圓海鏡、句股割圜記，學益進。疑割圜法非自然，精思得其理。嘗謂道有一貫，藝亦然。

測圓海鏡每題皆有法有草，法者，本題之法也；草者，用立天元一曲折以求本題之法，乃造法之法，法之源也。算術大至躔離交食，細至米鹽瑣碎，其法至繁，以立天元一演之，莫不能得其法。故立天元一者，算學中之一貫也。並時明算如錢塘戴煦，南匯張文虎，烏程徐有壬、汪曰楨，歸安張福僖，皆相友善。咸豐初，客上海，識英吉利偉烈亞力、艾約瑟、韋廉臣三人，偉烈亞力精天算，通華言。善蘭以歐几里幾何原本十三卷、續二卷，明時譯得六卷，因與偉烈亞力同譯後九卷，西士精通幾何者尟，其第十卷尤玄奧，未易解，譌奪甚多，善蘭筆受時，輒以意匡補。譯成，偉烈亞力歎曰：「西士他日欲得善本，當求諸中國也！」

偉烈亞力又言美國天算名家羅密士嘗取代數、微分、積分合爲一書，分款設題，較若列眉，復與善蘭同譯之，名曰代微積拾級十八卷。代數變天元、四元，別爲新法，微分、積分二術，又借徑於代數，實中土未有之奇秘。善蘭隨體剖析自然，得力於海鏡爲多。

粵匪陷吳、越，依曾國藩軍中。同治七年，用巡撫郭嵩燾薦，徵入同文館，充算學總教習、總理衙門章京，授戶部郎中、三品卿銜。課同文館生以海鏡，而以代數演之，合中、西爲一法，成就甚衆。光緒十年，卒於官，年垂七十。

善蘭聰彊絕人，其於算，能執理之至簡，馭數至繁，故衍之無不可通之數，抉之卽無不可窮之理。所著則古昔齋算學，詳藝文志。世謂梅文鼎悟借根之出天元，善蘭能變四元而爲代數，蓋梅氏後一人云。

華衡芳，字若汀，金匱人。能文善算，著有行素軒算學行世。其筆談一書，猶爲生平精力所聚。凡十二卷，第一卷論加、減、乘、除之理；第二卷論通分之理；第三卷論十分數；第四卷論開方之理；第五卷論看題、馭題之法，以明加、減、乘、除、通分、開方之用；第六卷論天元及天元開方；第七卷論方程之術，已寓四元之意，末乃專論四元；第八卷論代數釋號及等式；第九卷論代數中助變之數及虛代之法；第十卷論微分；第十一卷論積分，分十六款以明之；第十二卷一論各種算學不外乎加、減、乘、除，二論一切算稿宜筆之於書，三論算學中可以著書之事，四論學算與著書並非兩事，五論繙算學之書，六論疇人傳當再續。綜計自加、減、乘、除、通分以至微分、積分，由淺入深，術本繁難，而括之以簡易之旨；理本艱深，而寫之以淺顯之詞。

又於同治十三年，與英士傅蘭雅共譯代數術二十五卷，衡芳序之曰：「代數之術，其已知、未知之數，皆代之以字，而乘、除、加、減各有記號，以爲區別，可如題之曲折以相赴。迨夫層累已明，階級已見，乃以所代之數入之，而所求之數出焉。故可以省算學之工，而心亦較逸，以其可不假思索而得也。雖然，代數之術誠簡便矣，試問工此術者，遂能不病其繁乎？則又不能也。夫人之用心，日進而不已，苟不至昏眊迷亂，必不肯終輟。故始則因繁而求簡，及其既簡也，必更進焉，而復遇其繁，雖迭代數十次，其能免哉？自是知代數之意，乃爲數學中鉤深索隱之用，非爲淺近之算法設也。若米鹽零雜之事，而概欲以代數施之，未有不爲市儈所笑者也。至於代數、天元之異同優劣，讀此書者自能知之，無待余言也。」

又與傅蘭雅共譯微積溯源八卷，序之曰：「吾以爲古時之算法，惟有加、減而已。其乘與除乃因加減之不勝其繁，故更立二術以使之簡易也。開方之法，又所以濟除法之窮者也。蓋學算者自有加、減、乘、除、開方五法，而一切簡易淺近之數，無不可通矣。惟人之心思智慮日出不窮，往往以能人之所不能者爲快，遇有窒礙難通之處，輒思立法以濟其窮，故有減其所不可減，而正負之名不得不立矣；除其所不受除，而寄母通分之法又不得不立矣。代數中種種記號之法，皆出於不得已而立者也。惟每立一法，必能使繁者爲簡，難者爲易，遲者爲速，而算學之境界，藉此得更進一層。如是屢進不已，而所立之法，於是乎日多矣。微分、積分者，蓋又因乘、除、開方之不勝其繁，且有窒礙難通之處，故更立此二術以濟其窮，又使簡易而速者也。試觀圜徑求周、眞數求對數之事，雖無微分、積分之時，亦未嘗不可求，惟須乘、除、開方數十百次，其難有不可言喻者。不如用微積之法，理明而數捷也。然則謂加、減、乘、除、代數之外，更有二術焉，一曰微分，一曰積分可也。其積分猶微分之還原，猶之開方爲自乘之還原，除法爲乘法之還原，減法爲加法之還原也。然加與乘，其原無不可還，而微分之原，有可還有不可還者，是猶算式中有不可還原之方耳，又何怪焉！如必曰加減乘除開方已足供吾之用，何必更求其精？是舍舟車之便利，而必欲負重遠行也。其用力多而成功少，蓋不待智者而辨矣。又代數術中末卷之中，載求平員周率簡捷法式，爲猶拉所設。未有此法之時，曾有算學士固靈用平員內容外切之多等邊形，費極大工夫，算得三十六位之數。設徑爲一，周爲三一四一五九二六五三五八九七九三二三八四六二六四三三八三二七九五零二八八。其臨死之時，囑其家以此數刻於墓碑，蓋平時得意之作，恐其磨滅，故欲傳之永久，亦猶亞基默得之墓，刻一球形與員柱形也。」

又與傅氏共譯三角數理，此書爲英士海麻士所譔。海麻士專精三角、八線之學，著書十有二卷，皆言三角數理，卽用爲名。首明三角用比例之理；次論兩角或多角諸比例數；次論造八線比例表之法；次解平三角諸形；次論諸角比例乘約變化之理，紀彼國算士棣弗美創例也，附以專論對數術及諸三角形設題一百則，爲書三卷，以引學者；次總說球上各圈及弧三角形之界；次解正弧斜弧三角形之法；次雜論求弧三角數種特設之表；終以弧三角形設題二十七則焉。然書中說解過於煩費，仍不能變外角和較與垂弧、次形、總較諸舊法，故自海氏書出，益覺徐有壬拾遺三術難能可貴，超越西人。

又與傅氏共譯代數難題解法十六卷。

其弟世芳，字若溪。亦通算術，著有近代疇人著述記。

清史稿卷五百八

列傳二百九十五

列女一

田緒宗妻張　嵇永仁妻楊 妾蘇　張英妻姚

蔡壁妻黃 子世遠妻劉　尹公弼妻李　錢綸光妻陳

胡彌禪妻潘　張棠妻金　洪翹妻蔣　張蟾賓妻姜

施曾錫妻金　廷璐妻惲　汪楷妻王 妾徐　馮智懋妻謝

鄭文清妻黎　程世雄妻萬　高學山妻王

王氏女 張天相女 周氏女　王孜女　繆湝妻蔡　濮氏女

李氏女　來氏二女　曾尚增女 王氏女 劉魁妻徐 薛中奇女

呂氏女　佘長安女　王法夔女　武仁女　唐氏女

張桐女　汪儼聘妻周　劉氏女　吳某聘妻周　李薦一聘妻曾

袁斯鳳女　丁氏女　朱棫之女　杜仲梅女　方氏二女　劉可求女

楊泰初女　孫承沂女　趙承穀聘妻丁　彭爵麒女　陳寶廉女

吳士仁女　王濟源女　董桂林女　耿恂女　吳芬女

邵氏二女　蔣遂良女　徐氏二女　李鴻普妻郭　牛輔世妻張

高位妻段　鄭光春妻葉　子文炳妻吳　屈崇山妻劉

謝以炳妻路　弟仲秀妻鄭　季純妻吳　王鉅妻施　陳文世妻劉

張守仁妻梁　韓守立妻俞　路和生妻吳　諸君祿妻唐

牛允度妻張　游應標妻蕭　蔣廣居妻伍

周學臣妻柳　王德駿妻盛　張茂信妻方　林經妻陳

張德隣妻李　武烈妻趙　孫朗人妻吳　李天挺妻申　劉與齊妻魏

周志桂妻馮　歐陽玉光妻蔡　子惟本妻蔡　蕭學華妻賀

張友儀妻陳　馮氏　王鉞妻隋　林雲銘妻蔡
陳龍妻胡　王勳妻岳　魯宗鎬妻朱　馬叔龥妻丁
許光清妻陳　黃開鼇妻廖　黃茂梧妻顧　高其倬妻蔡
陳之遴妻徐　詹枚妻王　柯衡妻李　艾紫東妻徐
郝懿行妻王　汪遠孫妻梁　陳裴之妻汪　汪延澤妻趙
吳廷鈐妻張　諸妹章政平妻等　程鼎調妻汪
陳瑞妻繆　馬某妻阮　富樂賀妻王　仁興妻瓜爾佳氏　耀州三婦
杉松鄄卒婦　楊芳妻龍　崔龍見妻錢　沈葆楨妻林
王某妻陳　李某妻趙　羅傑妻陳　楊某妻唐　姚旺妻潘　藎氏

積家而成國，家恆男婦半。女順父母，婦敬舅姑，妻助夫，母長子女，姊妹娣姒，各盡其分。人如是，家和；家如是，國治。是故匹婦黽勉帷闥之內，議酒食，操井臼，勤織紝組紃，乃與公卿大夫士謀政事。農勞稼穡，工業勢曲，商賈通貨財，同有職於國，而不可闕。晚近好異議，以謂女參於父，妻參於夫，戚戚求自食。或謂女制於父母，婦制於舅姑，妻制於夫，將一切排決，舍家而蹤國，務爲閎大，其過不及若殊，要爲自棄其所職而害中於家國則均。嗚呼，何其誣也！古昔聖王經國中而爲之軌，億萬士女毋或逾焉。是故矜其變，所以誨其正；愍其異，所以勵其庸：範而趨於一。使凡爲女若婦者，循循各盡其職。則且廣之爲風俗，永之爲名敎。有國者之事，以權始，以化終。權故行，化故成，國以治平。

清制，禮部掌旌格孝婦、孝女、烈婦、烈女、守節、殉節、未婚守節，歲會而上，都數千人。軍興，死寇難役輒十百萬，則別牘上請。捍强暴而死，爰書定，亦別牘上請，皆謹書於實錄。其徵之也廣，其㬥之也顯，流風餘韻，緜緜延延，風雨如晦，雞鳴不已。故知權所以能行，化所以能成，尤必有當於人人之心，固不可强而致也。列女入史，始後漢書，用其例，擇尤炳著如干人，賢母、孝女、孝婦、賢婦、節婦、貞婦、貞女、烈婦義行，邊徼諸婦，以類相從，其處變事相亞者，厭而比焉。纂昔懿，倈來淑，敬我彤管，宜有助於興觀。

田緒宗妻張，德州人。緒宗，順治九年進士，官浙江麗水知縣，有聲。卒官。張預戒管庫，謹視賦徭所入，發牘覈其數。代者至，請知府臨察，無稍舛濡，乃持喪歸。敎三子雯、需、霡，皆有文行。張通詩、春秋傳，能文。

年七十，里黨將爲壽，誡諸子曰：「禮，婦人無夫者稱未亡人，凡吉凶交際之事不與，亦不爲主名，故春秋書『紀履綸來逆女』。公羊傳曰：『紀有母，何以不稱母？母不通也。』何休云：『婦人無外事，所以遠別也。』後世禮意失，始有登堂拜母之事。戰國時，嚴仲子自觴聶政母前，且進百金爲壽。蓋任俠好交之流，有所求而然耳，豈禮意當如是耶？吾自汝父之歿於官，攜扶小弱，千里歸櫬，含艱履戚，三十年餘。閨戶辟績，以禮自守。幸汝曹皆得成立，養我餘年，然此中長有隱痛。每歲時膢臘，兒女滿前，牽衣嬉笑，輒怦怦心動，念汝父之不及見。故或中坐歎息，或輟箸掩淚。今一旦賓客塡門，爲未亡人稱慶，未亡人尚可以言慶乎？三十年吉凶交際之事不與知，而今日更强我爲主名，其可謂之禮乎？處我以非禮，不足爲我慶，而適足增我悲耳。汝曹官於朝，宜曉大體，其詳思禮意，以安老人之心！」

張年七十七而卒，有茹茶集。雯官至戶部侍郎。

嵇永仁妻楊，永仁，無錫人；楊，長洲人。永仁死福建總督范承謨之難，楊時年二十七，子曾筠生七年。舅姑皆篤老，黽勉奉事，喪葬謹如禮。福建定，永仁僕程治乃克以其喪還，楊質衣營葬。葬竟，撫曾筠而泣曰：「我前所以不死，以有舅姑在。舅姑旣歿而葬，今又葬汝父，我可以死，則又有汝在。汝父以諸生死國事，汝未成人，當如何？」則又嗚咽曰：「我其如何？」曾筠長而力學，楊日織布易米以爲食，指謂曾筠曰：「汝能讀書，乃得啖此，未亡人則歠粥。」及曾筠官漸顯，恆誡以廉慎。雍正十一年，卒，年八十有四。永仁、曾筠皆有傳。

永仁妾蘇，字瑤青。從永仁福州，臨難，取帶面永仁而縊，年十七。

張英妻姚，桐城人。英初官翰林，貧甚，或餽之千金，英勿受也。故以語姚，姚曰：「貧家或餽十金五金，童僕皆喜相告。今無故得千金，人問所從來，能勿慚乎？」居恆質衣貰米。英祿稍豐，姚不改其儉，一青衫數年不易。英旣相，彌自謙下。戚黨或使婢起居，姚方補故衣，不識也。問：「夫人安在？」姚逡巡起應，婢大慚沮。英年六十，姚製棉衣貸寒者。子廷玉繼入翰林，直南書房，聖祖嘗顧左右曰：「張廷玉兄弟，母敎之有素，不獨父訓也！」卒，年六十九，有含章閣詩。女令儀，爲同縣姚士封妻，好學，有蠹窗集。英、廷玉皆有傳。

蔡璧妻黃，漳浦人，世遠母也。璧喪妻，以爲妾。耿精忠爲變，璧方客京師，黃奉璧父母避山中。璧母老不能粒食，輟女子子乳乳之。璧父母命璧以爲妻。

世遠妻劉，事舅姑孝。世遠旣貴，家人謀買婢，勿許。謀傭乳母，劉曰：「吾六子四女皆自乳，吾不以貴易其素。」世遠有傳。

尹公弼妻李，博野人。公弼早卒，家貧，舅姑老，父母衰病，無子。養生送死，拮据黽勉。敎子會一有法度，通籍，出爲襄陽府知府，李就養。雨暘不時，必躬自跽禱，禳疫驅蝗亦如之。冬寒，民六十以上，量予布帛。襄陽民德之，爲建賢母堂。李賦詩辭之，不能止。會一移揚州府知府，揚州俗奢，李爲作女訓十二章，敎以儉。累遷河南巡撫，所至節俸錢，畀高年布帛，賙貧民，佐軍餉，皆以母命爲之。民間輒爲立生祠，如在襄陽時。會一內擢左副都御史，李以疾不能入京師，陳情歸養。復以母命，里塾社倉次第設置。居數年，高宗賜詩嘉許，榜所居堂曰「荻訓松齡」。卒，年七十八。

公弼曾孫澍醇妻徐，亦早寡，與其族公亮妻高、公聘妻楊、德一妻韓、成一妻李、多福妻劉、林妻王、二喜妻朱，合稱「尹氏九節」。會一有傳。

錢綸光妻陳，名書。綸光，嘉興人；陳，秀水人。幼端靜，讀書通大義。初婚，綸光侍其父瑞徵出上冢，陳從樓上望見少年毆佃客幾死，咯血，方大雪，血沾衣盡赤。佃客家以其族黨至，洶洶。陳遣蒼頭問，少年，從子也。乃舁佃客入室，召醫予藥，畀其母錢米，呼從子使受杖，衆乃散。瑞徵還，亟賢之。陳善事舅姑，助綸光欵賓客，賙鄰里，曲盡恩意。綸光卒，教子尤有法度。子陳羣，自有傳；界，官陝西醴泉知縣，有賢聲。陳晚爲詩，號復庵；署畫，號南樓老人。詩三卷，戒陳羣毋付刻。畫尤工，山水、人物、花草皆清迥高秀，力追古作者。

曾孫女與齡，字九英，爲廣西太平府同知吳江蒯嘉珍妻。亦能畫，題所居曰仰南樓。

胡彌禪妻潘，桐城人。彌禪卒，遺三子，長子宗緖，方十歲。貧，遣就學村塾，且倚閭泣而送之，踰嶺不見，乃返，暮復迎之而泣。三年，貧益甚，罷學，潘不知書，使兒誦，以意爲解說。一日，聞程、朱語，歎且起立曰：「我固謂世間當有此！」聞誦司馬相如美人賦則怒，禁毋更讀。諸子出必告，襟濡露，則笞之，問：「奈何不由正路？」歲饑，潘日茹瓜蔓，而爲麥粥飯兒，有餘，以賙里之餓者。嘗命僕治室，發地得千金，獻宗緖，宗緖不受，母聞乃喜。宗緖成雍正八年進士，官至國子監司業，篤學行，有所述作。

張棠妻金，秀水人。棠卒，金作苦奉姑，晨炊偶有餘，日午復以進。姑呼金共食，金慮姑不足，輒以腹痛辭。姑病，侍食嘗藥，搔癢滌腧，鬅髮拭垢，靡不躬焉。夜坐牀下，聞呻吟即起。姑歿，哭之痛，曰：「吾將何怙，以冀孤兒長乎？」則愈益作苦。方冬捆屨，兩手龜且裂，敷以醬及蠟淚，痛如割，必畢事乃寢。子庚，稍長有文行，客游以爲養。一日，金晨起，理髮竟，登案扳甍西南望曰：「我安得望見江西？」時庚方客南昌，南昌於浙爲西南，故云。既得旌，泣而言曰：「我姑亦早寡，徒以年已逾三十，不中令甲，而我得被旌，我於是有私痛也。」年七十九而卒。

洪翮妻蔣，武進人。翮尚義而貧，僦居臨大池，隘且溼，蔣擇處其尤陋者，暴雨，水浸溼牀下。翮既不第，客游養父母。俄書報病且歸，蔣挾二子舟迎，聞來舟哭聲，審其僕也，號而自擲於水，女傭持之，免。自是率諸女鍼紉組織，力以自食。授其子禮吉讀，至禮經「夫者婦之天」，哭絕良久，呼曰：「吾何戴矣！」遂廢其句讀。禮吉稍長，出就里中師，里中師不辨音訓，母爲正其誤，日數十字。母織子誦，往往至夜分。翮大父嶧嘗守大同，父公宋獨償大同官逋十有餘萬，不以累弟昆。受託趙氏孤，坐累家破，卒全之，以此名孝義，蔣恆舉以勗禮吉。喪舅姑，毀甚，既復喪母，疾作遂卒。禮吉更名亮吉，有傳。

張蟾賓妻姜，武進人。蟾賓父金第客死京師，妻白，食貧撫諸孤。蟾賓復早卒，姜撫二子惠言、翊。貧，惠言就其世父讀，歸省姜，無食，明日，惠言餓不能起，姜撫之曰：「兒不慣餓，憊耶？吾與而姊、而弟時時如此也！」惠言稍長，使授翊書，姜與女課女紅，常數線爲節，晨起，盡三十線乃炊。夜燃燈視二子讀，恆至漏四下，里黨稱姜苦節如其姑。惠言有傳。

施曾錫妻金，名鏡淑。曾錫，桐鄉人；金，震澤人。曾錫故有文行，以副榜貢生終。孤福元生七年矣，敎之嚴，夜篝燈讀書，福元稍怠，欲扑之，朴未下，涕泗交於頤，輒罷。初曾錫喪父母及所生父，金撤簪珥以佐葬；及葬曾錫，家益貧。紡績，冬寒皸瘃，十指皆流血。所生姑亦卒，乃還依母。歲大無，具飯飯母，並及福元，而自食豆粥雜糠覈。母病，侍尤謹。福元以舉人知西江安福縣，而金已前卒。

廷璐妻惲，廷璐，完顏氏，滿洲鑲黃旗人。惲，陽湖人，名珠，字珍浦。惲自壽平以畫名，其族多能畫。毛鴻調妻惲冰，字淸於，畫尤工粉墨，映日有光，於珠爲諸姑。珠亦能畫，善爲詩。廷璐爲泰安知府，卒官。珠撫諸子麟慶、麟昌、麟書，敎之嚴。持家政，肅而恕。嘗擬列女傳爲蘭閨寶錄。撰定淸女子詩，爲國朝女士正始集。校刻壽平父日初遺書及李顒集，皆傳世。麟慶有傳。

汪楷妻王、妾徐，蕭山人。楷爲河南淇縣典史，嘗廉民寃，白令爲平反。既去官，客死廣東。母七十，徐有子輝祖，幼。喪歸，索債者至，王鬻田、出嫁時衣裝以償。楷弟不肖，恆求錢以博，甚或簒輝祖去，得錢乃歸之。已，將以母遷，王與徐力請留，奉侍甚謹。母垂歿，歎其賢孝。教輝祖讀，或不中程，徐奉箠呼輝祖跪受教，王涕泣戒督，往往棄箠罷。貧益甚，互稱疾減食食輝祖。

輝祖長，出游，佐州縣治刑名，王戒之曰：「汝父嘗言生人慘怛，無過囹圄中，偶扑一人，輒數日不怡，曰：『彼得無恚恨戕其生乎？』汝佐人當知此意。」輝祖自外歸，必問：「不入人死罪否？破人家否？」曰：「無。」則喜。卽言法不免，王與徐輒相視爲流涕。王尤不喜言人過，輝祖或偶及之，必曰：「汝能不爾卽佳，此何與汝事？」徐居常布衣操作，歲饑，日織布一疋，易三斗粟，雖瘧不爲止。一絮被，餘二十年，輝祖請易，曰：「此汝父所予，不可易也！」徐病，輝祖進蔘，卻之，曰：「汝父客死，吾不獲以此進，吾何忍飲？」王强之，微啜而罷。徐卒十餘年，輝祖成進士而王卒。輝祖有傳。

馮智懋妻謝，智懋，長洲人；謝，嘉興人。智懋家中落，再遇火，謝處貧，黽勉無所恨。

子桂芬，入學爲諸生，謝喜曰：「汝家久無秀才，汝繼之，甚善。願世世爲秀才，毋覬科第也！」及得第，訓之曰：「人必有職，女紅中饋，婦職也，易盡耳；汝當思盡其職。」又曰：「好官不過多得錢，然則商賈耳，何名官也？汝謹，當不至是，勉旃！」蘇州、嘉興，皆困重賦，謝氏以催科破家。謝每謂桂芬：「汝他日爲言官，此第一事也！」同治初，江、浙初定，桂芬佐江蘇巡撫李鴻章幕，成減賦之議。蘇州、松江、太倉三府、州，減三之一；常州、鎭江減十之一。浙江巡撫左宗棠繼請嘉興亦得量減，時謝已前卒。桂芬有傳。

鄭文淸妻黎，遵義人。事祖姑及姑能得其歡心。貧，令長子珍就傅，諸子力田，敎督之甚肅。珍錄平生所訓誡爲母敎錄。嘗曰：「婦人舍言、容、工，無所謂德。言只柔聲下氣，容只衣飾整潔，工則鍼黹、紡績、酒漿、葅醢，終身不能盡。」又曰：「人雖貧，禮不可不富；禮不富，是謂眞貧。」珍，儒林有傳。

程世雄妻萬，衡陽人。世雄兄世英早卒，妻何無子，世雄旋亦卒。子學伊弱，族有爭嗣者，萬以學伊兼承世英後。姑喪未殯，火發，何、萬與諸婢號泣奉柩出，火爲之止。萬善治家，學伊長，家漸起。咸豐間軍興，諸將唐訓方、陳士杰、彭玉麟皆倚學伊籌兵食。萬日具百人饌，爲規畫周至，賢母名益聞。力施與，贍諸戚族，教孫曾，皆成立。年八十九卒。

高學山妻王，瀘州人。王歸學山，視前室子四皆羸弱，鞠育甚至。長子病且死，泣語申母恩，願再來爲母子。第三子病，亦如之。逾年，學山夢二子者至，卽夕，王孿生二子。王教諸子讀書、擇友有法度，多取科目，孿生子同舉於鄉。

王氏女娥，九江屠者女也。順治十四年，火，屠者方醉臥，娥奔火中，呼不起，遂並焚死。

張天相女巧姑，儀徵人。乾隆十年正月庚寅，火，天相方病，巧姑年十四，負父欲出，同死。明日得其尸，猶負父也。

周氏女，六安人。父瞽，女八歲，火作，母抱女出，問：「父胡不出？」母曰：「父瞽不能行，奈何？」女入火中，導父行，火烈迷路，俱死。

王孜女，慈谿人。康熙十六年七月乙未，乙夜慈谿火。女方居母喪，停棺於堂。火至，女呼舁棺，無應者，伏棺上泣。父從火光中遙見之，抱之出，則已死。灌以礬水，稍甦，聲出喉問，僅屬。問：「母棺出否？」家人不答，遂哽咽而絕。女年十五。

薩玉瑞妻許，閩人。夫亡，姑初喪，火發，護姑柩不去，同燼。

繆湝妻蔡，名蕙，泰州人。父孕琦，生五女，而蕙爲長。字湝，未行，孕琦坐法論死，繫獄待決。蕙絕嗜好，屏服飾，寢不解衣，嚴寒不設爐火。居四年，湝請婚，蕙謝不行。康熙二十八年，聖祖巡江南，蕙伏道旁上疏，略云：「妾聞在昔淳于緹縈爲父鳴寃贖罪，漢文帝憐而釋之，載之前史，傳爲盛典。今妾父孕琦被仇害，自逮獄以來，妾日夜悲號，籲天無路。每夕遙望宸闕，禮拜數千，於今三年，寒暑靡輟。今幸駕臨淮海，是誠千載奇逢，妾願效緹縈之故事，冒死鳴哀，伏維天鑒。」上下其疏江南江西總督覆讞，二十九年，讞上，孕琦得減死。蕙歸湝，未一年，卒。

濮氏女，桐鄉人。其父無子，而母妬，不使置媵侍，家萬金悉畀女。嫁吳生，予田宅、奴婢、什物皆具。女獨愍父未有子，嘗從容諫母，母怒，罵曰：「吾萬金餉汝，犬豕猶知人意，況人乎？」女不敢復言。乃爲父置婢其家，時父至，使侍父。歲餘，果生男，載而之母家，會濮氏長老，見男於廟。具白母，賀母有子，母憾女，盡收田宅、奴婢、什物，驅就他舍，屏勿復相見。吳生既以婦富，乃驟貧，憤恚欲殺女，女度無所容，自經死。

李氏女，鹿邑人，次三。父麒生與族人礎、挺九有隙，挺九語礎，若與麒生有殺姊讐，不先之，終爲害。礎與其子兆龍行求麒生，共毆之，垂死，乃棄去。三時年十九，麒生將死，啗曰：「讐殺我，我無子能報者，尙何言！」呼：「天，天！」遂絕。三請於母，訟縣及府，皆不省。訟巡撫，下開封府同知治，挺九好語三，願養母，請得息訟，三扼其吭，齧面盡壞，卒脫去。獄上，當礎死，礎自殺。兆龍杖，創甚，亦死。三以禍始挺九，顧無罪，走京師，擊登聞院鼓自列。下巡撫覆按，會挺九亦死。三泣告父墓曰：「讐雖盡，然不棄於市，恨未雪也！」乃不嫁養母。居十五年，康熙三十七年八月，母卒，三治喪葬竟，自經死。乾隆中，知縣海寧許菼表其墓，環墓爲之田，曰「李孝女墓田」。

來氏二女，蕭山人。姊曰鳳筠，年十四。父客福建，從渡古田錫洋。父墮水，鳳筠方臥病，聞遽起，躍入水，呼救。魚舟集，援出水，鳳筠瘁慄無人色，猶爲父易衣。夜半，遂死。鳳蓀，其女弟也。父病，露禱百餘夕，不勝寒，亦死。

曾尚增女衍綸，長清人。尚增以庶吉士改官，遷知郴州，衍綸從。母病痪不能起，衍綸日夜侍。居四年，一夕，母命衍綸少休，女傭就牀下熏衣，遺火灼帷。衍綸突火入抱母號，救者以衍綸出，復入，哭且呼曰：「速救夫人！夫人出，我乃出。」火羃牀，救者不得入，尚增厲聲呼衍綸出，不應，火益熾，遂殉。既滅火，見衍綸身覆母，兩體膠結不可解。時乾隆二十三年十二月乙亥，衍綸年十五。

又有王氏女，懷遠人，母亦病痪，火作，女突火入負母，俱燼。

劉魁妻徐，霍丘人。既嫁而歸省，火作，負父出，復入負母，病痪不能起，俱焚。火熄，見徐跪牀下，猶執母手。

薛中奇女，宿州人。侍祖母，火作，扶祖母出，梁折，承以肩，焚死，祖母得免。

呂氏女，平陸人。父卒，母且嫁，女生七年，痛哭諫其母，母不聽，則日長跽母前，且哭且言，母意終不廻。一日晨，潛出，家人求之勿得；暮，途人或言墦間有幼女死焉。家人就視，則女哭父瘞所，死矣，淚血溢兩眶，遍地盡碧。及歛，視其寢處，枕上血深漬數重。

佘長安女，名酉州，四川重慶人。長安妄訟人聚博宰耕牛，坐誣，戍湖北。嘉慶十六年，酉州走京師，詣都察院，自陳祖父、母年皆逾八十，乞赦其父得侍養。事聞，仁宗以長安罪非常赦所不原，至配所已九年，其女年甫十一，不遠數千里匍匐奔訴，情可愍，命赦長安。

王法夔女，名淑春，揚州人。法夔老而貧，淑春誓不嫁，力鍼黹爲養。方冬，手龜身寒顫，工不輟。法夔至七十餘卒，淑春以首觸壁，額裂死。

武仁女，名端，錢塘人。能讀書，願不嫁事父母，父母不可。少長，母偶疾，夜求藥，墜樓，折脊，則喜曰：「吾今形殘，不可匹人，吾自是得終事父母矣！」仁客死貴州，端從母迎喪，至則貲已盡，力鍼黹奉母，而蓄其餘。居十有七年，始克以喪歸。

唐氏女，名素，無錫人。貧無昆弟，亦不嫁，鬻畫以贍父母。

張桐女，名富，蔚州人。道光九年，山水暴發，家人皆走避。桐方病臥，富將負父出，弱不勝。水大至，父揮之去，號泣，俱溺。水退，家人至，見富兩手猶握父臂不釋。

汪儼聘妻周，劉氏女名密，吳某聘妻周，皆六安人。儼卒，周歸汪氏，事舅姑，水至，周從姑乘屋，攀樹，姑墮水，周躍下拯之，與俱死。密與母同墮，得板扉，緣以上，扉欹屢墮。母呼密速上，密曰：「扉狹不足全我母女，冀活母，兒不上矣！」遂死。周旣入水，或援之登舟，問：「父母存否？」皆曰：「不知。」復躍入水死。

李薦一聘妻曾，南豐人。未行，遇水，室盡圮，母投水死。女援不及，入水殉。

袁斯鳳女璱，字儀貞，江蘇華亭人。斯鳳官河南懷慶府黃沁同知，璱事父母孝，視疾尤謹。母陳有寒疾，璱榻母側，視起居。母命之臥，頃輒起。八年，陳疾少瘥，璱乃曰：「世無不可治之疾，人力未至，而委之天命，則以爲不可治爾。」斯鳳疾作，乍劇乍瘥，夜靜或大雪，璱嚴立窗外，伺聲息，往往不眠。道光十四年，斯鳳疾大作，醫謝不治。璱聞涕泣，已而怒曰：「誰謂不可愈，吾必欲愈之！」而斯鳳竟卒。後四日，璱闔扉欲自經，嫂過而勸之，璱泣誓死。嫂喻以殺身非孝，璱作色曰：「吾自欲死，此時雖孔子、朱子以吾爲不孝，吾亦惟死爾！」嫂曰：「獨不念病母乎？」璱曰：「有汝在。」乃告其母，共諭慰之。又二日，璱竟死。死後，母察篋具，得斷釧。

丁氏女，鶴慶人。父貧，煅石爲灰以自給，女助之。年十六，父卒，女力作養母。嘗負重而蹎，遂痀僂。爲傭，食於傭家，每飯思母，輒哽咽。人憐之，許其分食以遺。否必爲母炊竟乃出傭。居四十餘年，母卒女亦卒。

朱棫之女，武清人。字縣諸生曹文甲。早喪父，母病，奉事良謹。將婚，女堅請留侍母。母卒，治喪葬，請旌母節，奉母主入祠，見祠有孝女，爲低徊甚久，歸遂自裁。遺書告文甲曰：「君家孝娥以身殉父，兒愚祇知有母，深負舅姑慈，願更得賢婦奉甕飧也。」

杜仲梅女末姑，安徽太平人。賊至，刃其母，抱持乞代，刃及，終不釋。賊去，母創死，女抱母尸泣，達旦，尋毀卒。同時二方氏女，一年十四，一方九歲，皆代母死。又有劉可求女，亦太平人。弟被掠，女請於父易弟歸，卽夕自殺。

楊泰初女徽德，孫承沂女錦宜，皆休寧人。徽德年十二，母死寇，抱尸不食死。錦宜七歲，寇殺其祖母，守尸側五日，賊與食，卻之，餓死。

趙承穀聘妻丁，名畹芬，武進人。父士衍，官盩厔縣知縣，母趙及畹芬從。咸豐十年，洪秀全兵破常州，承穀大父起殉焉。或傳承穀亦見執，母感傷發病卒。明年二月壬子夕，畹芬自經死。將死，書所爲思親賦及詞六篇，字畫端靜如平時。

彭爵麒女，名詠春，懷寧人；陳寶廉二女慧莊、慧敬，侯官人：皆殉母。詠春哭母殯僧寺，登浮屠自投死。慧敬請以身代母，慧莊居母喪，皆仰藥死。

吳士仁女，獻縣人。幼喪父，無兄弟，誓不嫁養母。會寇至，女求利刃置袖中，扶母出避，遇二寇，擠母仆，母怒詈，寇持刃欲斫，女急呼曰：「毋殺我母！我從若，不則死。」寇乃止。扶母還其家，藏母於室，出問寇飢否？具食使食。食畢，一方飲，一出臥他室中，女躡飲者後，挾刃刺其頸，貫喉，嘶而仆。女陽爲嬉笑，拔所佩刀至他室，臥者方起立，遽前剚其胸，亦死，乃負母出走。

王濟源女，棗強人。幼卽能事父母。寡兄弟，遂矢不嫁。嘗有盜，夜破門入，女持火鎗立暗陬，擊一盜斃，盜乃去。喪父母，葬祭皆如禮，爲立後。同治間，寇至，負父母木主行避寇。逾六十，父母忌日，歲時祭墓，猶號泣哽咽。

董桂林女，樂亭人。桂林卒，女十二，矢不嫁，耕織以養母。昌黎富家子，聞其賢，請婚，願代之養，女堅拒不許。母卒，女五十餘矣，鬻田以爲斂，存屋數椽，田一畝，杏五樹，女卽牖外置母棺，手畚土以封。獨處，晝夜懸刀自衞。又十餘年，隣里高其義，醵金爲營葬。

耿恂女，名一圭，望都人。恂舉人，無子，客授保定。母劉病痺，一圭按摩抑搔，嘗六七晝夜不少休。母少間，因臥牀下，恂自外至，誤踐其手，指甲脫，血流至肘，倦不自知也。嘗議婚某氏子，未聘而某氏子夭，女聞泣曰：「我得終事父母矣！」遂矢不字。劉病垂二十年，哽噎不能食，食必女口哺。恂卒，持喪奉病母歸里。逾年，劉亦卒，一圭營喪葬，自爲文以表於阡。一圭嘗以生日上冢，掬土以益墓，僵仆墓側，家人掖以歸，數日卒。

吳芬女，開縣人，女次第二。芬，光緒二十三年拔貢生，以知縣發山東，女留侍母。芬病，女聞，夜輒焚香露禱。三十一年，芬卒，女聞大悲，且恚曰：「人謂天有眼，我夜焚香露禱，叩頭至數百，乃漠然不一顧耶？」越日飲藥死，時年十三。

邵氏二女，黟人，長名媚，十五；次名揚，十三。從父入山樵，虎出噬其父，媚持父揮樵斧斫虎，虎負創去，父女皆不死。

蔣遂良女，城步人，虎挾其母去，女奪以還。

徐氏二女，淑雲、淑英，溫江人。父瞽，兄登雲早卒。嫂淩疾革，撫子成龍而泣，淑雲、淑英在側，曰：「我二人在，當扶持以長，嫂何虞？」時成龍方二歲，淑雲、淑英皆不嫁，以女紅事蓄，卒扶持以長。

李鴻普妻郭，禹州人。鴻普母王，明季流賊破州，自經死，失其尸。鴻普將斲檀爲之像，未成而卒。郭力紡織，奉其舅及後姑。子以達，稍長，喻以父意，求檀，輒不中像材。郭乃刺左腕，出血盈盂，和香屑爲像，復剪髮飾其首。以達驚，叩首泣，郭曰：「我姑以節死，我何愛髮若血不以奉姑？吾無恙，汝又何悲？」像成，藏潔室，日上飲膳，事如生。

其後又有牛輔世妻張，太原人。姑卒，刻木祀之，飲食必祭。

高位妻段，宛平人。位卒，段年十七，二子幼，依其兄以居。兄勸改嫁，段不可，攜二子徙居小市板屋中。長子早死，次子爲吏，以罪徙遼左，乃復撫諸孫。段年九十，孫裔成進士，贖其父以歸。

裔母谷，事姑孝。姑處賤，躬灑掃。晨侍盥櫛，食時，就竈下作羹，親上之。食畢，然後退，日以爲常。既貴，終不改。或以爲言，谷曰：「若毋言，吾與姑故寒苦，姑習我，非我供事，姑終不適。吾老矣！灑掃盥饋以事我姑，此日可多得耶？」康熙二十七年，段卒，年九十六。

鄭光春妻葉，莆田人。光春游湖南，久不歸，葉以紡績養姑。子文炳幼，或不率敎，輒拊心號天，文炳懼，向學。姑老病痺，葉負以出入。七年，姑乃卒。

文炳長，娶於吳，念父不歸，婚夕惘惘無歡。吳逡巡得其故，勸文炳行求父，曰：「事姑，我任之！」文炳行求得父以歸，吳已卒，猶處子。文炳子任仁，婦張，能繩其孝。

屈崇山妻劉，鄠縣人。崇山卒，劉奉姑以居。康熙三十年，歲凶，姑勸之嫁，不從。饑益甚，姑泣語劉曰：「我且暮且死，盍自鬻，尚可活我！」劉泣不應。姑大慟曰：「死耳，夫何言！」劉哽咽久之，乃曰：「如姑命。」自鬻於豪家，得金畀姑，號泣登車去。豪家方具酒食爲賀，劉入廁自經死。豪家大恨，以敝虆裹尸棄野外。

謝以炳妻路，仲秀妻鄭，季純妻吳，湖口人。以炳兄弟並早卒，三婦勵節事姑，姑病癰，迭吮之，良愈。

王鉅妻施，鉅，蕭山人；施，富陽人。姑嚴，小不當意，輒呵斥，施屏息不敢聲。姑病反胃甚，醫以爲不治，施封股和藥進，病良已，姑遇施如故。鉅疾作，施視疾憊，病瘵卒，姑猶不善施。鉅以封股事告，視其尸，信，乃大慟曰：「吾負孝婦！」及疾篤，出珠花付鉅曰：「汝婦孝，以此志吾痛，使汝子孫勿忘。」蕭山人因稱鉅後爲珠花王氏。

陳文世妻劉，鄖人。陳、劉皆農家，劉待年於陳。既婚，姑年七十二，病噎，劉割臂和藥以進，疾少間；既而復作，不食已十日，垂盡矣。劉夜屏人，殺雞誓於神，持小刀自劙其胸二寸許，出肝封半，取布束創，以肝與雞同瀹湯奉姑。姑久不言，忽曰：「湯香甚！」飲之竟，病良愈，劉亦旋平。爲乾隆四十四年夏六月事。知縣嘉興李集出俸爲買田宅，宅北有大陂，幾三頃，因命曰孝婦陂。

張守仁妻梁，獻縣人。守仁卒，祖姑穆，耄而瞽且痿，日偃仰牀蓐，梁傭力以養。或諷梁嫁，梁曰：「我今日嫁，明日祖姑飢且死，義不忍。」祖姑善恚，小不當意，則怒詈，或攫其面，血出，梁事之自若。祖姑卒，依其女以終。

縣又有韓守立妻俞，祖姑及姑皆瞽，或妄言割肉以燃燈可愈，守立願試之，俞請代，刲右股燃之，盡十餘日，祖姑目復明。

路和生妻吳，靖遠人。善事姑。姑喪明，吳侍左右，非整衣不入。或言姑無見也，吳曰：「吾心自不可欺耳。」

諸君祿妻唐，零陵人。姑胡，老無齒，兼病痺，唐日操作畢，輒跪而乳之。或曰：「坐可也。」唐曰：「是乳小兒也，乳姑不可。」

牛允度妻張，通渭人。三十而寡，奉姑謹。嘉慶六年，大祲，求野菜以食。姑老病，久之，不能復食。張貸錢得市脯進姑。又久之，貸不繼，姑病欲絕，張慰之曰：「姑稍待，婦製草笠，可得錢數十，猶足爲數日供也。」笠成，賣得錢，姑已死。乃求市脯祭，朝夕哭，以餕餘活夫弟。

游應標妻蕭，新都人。應標出耘，蕭居績。火發翁室，翁老病不能行，蕭冒火入，負翁，將及門，門焚，俱死。

蔣廣居妻伍，桐城人。寡，奉姑徐。嘉慶二十四年，火作，徐年九十六矣，臥不能起。伍自火中奔赴，負徐至竈前，火逼，俱死。伍尸倚牆，背負徐，俱僵立不仆，面如生。

又有扶溝蔣有廣妻陳，救翁；淯川閻惠妻李，救姑：皆火死。

周學臣妻柳，湖口人。早寡。夜，虎突門，翁出視，驚仆。柳徒手擊虎，虎自去。

王德駿妻盛，益陽人。事祖姑孝，病噎，哺以乳。寇掠縣，負姑夜遁，墮虎穴，禱於虎，虎不咥。

張茂信妻方，茂信，河津人；方儀徵人。方嘗割股愈舅疾，舅與茂信皆卒，奉姑劉。姑嚴，方事之謹。當夏，姑病暴下，方躬滌茵席，不以爲穢。夜與姑共枕寢，微呻輒起，撫摩抑搔五十餘日，姑愈，亟稱其孝。

林經妻陳，連江人，姑盲性卞，常臆婦藐己，陳斷三指自明，姑爲之悔。經病，刲股；經卒，以節終。

張德隣妻李，遷安人。寡，從弟欲奪其志，力拒。歲饑，驅驢鬻石灰易米以養姑。一日遇盜，泣曰：「驢可將去，丐留囊中物俾我姑，不卽餓死！」盜舍之去。

武烈妻趙，烈，永年人；趙，宣化人。趙事姑孝，姑病，夜露禱，得寒嗽疾。烈病疫，或謂口吮胸，汗出則愈，而吮者當病，趙曰：「果爾，死不恤。」卒吮之，烈竟卒，趙病幾殆。貧，操作紡績，諸子成進士，自奉恆觳。親族有緩急，往往傾其貲。出千金置義學，卒，遂祠焉。

孫朗人妻吳，連江人。姑陳，早寡，遺腹生朗人。性嚴急，有不當意，輒堅臥，朗人偕吳跪牀下，俟意解，命之起，乃起。朗人卒，吳以節終。

李天挺妻申，日照人。天挺早卒，姑嚴，申年六十，猶終日跪庭中。居姑喪，以毀卒。

劉與齊妻魏，秦州人。旣寡，事姑，日被笞罵，歡顏受之。躬蒸賤，十餘年不怠。

周志桂妻馮，湘鄉人。姑暴，忍饑以養，猶時時加箠楚。姑病瘓，不能舉杖，叱馮跪自撾，流血，不敢怨。歷三十餘年，人名其里曰孝婦村。

歐陽玉光妻蔡，湘鄉人。玉光母劉，治家有法度。玉光居父喪，以毁卒。蔡承姑教，董家事，率妯娌，與子姪傭奴，各有專職，家漸起。

子惟本，亦娶於蔡。婦家貧，將嫁，宗族賙焉，得錢三千有奇，陰置稈薦中，而繫鑰其端。父送女還，入室，引鑰，則錢在焉。曰：「孝哉我女，留此以活我！」惟本亦早卒，從姑敬事祖姑，祖姑興，姑執笄侍左，婦自右爲約髮。盥，姑奉水，婦奉槃。及食，婦具饌，姑侑之。寢，三世連牀。一夕，姑起，墮牀折脇，婦號泣就援，姑戒勿聲，毋令祖姑驚也。祖姑晚喪明，手足痿痺，挽筕輿，日游庭中，姑肩前，婦肩後。祖姑劉，年至九十，姑蔡，九十六，婦蔡，八十三。曾國藩爲之傳，謂：「歐陽姑、婦，雖似庸行無殊絕者，而純孝兢兢，事姑至六十年、五十年之久而不渝，天下之至難，無以踰此。」

蕭學華妻賀，湖南安化人。賀父徙陝西，學華贅其家。年餘，學華歸省母，賀欲與俱，父不許，賀割股肉付夫以奉姑。姑適病，學華烹肉進，病良已。後學華攜賀歸，事姑以孝稱。

張友儀妻陳，福建永定人。事姑孝，姑嘗稱曰：「諸婦汝最樸訥，然酒漿筐篋瑣碎無不治，得吾意者，汝也！」友儀早卒，陳未三十，勉痛事姑，撫孤子。同治初，寇至，負姑入山避，徒行數十里，踵裂血流，屢踣屢起。匿深林中，燃枯枝，採野蔌以活，卒得免。

子日焜妻李，嘗刲股愈母病，事祖姑及姑孝。姑病，割臂進，病目，舐以舌，良已。嘗赴族人飯，心動，歸，正姑病。又嘗宿姻家，夜半，索輿還。姑曰：「吾正念汝，知汝必念我速歸也。」

馮氏，武進人。嫁吉龍大，事舅姑謹。姑病偏廢，飲食臥起皆需馮，而龍大游蕩，欲衒馮以媒估客，馮不可。龍大引外婦入室，舅怒而逐之，馮曰：「姑病，婦終日侍，苦爲他事閒，得一人分其勞，甚善。」因持臥具從姑寢。龍大時時毆辱馮，馮未嘗有怨色。舅病，龍大市毒藥授馮，令飲其父，馮擲藥，跪諫數日，龍大別市藥，毆而逼之，馮歎曰：「我所以不死，爲舅姑耳，今無冀矣！」入視姑寢，至龍大所，舉藥盡飲之。謂龍大曰：「我代舅矣，後毋萌此念！」須臾毒發死。

王鉞妻隋，諸城人。敏而有定識。明季，奉姑避兵，航海行數千里。寇至，負姑夜踰垣匿谷中以免。鉞成進士，爲廣東西寧知縣。康熙十三年，吳三桂反，鉞城守，賊至，鉞謂隋：「當奈何？」隋出匕首曰：「有此何懼！」賊去，鉞行取主事，隋請以諸子先行。是時賊方盛，行人道絕，隋得敝舟，挾幼子經肇慶、度大庾、入鄱陽湖，水陸行數千里，率僕婢佩刀晝夜警備。家居，地震，自樓墮，血淋漓，持子泣，地搖搖未已，子請避，隋曰：「諸婢壓其下，吾去，死矣！」督家僮發甎石出之，皆復活。火發於樓，烟蔽梯不可登，命以水濡被予諸婢，身持溼衣障火先登，諸婢汲水次第上，火遂得熸。子沛恩、沛憻、沛恂，皆成進士，官於朝，隋益勤儉自斂抑，鄉人稱老實王家。

林雲銘妻蔡，雲銘，閩人；蔡名捷，字步僊，侯官人。雲銘，順治十五年進士，授江南徽州推官。鄭成功兵入江，徽州兵叛，蔡矢死不去。官省，還居建寧。耿精忠反，下雲銘獄，蔡憂之，嘔血般紫，女瑛佩剜臂肉入藥，旋蘇。師至，雲銘乃出獄。雲銘無子，蔡爲買妾七，乃生子。蔡御諸妾有恩，所親有婦妒，而五十無子者，蔡延至家，與處三日，歸爲夫買妾生子。里婦忤其夫，共指蔡以勸，曰：「毋令林孺人知。」瑛佩爲閩淸鄭郯妻。

陳龍妻胡，龍溪人。龍少恃勇，爲暴於鄉里，父老羣謀去害。時胡未嫁，使密勸乘時立功名。龍亡命爲盜海島，父母將別字，胡堅拒。聞龍娶，不貳。龍降，官金門總兵，知胡猶未字，乃成婚。海澄許貞嘗以逋餉繫獄，胡告龍代償其負，釋使去，貞卒爲名將。

王懃妻岳，曲周人。岳奉舅姑篤謹，若不能言。懃移家臨清，而商於天津。王倫爲亂，將攻臨清，臨清民爭走避，岳請於舅姑曰：「賊將以臨清爲窟，必不剪居民以自弱。從衆以行，不死於奔竄，必死於蹂藉，宜若可緩然。」舅姑用其言，出者爭道，多擠入水死。岳曰：「乃今宜可徙，官軍且至，賊方謀出禦，不暇捕逃人。且從者已十八九，今行，無慮蹂藉；今不行，免於賊，或不免於官軍。」遂相將潛出城，還曲周，懃亦歸。人稱其能量事，岳篤謹如故。

魯宗鎬妻朱，名如玉，字又寒，仁和人。事舅姑孝。或以賄干宗鎬，有所關說，朱勸毋受。宗鎬曰：「我度是無利害。」朱曰：「諸爲不義事，皆以爲無利害耳，奈何以貧隳素行！」宗鎬悟，謝之。

馬叔顴妻丁，揚州舊城人，事舅姑甚謹。叔顴兄弟三，既分，而伯兄以訟破家，丁義不己食，雖壺酒豆肉必以分。一日，語叔顴，請致家於伯氏，叔顴許之。丁事伯如舅，姒如姑，米鹽纖悉一關姒，嫁時衣裝飾首約臂皆不私。家故賈也，叔顴兄善賈，遂以其家富。叔顴有所請於姒，姒不時給，叔顴怒曰：「乃我家所有，嫂何與？」丁曰：「始讓而終怒，人其謂我何？」勸叔顴毋校。

許光清妻陳，海寧人。善持家。戚有鬻婦者，婦誓死不從，陳偕姒婦朱釀金畀其夫，要之署券。曰：「彼人游蕩，金盡終且鬻婦，不如是，婦不免。」乃招婦至，善視之。其夫死，復釀金贖所居，遣婦還，並前券焚之。鄰童入其室竊壺去，陳戒家人勿言，曰：「彼何以爲人？」御婢寬，聞有虐婢者，必以陶潛語勸曰：「彼亦人子也！」

黃開鼇妻廖，開鼇，高安人；廖，沔陽人。開鼇善爲鍼，設肆衡州，廖佐以紡績。開鼇病痪，廖習爲鍼，鍼成，置諸版，摩以掌，鍼乃澤，數以是創，不懈。

開鼇卒，子長發幼，婦劉，監利人，待年於姑氏。稍長，夫婦共爲鍼，長發截鐵，圓本而銳末，持就煅，睨火察純窳。劉削竹，綴以鋼，懸雙絙環竹，曳絙則竹轉以穿鍼鼻。鍼良，市者多，家漸裕。洪秀全之徒躪湖南，家破，長發治鍼益力。當冬，得敝羊裘奉廖，與劉皆敝褐短褌，手足龜，不敢怠。長發旋卒，子才三歲，被火，家再破。於是廖語劉曰：「天乎！此誠不可再活，盍同死？」劉對曰：「火，亦常也，姑、婦惟當復食苦耳。」鬻簪珥爲貿遷，居賤鬻貴。廖持算，劉主議值。又數年，家復裕。廖老而卞，易怒，劉進淡巴菰，徐言他事輒解；不解，卽跪謝，相持泣乃已。廖七十六而卒。

劉旣善貿遷，隣家就求術，劉爲謀至詳，貧者貸以貲。同巷居五十餘家，多以貿遷富。開龕初設肆，才錢六千四百，劉晚年積白金至十萬，督子孫就學，取科目，家益大，年七十九而卒。

黃茂梧妻顧，名若璞，字和知，仁和人。顧好言經世之學，爲詩、古文辭，自爲集序曰：「若璞不才，少不若於母訓，笄事東生，十有三年。閒事咏歌，大抵與東生相對憂苦之所爲作也。東生溘逝，帷殯而哭，不如死之久矣。徒以藐諸孤在。發藏書，日夜披覽，二子從外傅，入輒令隅坐，爲陳說吾所明。日月漸多，聞見與積，聖賢經傳，旁及騷雅詞賦，冀以自發其哀思。題曰臥月軒稿。軒爲東生所嘗憩，志思也。」東生，茂梧字。顧至康熙中乃卒，年九十。

子燦妻丁，從顧學，亦好言經世，先顧卒。

高其倬妻蔡，名琬，字季玉，漢軍正白旗人，綏遠將軍毓榮女也。毓榮、其倬皆有傳。琬諳政事，其倬章疏文檄每與商榷。能詩，有蘊眞軒詩鈔。集中辰龍關、關鎖嶺、江西坡、九峯寺諸篇，追懷其父戰績，尤悲壯，爲世傳誦。嘉慶間，鐵保錄滿洲、蒙古、漢軍旗人詩，爲熙朝雅頌集，以琬爲餘集首。同入選者，珠亮妻、嵩山妻皆宗室女。張宗仁妻高，名景芳，詩最多。珠亮妻有養易齋詩，嵩山妻有蘭軒詩，景芳有紅雪軒詩。

陳之遴妻徐，名燦，字明霞，吳縣人。之遴自有傳。徐通書史，之遴得罪，再遣戍，徐從出塞。之遴死戍所，諸子亦皆歿。康熙十年，聖祖東巡，徐跪道旁自陳。上問：「寧有冤乎？」徐曰：「先臣惟知思過，豈敢言冤？伏惟聖上覆載之仁，許先臣歸骨。」上卽命還葬。徐晚學佛，更號紫管，有拙政園詩詞集。詞尤工，陳維崧推爲南宋後閨秀第一。畫得北宋法。

詹枚妻王，名貞儀，字德卿。枚，無爲人；貞儀，泗州人，而家江寧，祖者輔，官宣化知府，坐事戍吉林，貞儀年十一。者輔卒戍所，從父錫琛奔喪，因僑居吉林，侍祖母董，讀書學騎射。十六還江南，又從錫琛客京師，轉徙陝西、湖北、廣東，二十五歸於枚。後五年，嘉慶二年，卒。

貞儀通天算之學，能測星象，旁及壬遁，且知醫。爲詩文皆質實說事理，不爲藻采。撰星象圖釋二卷，曆算簡存五卷，籌算易知、重訂策算證訛、西洋籌算增删，皆一卷，象數窺餘四卷，女蒙拾誦、沉痾囈語，皆一卷，繡袟餘箋、文選詩賦參評，皆十卷，德風亭集二十卷。

貞儀病且死，謂枚曰：「君門祚薄，無可爲者。我先君死，不爲不幸。平生手稿，爲我盡致蒯夫人，蒯夫人能彰我。」蒯夫人者，吳江蒯嘉珍妻錢，附見曾祖母錢綸光妻陳傳中，時僑居江寧，貞儀與相習，枚以貞儀書歸焉。錢姪儀吉，爲曆算簡存序，言：「貞儀有實學，不可沒，班惠姬後一人而已。」女子治曆算蓋至鮮。

咸豐間，膠州柯蘅妻李，名長霞，邃於選學，著文選詳校八卷。工詩，有錡齋詩集。

光緒間，濟陽艾紫東妻徐，名桂馨，治音韻之學，有切韻指南四卷。

郝懿行妻王，名照圓，字瑞玉，一字婉佺，福山人。懿行見儒林傳。照圓文辭高曠，得六朝人遺意。懿行有所述作，照圓每爲寫定題識。其所自爲書有列女傳補註八卷，序曰：「列女傳補註者，補曹大家註也。照圓六歲而孤，母林夫人恩勤鞠育，教以讀書。嘗從燕閒，顧照圓而命之曰：『昔班氏註列女傳十五卷，今其書亡，如能補爲之註，是余所望於汝也。』照圓謹志之不敢忘。分陰遄邁，奄忽四七，寸草盟心，遂成銜恤。追省前言，隕越滋懼。不揣愚蒙，略依先師之詁，用達作者之意，凡所詮釋，將以通其隱滯，取供吟諷。至於義所常行，或傳記成文，舊人已注，則皆闕而弗論。誠知疏陋，無能纂續前修，庶幾念昔先人，少酬明發之懷。補註成，請夫子辨析疑義，時加訂正，無隱乎爾，竊所慕焉！」

又校正列仙傳二卷，舊有讚，考以隋書經籍志，知爲晉郭元祖撰，復別出爲一卷。又集傳記言占夢者爲夢書一卷，皆自爲序，附懿行書以行。尤喜言詩，著葩經小記，書未成。懿行撰詩問，謂與照圓相問答，條其餘義，別爲詩說，皆采照圓說爲多。光緒間，其孫聯薇以書進，因誤爲照圓著云。自照圓爲列女傳補注，其後又有汪遠孫妻梁校注。

梁，名端，字無非，錢塘人。幼爲祖玉繩所愛。元和顧之逵校刻列女傳，玉繩爲審定，端輒臚其同異，退而筆之，玉繩爲之折衷。旣歸遠孫，與參酌增損。端旣卒，遠孫爲刻行。

陳裴之妻汪，名端，字允莊。七歲賦春雪詩，擬以謝道韞，因又字小韞，錢塘人。長爲詩，旨遠而辭文，嘗撰定明詩初、二集，上始開國，下逮遺民，都三十家，附錄又七十人。自定凡例，以爲：「初集，猶主盟之晉、楚；二集，猶列國之宋、鄭、魯、衞；附錄，猶附庸之邾、莒、杞、薛。」梁德繩稱其宗尙淸蒼雅正，能掃前後七子門徑。吳振棫稱其論一代升降正變，元元本本，縱橫莫當。端所自爲詩，有自然好學齋集。裴之卒，子又有疾，舅文述素奉道，端詩亦多爲道家語。既卒，諸姪重定其集，盡删晚作，二本並行於世。

汪延澤妻趙，名棻，字儀姞。延澤，烏程人；趙，上海人，戶部侍郞秉沖女也。幼讀書，能詩文，有濾月軒詩集四卷、文集二卷、詞一卷。自爲序，略曰：「宋後儒者多言文章吟咏非女子所當爲，故今世女子能詩者，輒自諱匿，以爲吾謹守『內言不出於閫』之禮。反是，則迋欺炫鬻於世，以射利焉耳。是二者，胥失之也。禮昏義女師之敎，婦言居德之次，鄭君注云：『婦言，辭令也。』夫言之不文，行而不遠，文章吟咏，非言辭之遠鄙倍者歟？何屑屑諱匿爲！」

子曰楨，撰二十四史日月考，趙爲之序，曰：「劉羲叟撰劉氏輯術，迄於五季，書久佚，僅存通鑑目錄。自宋迫明，六百餘年，未有續爲之者。曰楨好史學，習算，考當時行用本術，如法推步，得其朔閏。自史記至新、舊唐書，屬草已一百餘卷，余亟欲覩其成，預爲此序，俾寫定冠諸簡端。」

吳廷鉁妻張，廷鉁，常熟人，道光六年進士，官至刑部員外郎。張名縚英，字孟緹，陽湖人。世父惠言，父琦，皆博通能文章。縚英與諸女弟承其教，咸有述作，皆能詩。縚英兼爲詞，秀逸有王沂中、張炎遺意。妹綝英亦能詩詞；綸英尤工書，傳琦筆法，眞書出入歐陽、顏、楊諸家，分書自北碑上溯晉、漢，遒麗沉厚；紈英兼治古文。縚英嘗編次國朝列女詩錄，紈英爲作傳，簡雅合法度。綝英，江陰章政平妻；綸英，同縣孫劼妻；紈英，太倉王曦妻。

程鼎調妻汪，名嫈，字雅安，歙人。好學，通儒家言，詩文皆雅正。病將卒，爲詩曰：「秋風一葉落，余亦歸荒墟。」遺書戒其子葆，言家事至詳。復謂：「武侯著書，內有八務、七戒、六恐、五懼，武侯第一流人，務一，而戒恐懼居其三，可不識所致力耶！」葆編其所作爲雅安書屋詩文集。

陳瑞妻繆，名嘉蕙，字素筠，昆明人。工書、善畫。光緒中，召入宮供奉，爲皇太后嘉賞，特賜三品服。

時同被召者，馬某妻阮，字蘋香，儀徵人，賜名玉芬。富樂賀妻王，名韶，字喬雲，杭州駐防滿洲人，著有冬青舘詩。仁興妻瓜爾佳氏，名晝梁，亦杭州駐防滿洲人，著有超範室畫範。

耀州三婦：一青嘉努妻，一納岱妻，一邁圖妻，所居寨曰蕎麥衝，在耀州城南。天命十年六月癸卯，明將毛文龍遣兵三百夜薄寨，方踰牆入，寨兵未卽出，三婦者見之，倚車轅於牆，以爲梯，青嘉努妻持利刃先偕登城奮擊，三百人皆驚，墜牆走。耀州守將揚古利以兵至，追擊，盡殲之。太祖召三婦，賚金、帛、牛、馬，賜青嘉努、納岱妻備禦，邁圖妻千總。

杉松郵卒婦，祿勸人，失其姓。康熙五十七年正月，有常應運者爲亂，逼杉松，諸郵卒方耕於山，無禦者。婦曰：「此可計走也。」挾鉦鳴山巔，若且集衆，賊引去，婦乃走告夫，州始爲備。事定，知州李廷宰聚父老賚婦酒食，具鼓吹，簪勝披錦，以矜於市民。

楊芳妻龍，芳，松桃廳人；龍，華陽人。芳有傳。龍善鼓琴，工畫蘭。嘉慶十一年，芳自寧陝鎮總兵署固原提督，龍留寧陝。是歲秋，鎮兵以餉不給，將叛。龍使告署總兵楊之震，之震不之省。或請龍行避亂，龍曰：「不可，若我出而兵叛，是知其叛也，人其謂我何？」七月辛亥夕，亂作，芳素得兵心，兵有以匿降者，尤感芳不殺，皆入署爲龍衞。民婦就避兵，廊廡盈焉。龍嚴戒奴婢毋號泣，嚮明，叛兵叩閤請謁，諸避兵者恟懼，請毋納。龍曰：「愚哉！彼輩且自入，孰能禦之？」乃啓門，納其渠數十人，咸泣謝，且請龍行。龍謂之曰：「若曹雖叛戕官，其渠罪不逭，於多人何尤？主將旦夕歸，白若曹於朝，非盡殲也，可各罷歸伍。」叛兵不欲罷，堅請龍行，龍命以輿來，盡出諸避難者，而殿其後。叛兵送至淸澗，哭而返。龍兄爲興安知府，乃之興安。芳自固原至，撫叛兵，復定。

蒲大芳者，叛兵渠也，請於芳，迎龍歸。芳遣大芳等二十輩以往，龍初舉子，卽冒雪就道，道中大芳與其曹詬爭，舉刀傷其曹。行至漢陰，龍使假刑具於有司，召大芳責曰：「汝叛，幸不死，更弄刀杖，又待叛耶？」杖之四十，械而行。三日，將至寧陝，其曹十九人者爲之請，乃令脫械。

龍至，語芳曰：「事雖定，然君且有遠行。」芳曰：「何至是？」龍曰：「朝廷自有法度，兵叛事大，不容無任其咎者。」果有命戍伊犂。龍歸侍姑，姑風緩不能言，惟龍達其意，左右在視。居姑喪盡禮。芳復起，遷湖南提督，道光五年，龍卒。

崔龍見妻錢，名孟鈿，字冠之，一字浣青。龍見，永濟人；錢，武進人，侍郎維城女。九歲刲臂療父疾。歸龍見，事姑謹，龍見以進士官州縣，爲四川順慶知府。川東嘓匪爲亂，龍見帥師出禦，賊自間道來襲，吏民驚擾。錢詗賊自府西至，遣人掣渡舟泊東岸。賊至，不得渡，遂引去。

及爲湖北荆宜施道，値白蓮教匪爲亂，龍見出督餉，錢居危城中，烽火四偪，以龍見指發書，戒所屬州縣，令收附郭積聚，謹守備，毋與賊浪戰。賊偵有備，亦引去。龍見在官廉，錢每出餘財賙戚黨。自四川還，泊燕子磯，見渡舟覆溺，出錢募救者，活十餘人，皆應試士也，羅拜岸上。龍見卒，教諸子成立。錢工詩詞，即以「浣青」名其集。

沈葆楨妻林，名普晴，字敬紉，侯官人，雲貴總督則徐女也。則徐、葆楨皆有傳。葆楨故則徐甥，林六七歲時，嘗侍諸姑坐，臧否戚黨諸子弟。戲以諧林，輒曰：「無踰沈氏兄賢。」及歸葆楨，葆楨貧，董中廚，斥奩具佐饈，能得姑歡。

咸豐六年，葆楨知廣信府，八月，出行縣，洪秀全將楊輔淸自吉安潛師越山谷入。戊子，破貴溪，己丑，破弋陽。吏具舟促林避寇，林勿行。庚寅，葆楨還，時遵義鎭總兵饒廷選駐軍玉山，乃爲書乞援，而輔淸兵益進，去廣信八十里。辛卯，廷選報書，言水涸，師不得下。僕役散走，林懷印倚井坐誓死。乙夜，城南火，達曙，大雨火滅。林謂葆楨曰：「城中炊烟斷，火何由起？此賊諜所爲，以空城告也。今日賊當至，吾殉君固其所。」解劍授葆楨曰：「雨甚，吾不可露坐，賊至，君以劍當之，使吾倉卒得入井也。」賊得諜，知城無人，易之，待霽乃發。癸巳，輔清兵復進四十里，而廷選師至，葆楨徒步迎以入。甲午，輔清兵薄城，廷選軍出禦，其裨將畢定邦、賴高翔戰甚力，林煮粥啖士卒，士卒益奮。丁酉，賊大至，圍合，文吏竄伏，饋運犒勞，皆林會計而出納之。乙亥望，大戰，解圍，輔清乃引去。

自是葆楨治軍日有聲，擢江西巡撫。治船政，林佐治官書，一一中條理。治家尤有節度，斷線殘紙，必儲以待用。方葆楨試禮部，鬻金條脫治行，代以蜀籐，雖貴，弗易也。光緒三年，卒。

王某妻陳，皋蘭人。同治六年，河州回攻蘭州，師自平番來援，阻黃河不得渡。陳家河北，令其子化鳳集族黨，以舟濟師，蘭州以全。

李某妻趙，營山人。縣多虎，李子赴市，暮未還，李立村外待。虎驟至，李驚呼，趙聞，持梃出，與虎鬬，虎弭尾去。

羅傑妻陳，安徽太平人。傑與陳共入山采薪，虎攫傑，陳與爭，不得脫，急觸虎口，虎舍傑咥陳，陳死，傑得脫。

楊某妻唐，衡陽人。夫婦偕耘，虎攫其夫去，唐曳虎尾不捨，三逾嶺，傷左臂，卒負夫歸。數日夫死，以節終。

姚旺妻潘，旌德人。旺遇虎，潘奔救，同死。

蓋氏，吉林涼水泉金廣年妻也。廣年貧，眇一目，有友與狎。一日，戲語廣年：「汝何修得美婦？」廣年心動，卽曰：「若豔我婦，予我百金，以婦與若。」遂與友偕還語蓋，蓋曰：「貧死命也！以貧而鬻其婦，生何心矣？」噭然哭。廣年出以語友，聞哭止，入視，則自磬死矣。呼友共解之，友因摩其足，蓋蘇，以足抵友仆，走廚下，取刀自斫其足，立斷。昏臥血中，鄰里趨視，唾廣年。其友懼，請以百金療，廣年亦悔，力負販，育子姓甚繁。

清史稿卷五百九

列傳二百九十六

列女二

張延祚妻蔡　陳時夏妻田　傅光箕妻吳
鄭哲飛妻朱 李若金女　王師課妻朱　秦甲祐妻劉
艾懷元妻姜　周子寬妻黃　李有成妻王
楊方勖妻劉 鄒近泗妻邢　胡源渤妻董　林國奎妻鄭
陳仁道妻龐　張某妻秦 李氏女　何某妻韓 張榮妻吳 張萬寶妻李
沈學顏妻尤　王賜紱妻時　王某妻張 子曰琦妻魏 李學詩妻趙
學書妻高　高明妻劉　鄧汝明妻劉　魏國棟妻龐

呂才智妻王　許爾臣妻駱　原某妻馬　張揚名妻彭　沈萬裕妻王

盧廷華妻沈　李豁然妻楊　曾經佑妻林　梁曇妻李

姜吉生妻木　曹某妻王　潘思周妻傅　倪存謨妾方朱

楊震甲妻楊　楊三德妻馬　張壺裝妻牛　陳大成妻林　溫得珠妻李

賈國林妻韓　孫雲獏妻白　圖斡恰納妻王依氏　吳先榜妻鄭

王元龍妻李　蔡庚妻吳　韓某妻馬　李鳴鑾妻黃　金光炳妻倪

徐嘉賢妻劉　冒樹楷妻周　曾廣屋妻劉　馮丙燊妻俞

袁績懋妻左　子學昌妻曾　俞振鸞妻傅　周懷伯妻邊

吉山妻瓜爾佳氏　張某妻錢　戚成勳妻廖　曾惟庸妻譚

謝萬程妻李　李殿機妻王　長清婦　程允元妻劉

楊某妻樊　劉柱兒妻魯　李國郎妻蘇　趙惟石妻張　鍾某聘妻吳

岳氏　姚氏　張氏　袁氏　楊某妻張　周士英聘妻張

藺壯聘妻宋　沈煜聘妻陳　王國隆聘妻佘　于天祥聘妻王

方禮祕聘妻范　姚世治聘妻陳　何秉儀聘妻劉
沈之鑫聘妻唐　貝勒弘曔聘妻富察氏　濰上女子
吳某聘妻林　雷廷外聘妻侯　程樹聘妻宋　張氏子聘妻姜
錢氏子聘妻王　王志曾聘妻張　李家勳聘妻楊
李家駒聘妻朱　賈汝愈聘妻盧　袁進舉聘妻某　李應宗聘妻李
何其仁聘妻李　王前洛聘妻林　節義縣主　李承宗聘妻何
吳某聘妻朱　徐文經聘妻姚　李煜聘妻蕭　劉戊兒聘妻王
朱某聘妻李　武稌聘妻李　陳霞池聘妻錢　汪榮泰聘妻唐
季斌斂聘妻藺　董福慶聘妻馮　喬湧濤聘妻方
張氏女　粉姐　闞氏女　趙氏婢

張延祚妻蔡，漳浦人。國初，師既下福建，濱海數百里，猶羣起負固。有方祐者，謀舉兵，延祚與語，不合，被殺。子才十餘歲，蔡哀慟，謀復讐。一日，聞祐將其徒至，方夕，易男子服，挾刃詣祐壘。未至，顧見其子踉蹌來，念母子併命，斬張氏祀，乃與俱歸。既，祐降爲民，娶於蔡，其婦，蔡大母行也，因得常見祐。祐甘語謝蔡，蔡益憤，夜輒握刃刺壁，壁穿，刃猶擊。

順治五年春，蔡伺祐有所過，度道所必經，將其子止松林中，挾刃俟。日午，祐雄服怒馬來，蔡自林中出叱祐，祐驚呼從者，從者駭走。蔡持刀斫祐，祐墜馬，負創走，蔡疾追之。行人聚而譁，蔡且奔且言曰：「吾夫爲此賊害，有助者，吾與俱死！」追及祐，祐攀松枝與鬬，中蔡頟，血被面，鬬益力。遂迫祐，左手捽祐，右手奮刃，斷其首，擲道旁，觀者皆大驚。

蔡持祐首告於延祚墓，將其子詣巡按御史臺門請死，巡按御史霍達異其事，問：「有主者乎？」蔡哭對曰：「夫死，所以不卽死者，以有子耳。今子且不顧，安肯受他人指耶？然殺人當死，公毋撓國法。」達乃釋不問。

陳時夏妻田，長樂人。時夏父超鵬早卒，母高守節。田讀書，知大義。時夏貧，事王姑及姑高，朝夕扶持，不去左右。病不能食，輒以口哺。時夏卒，督諸子讀，嘗自述與夫論學語，爲敬和堂筆訓，以授諸子，粹然儒家言。其自序略曰：「余苟延性命，祇以三子一女，冀其能自立，不至辱泉下耳！大兒今十一，猶有童心，況諸幼孤，未亡人心力垂盡。恐旦暮死，而夫子之學行，與余之出肝膽，忍艱苦以冀其有成者，將誰爲余告之耶？爰述先訓，書之於册。嗟乎！小子異日讀此，其能自省，使余生不負於子女，死不愧於夫子否耶？」居十餘年，卒。

傅光箕妻吳，宣城人。吳歸於傅，光箕已病矣，逾年卒。吳父母欲嫁之，吳歸，留吳而訟傅氏，衣食吳。吳還傅氏，以訟故勿納。吳復歸，請自食，無累父母。力紡，聞有媒至，輒求死，乃别居。明季，饑，恆餓。鄰饋之，勿受。族姊歸於魏，亦嫠也，遺之米，乃半易糠覈。或怪問之，曰：「雜糜之，可一月不死也。」久之，紡有餘錢，得婢曰春蘭，拾箨供爨事。里媪或呼春蘭食，吳必審所自，戒勿輕受食。春蘭自是卽不受里媪食。

鄭哲飛妻朱，哲飛，南安人；朱，明魯王以海女也。嫁哲飛，生丈夫子一，女子子三，而哲飛卒。會以海亦殂，渡海至臺灣，依明宗室寧靖王術桂以居。康熙二十二年，師克臺灣，術桂自殺，朱奉姑育諸孤，以女紅自給。居五十餘年乃卒，年八十餘。初師下舟山，以海妃陳入井死，以海謚之曰貞，而以海女又以節終。

李若金女，名閶，餘干人。明季，字淮王世子由桂。入國初，由桂出亡，閶誓不更字，嘗咏金環曰：「紅爐經百鍊，不失本來眞。」事父母孝，年五十九卒。

王師課妻朱，蕭山人。師課，明天啓中官太醫院院判，卒。明亡兵亂，朱率二子避九里坳，嘗遇賊，脅以刃，朱奪刃剺面，哭且詈。賊欲殺之，二子號慟求代，得不死。事平，歸老於家。嘗爲勗子歌五章，其三章曰：「我生之後逢世亂，白頭兵起蒼黃竄，膚血染點叢㾓紅，母子支離宵不旦。飛蝨雷聚驚鼓鼙，秋雨淋漓斷薪爨。嗚呼，九里坳邊眞瓦全，爾曹性命天所憐。」五章曰：「庭闈肅潔辭親族，薄田聊許資饘粥，震盪扁舟波復風，兒才卻聘家回祿。此身直緣正氣生，機杼猶能活枵腹。嗚呼，但願長作太平民，何嘗俯仰慚天人。」

秦甲祐妻劉，三原人。甲祐病瘓，劉侍疾甚謹，筦家政甚飭。越十年，甲祐卒，時歲饑，兵未定。劉撫二子四符、四採。嘗訓之曰：「年荒，衆人之荒；學荒，則吾兒之荒也。兵亂，衆人之亂；心亂，則吾一家之亂也。」聞者以爲名言。四符，甲祐前婦子也，劉愛之，均於所生。

艾懷元妻姜，米脂人。懷元父穆，兄懷英，在明皆官參將。穆卒，國初懷英降，入鑲藍旗，授牛彔章京，居京師。順治八年，懷元往省其兄，旣歸，仇家誣爲逃人，遂亡命。官收其孥，穆妻馬，老矣，妾金請代，姜方娠，皆就逮。明年，事雪，西還。姜襁稚子，金與相扶持，行數千里。又明年，馬與金皆卒，懷元遺信至，言母死不得奔喪，誓畢生不歸。姜食貧撫子，居四十餘年乃卒。

周子寬妻黃，順德倫教村人。子寬刺船，與其侶戲，侶溺，坐減死戍貴定。黃求從夫行，譁縣門，吏爲注官書。乃盡鬻嫁時物畀舅姑，製竹擔荷具從夫行。夫道病，黃行經村市，操土音歌，求錢，得藥物酒食奉夫。夫瘳，達戍所。居十七年，舉一子、二女，而夫死。黃求以夫骨歸，跪縣門搏顙二十餘日，吏許之，畀以牒。

黃懷牒裹夫骨，筥負小兒女，獨身以行。其長女已嫁農家子，牽衣泣，黃斥不顧。黔多虎，而黃負夫骨，逆旅禁不納。日汲於澗，拾樹枝以爨，夜宿道旁廢廟，恆見虎殘人，餘骼狼藉，無所怖。及至村，黃鹵既長，黧黑醜惡，又雜羅施語。有叟獨識之，指道旁冢曰：「此而翁也，而姑僵牆陰，不食已一日。」

黃求得姑，姑兩目眊，黃引其手拊裹中骨，及筥中兒女。姑抱而噎，黃大號，筥中兒女亦號。鄉里皆走視，義之，畀以金，僦屋奉姑居。黃行逮歸十九年，順德人號曰「女蘇武」。

李有成妻王，常寧人。寡，悉散奩飾於族隣貧者。將卒，呼諸婦曰：「吾寡居四十餘年，耳目如聾瞶，未嘗妄視聽，汝曹其識之！」

楊方勛妻劉，宣城人。嫁五日而寡，剪髮自誓。隣婦或微諷，劉出刀以示，曰：「吾晝以是爲鏡，夜以是爲枕。」隣婦懾，不敢復言。

鄒近泗妻邢，昆明人。寡而貧，或諷之嫁，邢曰：「吾能忍饑寒，不能忍恥。」卒以節終。

胡源渤妻董，臨清人。源渤卒，董年十五，爲嫠八十年，年九十五乃卒。里婦或問：「守節易乎？」曰：「易。」「如無夫何？」曰：「如未嫁。」「如無子何？」曰：「如有子而死若不孝。」曰：「何以制此心？」曰：「饑而食，倦而寢，不饑不倦，必有事焉，毋坐而嬉。吾嘗爲人傭，治女紅，必求其工。求工，則心專；心專，則力勤；力勤，則勞而易倦。倦卽寢，寤卽興，毋使一息閒，久之則習慣矣。」

林國奎妻鄭，閩人。國奎卒，有子二。鄭將殉，姑誡以存孤，乃已。一子殤，遂自沉於江，漁者拯以還。姑疾，封肝雜糜進，疾良已。族有亡賴子嘗中夜至，告族人杖於宗祠。亡賴子爲嫚書汙鄭，鄭恚，取刀斷左耳，訟於縣，縣笞亡賴子。亡賴子出，益妄語，鄭復割右耳。巡撫卞永譽聞其事，坐轅門讞其獄，令隸以兩耳示觀者，械亡賴子至，閱嫚書一行，輒撻其面，復重榜荷校論戍邊。居數月，鄭兩耳復生，永譽復坐轅門，召而察之，左耳完且皙，右耳赤如血，下廓乃微頳而短於左。文武吏及諸觀者皆驚歎，一時稱異事云。

陳仁道妻龐，博白人。康熙十九年，吳三桂將程可任掠博白，仁道將與鄰人拒之，爲所殺。龐自經，家人救之，甦，乃斥產購得殺仁道者，殺諸仁道墓前。

張某妻秦，三原人。康熙三十一年，仍歲大祲，縣民多流亡。秦內外無所依，至龍橋河北，河岸坼有隙，自匿其中，有老人憫之，遺以食。明日復往，則昨所遺故在，勸之食，且問故，秦曰：「謝翁厚，然不可爲常，先後等死耳，我坐岸隙，令死不至暴露足矣。」遂餓而死，年二十餘。老人爲封焉。

同時李氏女，從父母逐食至漢口，父母皆疫死。女年十六，美，儈聘焉，將鬻使爲妓，女得其情，力求死。三原人賈漢口者羣詰儈，儈陰殺之。

何某妻韓，張榮妻吳，張萬寶妻李，皆濰縣人。韓早寡，求疏屬子爲後。康熙四十三年，濰大饑，韓晝抱子拾薪，夜則紡績，日一食。久之，有所蓄，非甚飢則不食。卒買宅娶婦生孫，年七十三卒。

吳嫁三日，夫死，貧甚，轉役自活，夜必歸其室。得米雜糠粃樹葉爲食，羸一日食，則一日閉戶。年九十二，病將死，呼其姪，謂曰：「我有銀紉衣帶，猶昔吾夫物。我死，以此市棺埋我夫墓側。」

李嫁生子，方晬，而喪夫。舅、姑謂曰：「汝不幸，我曹老，子幼，汝當如何？」李泣曰：「婦非爲舅姑老子幼，夫死何所不得？猶忍活至此，婦自審已決，願舅姑無疑。」舅賣漿，暮出戶，聞鐸聲，必趨往代其擔。抱子力作，人未嘗見其啓齒。既喪舅、姑，娶婦生孫乃卒。疾革，謂其子曰：「我死得見汝父，我甚喜，汝勿悲也！」

韓居縣東南草廟村，吳居縣西張家村，李居縣北長疃村。

沈學顏妻尤，仁和人。學顏卒，無子，以從子時吉爲後。時吉生子大震，又卒。尤撫孤孫，其兄侮之。秋將穫，以衆刈其禾，尤置鍼於髻末，外向踊而號，兄提其髮，鍼創手乃去。常恨其孫弱，曰：「我安得見曾孫，見曾孫，死不恨。」大震娶婦舉子，尤乃卒。既卒，大震復舉子近思，自有傳。

王賜紱妻時，黄平人。賜紱出行，宿於翁丙，爲苗所殺，棄尸箐中。時行求得之，告官，得苗五，俱伏罪，時年二十一。母欲令更嫁，剪髮、烙左頰，毁容矢不行。

王某妻張，灤州人。早寡，無子。以族子曰琦後，亦早卒，妻魏，亦州人。所居村曰柳河，地卑濕，食不足，掇草根木葉，拾蘋藻，雜糠粃以食其孤，復殤。復以族子後。張卒，族人諷魏嫁，魏不可。居十餘年，爲所後子娶婦，乃語所親曰：「吾乃今志始遂，使嫁，不過溫飽死耳。人㥘苦貧，吾獨不自覺。苦皆自樂生，吾生不知爲樂，又焉知有苦？」

州又有李學詩妻趙，學書妻高，娣姒以節著。學詩、學書生友愛，行涉水，學書誤就深，學詩拯之，相抱持俱死。趙生二女，高無出，食貧堅守，年皆逾八十。

高明妻劉，秦安人，早寡，子步雲幼。貧甚，嘗伺鄰家炊，乞餘熱爲兒煁餅。步雲稍長，就學歸，則燃燈讀。劉縫紉，夜必盡數線。一夕，線未盡，步雲倦臥，撫之有淚迹，問曰：「兒耶病？」曰：「無之，但饑耳！」劉泫然曰：「兒不慣餓，我則常耳！」步雲爲賈，家漸起。

鄧汝明妻劉，崇善人。康熙四十一年，歲大無，官煮粥食饑民，劉不食五日。鄰家招偕赴，劉恥之，三出三返，終不行。因投水，漁人拯之，坐岸側，漁人去，復入水死。

魏國棟妻龐，蠡縣龐家莊人。祖姑徐、姑董，皆節婦。國棟卒，無子，龐力女紅以養。織日一疋，或授以纑，織成必增重，曰：「糨所滋也。」或與値多一錢，不受。祖姑八十餘，目昏，向曝、如廁，躬負以出入。姑亦至八十，負出入如之。再居喪，有賙之者，龐曰：「吾貧，幸相貸，然必償。如不使我償，是視我非人也。」日夜織，不期月皆償。當葬，衰而前柩，或請代，龐曰：「我祖姑、我姑無子孫，我在，卽其子孫也，可代乎？」姑葬以夏，方雨，龐涉潦號踊，見者皆流涕。雍正三年，縣大水，歲無。有縣治賑役自戶外呼告之，龐曰：「婦固饑，然食朝廷米，償否？」曰：「賑也，何償？」龐曰：「償則食，不償，則我孱婦何功報朝廷而徒食乎？不可！」遂鍵戶，復呼之，不應。縣使役具刺歸之米一石，龐復辭。役曰：「此喬令君所以旌節義，毋辭！」乃拜而受。縣上其事，得旌，族人爲立後。

呂才智妻王，博興人。才智病傴僂，杖而行，鬻餅於市。歲祲，才智將鬻王，王曰：「汝病廢，我去，汝不得生！且我身值幾何？汝不過得數日飽。食盡，終當死。等死，不如相依死也。」乃令才智守舍，而出行乞。生一子，才智死，終不嫁。

許爾臣妻駱，肅寧人。家奇貧。爾臣及其父母相繼卒，駱號於市，得柳棺瘞焉。或勸：「盍嫁？」駱曰：「乞食雖辱，猶勝於再嫁！」卒以窮餓死。

原某妻馬，河津人。康熙六十年，饑，行乞食。泣語人曰：「乞食至辱，不如死，顧安得死所無累人耶？」或漫應曰：「去此十餘里，有紅石崖，死此，可無累。」馬明日徑至其所，脫耳環易餅，遲隣人過者，囑以畀其母，曰：「爲我語母，無復望我，我今死此矣！」卽投崖下死。

張揚名妻彭，臨江人。早寡，貧，或謂行乞可得食，彭唾之，曰：「我亦書生婦，有餓死張氏舍耳，安能爲丐？」日夜操作，立後，娶婦，持門戶。

沈萬裕妻王，浙江山陰人。萬裕早失母，王事後姑謹。萬裕卒，子幼，後姑虐使之。舅予田數畝，使別居。後姑使嫁，王不可。後姑陰取犬子胞擲王室，陽出之，曰：「寡婦室，何乃有此？」迫嫁益厲。或語王：「當以死自明。」王曰：「吾當死。吾死孤不得生，夫且無祀，事終當白。吾死，又誰吾明也？」藏其胞，事後姑愈謹。後姑有少子訟於縣，知縣姚仁昌察胞非人，杖少子，而表王節。其後少子死，王收其孤，爲娶婦。

盧廷華妻沈，永定人。廷華好狹邪游，擯沈異居。姑溺愛，亦惡沈。沈晨必謁姑，爲理井臼。或私具甘旨，姑不善也。施鞭撻，無懟。廷華得惡疾，沈乃歸侍。廷華死，以節終。

李豁然妻楊，永年人。康熙十五年，豁然卒，楊年二十一。事舅姑孝。撫子尊賢，娶婦王，生子而尊賢卒，姑、婦共撫孤孫至成立。楊以乾隆四十二年卒，壽百二十，守節百有一年。王前一年卒，年亦九十八。

曾經佑妻林，惠安人。早寡。所居濱海，爲漁家補網，夜無燈，隨月升落爲作輟。積數十年，目因以盲，而手甚習，操作如故。舅姑資以老，復爲夫立後。

梁曇妻李，臨汾人。曇卒，時子生方兩月，貧，啖野菜以活。曇嘗蒔槐於庭，李日紡其下，護之甚謹。曰：「此吾夫手植，見之如見吾夫矣！」鄉人因稱「節婦槐」。

姜吉生妻木，東川人。雍正八年，東川屬夷叛，從吉生逃山中。賊至，殺吉生及其子，木忍哭伏林間。師至，賊降，木躡賊至城西，手搏殺吉生賊以告官，請得手刃之。提督張耀愍而許焉，遂磔賊以祭吉生。

曹某妻王，興縣人。早寡，子喑，鄰婦亦早寡，相與約不嫁。居十五年，王詣其戚，或自外至，曰：「鄰婦嫁矣！」王曰：「信有之乎？」曰：「信，我所目見也！」王乃大慟，曰：「不意此婦，乃有此事！」遂絕。

潘思周妻傅，名五芳，會稽人。思周父爲田州吏目，傅氏亦僑居廣西。嫁年餘，生一女，思周卒。或欲聘焉，傅截髮矢曰：「所不終於潘者，如此髮！」未幾，母與兄死，兄公及娣又死，舅亦死，傅持六喪還。出郭門，身衰絰，徒步號泣以從。僮民皆感歎，稱孝婦。歸營葬，撫叔及其女畢婚嫁。

倪存謨二妾方、朱，富順人。存謨爲英山知縣，坐事戍伊犂，方、朱皆從。存謨死，方、朱慟不食。伊犂將軍爲徵賻，俾持喪歸。至富順，嫡子出郭迎，方、朱相謂曰：「我二人不死者，懼主人骨不歸。今歸矣，請死。」相攜躍入江，救不死，嫡子及孫死，撫曾孫二成立。

楊震甲妻楊，楊三德妻馬，張壺裴妻牛，皆秦州人。夫皆出客游，久不歸。皆善事孀姑。馬姑尤嚴，日被箠楚，奉之愈謹。楊撫子女成立。馬、牛皆無子，立後。州人爲之語曰：「馬牛羊，立人綱。夫遠客，姑在堂。胸中冰，頭上霜。」蓋借「羊」目楊也。

陳大成妻林，連江人。大成坐事戍黑龍江。將行，遣林別嫁，林不可，從大成戍所。居二十八年，大成死，林裹其骨，繦兒女，乞食跣行萬餘里，還故鄉。灌園自給，葬大成祖墓側。

溫得珠妻李，永清人。得珠早喪母，父娶後妻，生二子，遂惡得珠，並憎李。得珠病狂易，一日逃其叔杖，投井死。父母聞，不哭，李力請，乃得斂。遺腹生子經元，舅姑迫李嫁，謂李嫁，則田廬皆二少子產也，因虐之百端。李度終不可留，抱經元辭舅姑還母家，賃地以耕，勞苦自食力。經元娶婦生孫，而舅及二少子皆死，遺田亦殆盡，姑衰病無所依。李乃率子婦還，起居牀下。姑執手流涕，道其悔也；而得珠叔故助虐者，亦前死，其嫠仰食於經元。經元有四子，皆力田，能孝養。

賈國林妻韓，國林，扶溝人；韓，淮寧人。乾隆五十一年，大饑，民爲盜。國林有族子二，行無賴，執國林及韓，綁於庭之槐，而盡取其室所有，已乃斫綁釋之。國林將指傷，越三日死。韓欲告官，無人焉爲之佐。有子二，皆幼。其弟日負薪米贍姊，夜執梃伺門戶。居數年，無賴又至，徹其屋茅，擲大甎中韓手，遂奪田伐樹，一不與較。二人者死，乃稍稍得安。嘉慶二十三年，又大饑，無賴有子鬻其嫂，夜出走，韓爲召其夫歸之。因泣告其子曰：「害爾父者，某也。今其子又鬻嫂，不仁哉此父子也！顧爲賈氏婦，即餓死，豈可失淸白，汝曹當死守之！」此婦竟得免。

孫雲獴妻白，興縣人。生十四年而嫁，嫁十三年而雲獴卒。又二十年，子長娶婦，白挈以拜雲獴墓，指而言曰：「此君子也，此君婦也，吾事畢，可以從君矣！」慟而仆，遂絕。

圖斡恰納妻王依氏，滿洲人，乍浦駐防。圖斡恰納，瓜爾佳氏，早喪母，尋亦卒，無子，嗣絕矣。父查郎阿謀爲立後，王依氏曰：「子他人子，終非骨肉，不足奉大宗，願翁娶繼室。」

查郎阿感其意，娶於邵，生子觀成。觀成生七月，而查郎阿卒，王依氏哀姑少寡，奉養甚謹，躬操作助姑撫孤。既遘疾，猶不自逸，事輒代其姑。卒時觀成已舉鄉試，以子鳳瑞爲兄嗣，未百年而子孫繁衍至百餘人。

吳先榜妻鄭，陝西山陽人。先榜卒，鄭誓殉。家人慰喻之，曰：「兩兄公皆無子，若方有身，男也，吳氏幸有後。」逾數月生男，撫以成立，吳氏得有後。

王元龍妻李，嘉興人。元龍悍，嗜酒，稍拂意，輒呵斥。既，傷於酒而病，李斥嫁時所媵田供藥餌。元龍病，益悍，稍間，則日夜博。怒李，故以非禮虐使，或加以鞭楚，李安之，無幾微忤也。元龍病三年而死，李朝夕上食，輒號慟。服除，會兄公之官福建，姑老不能赴，李往奉姑，七年而姑卒。李泣謂諸從子曰：「我當從汝叔於地下矣！」會火發，李整衣坐樓上，有梯而援者，李戒毋上樓，燼死焉。

蔡庚妻吳，合肥人。早寡，立從子爲後，以事姑。嘗爲辭自序曰：「父母生我時，惟願得其所。十六歸君子，同心祀先祖。歸時舅已歿，姑老誰爲主？嗟嗟夫質弱，終朝抱疾處。十八幸生男，朝夕姑欣覩。無端因痘殤，姑泣淚如雨。堂上節姑哀，入幔痛肝腑。二十再生男，視若擎天柱。兒生甫一載，忽然夫命殂。姑婦幷時啼，眷屬羣相撫。死者不復生，弱息堪承父。那知天奪兒，骨肉又歸土。姑祇有哭時，我豈無死所！還念朽姑存，我死誰爲哺？隱痛斂深閨，衰顏願長護。奇災偏遇火，焦爛姑肌膚。和血以丸藥，年餘乃如故。災退宜多壽，云何復病殂！送姑歸黃泉，夫缺我今補。我今補夫缺，一死何所顧？哀哀我父母，悍悍將泣訴！」卒，年八十有八。

韓某妻馬，萊蕪人。貧，夫商於遼陽，馬出爲傭。聞夫死，其父欲嫁之，馬曰：「歸夫骨其可。」乃乞食行五千里，得夫骨，負以歸。日行一二十里，夜或露宿，犯風雪，行歲餘，乃至家。旣葬，其父終欲嫁之，馬執白刃自誓，乃已。

李鳴鑾妻黃，騰越人。咸豐間，雲南回亂，鳴鑾以千總戰，負傷卒。黃截髮，撫二子。同治初，寇至，轉徙爲人縫紉浣濯，日率一粥，仍督子讀不輟。嘗曰：「人不讀書，與禽獸何異？」

金光炳妻倪，金華人。光炳卒，倪殉，救免。洪秀全兵至，攜二子竄山谷。亂定，力作自給。貧甚，督子讀，不少假。

徐嘉賢妻劉，嘉賢，天津人；劉，桐城人。嘉賢少從軍河南，嘗單騎入賊壘，拔陷賊婦女數百人出。旋卒。劉貧，輒數日不舉火，嚴督其子讀。族有爲令者招使往，劉曰：「今不自立，而託於人，懼吾子之不振也！」謝不往。

冒樹楷妻周，樹楷，如臯人；周，祥符人。樹楷以知縣待缺福建，早卒。周挈子女從舅廣州，舅亦卒。僑居，日食率百錢，翼子女以長。子得官，將請旌，周拒之曰：「婦節常耳，人子於其母，奈何欲假以爲名哉？」父星詒，諸父星譼、星誾，並有文行，周刻其遺著，爲父營葬，置墓田焉。

曾廣匨妻劉，衡陽人。歸廣匨，舅老，姑前卒。兄公初喪，舅痛子，幾失明，出入需人。劉侍舅謹，日執炊，一飯三起視舅起居衣食。雖貧，必具酒肉。舅病，奉侍七晝夜不就枕。舅卒，棄田廬治喪。劉方產，徙陋巷，艱苦冰雪中。廣匨又卒，乃與姒李同居，以子爲之後。李亦苦節，劉事之如姑。晝治鍼黹，夜則紡績，節衣食，命子熙就學，卒成進士。方極困，老稚或乞食，必分食與之。晚少豐，年饑，必出穀以賑貧者。

馮丙煐妻俞，丙煐，大興人；俞，婺源人。丙煐爲世父後，俞事兩姑，維護調和。迭遘諸喪，丙煐亦卒，喪葬皆盡禮。光緒二十六年，京師被兵，俞市米數十石與貧者，戚友相依者六十餘家，衣食之，亂定始去。亂後多暴骨，募貲爲收斂。死難者，求其姓名爲請旌卹。獄囚衣糧主者不能給，斥銀米畀之。其後直隸、安徽災，輒募貲至鉅萬。京師恤嫠會、八旗工廠，皆輸金以助其成。

袁績懋妻左，績懋見忠義傳。左名錫璇，字芙江，陽湖人。事親孝，父病，刲臂和藥進。工詩善畫，書法尤精，著有卷葹閣詩集。

績懋子學昌妻曾，名懿，字伯淵，華陽人。通書史，善課子，著有古歡室詩集、醫學篇、女學篇、中饋錄。

俞振鸞妻傅，振鸞，餘杭人；傅名宛，號青泉，大興人，以禮女。能承父學，工詩，著有山青雲白軒詩集。敎子嚴，建宗祠，立條敎，示子孫。光、宣間，江、浙遇災，屢鬻金賑之。

周懷伯妻邊，懷伯，餘杭人；邊，諸暨人。邊事姑孝，懷伯卒，有女子子三。邊恃女紅養姑，營喪葬，嫁三女，貸於人以舉。節衣縮食，數十年乃畢償。年六十九，知將死，辭親族，啓夫墓右生壙，坐臥其中，遂死。堅囑毋具棺，重以累人。親族哀其志，樏梩而掩之。

吉山妻瓜爾佳氏，名惠興，滿洲人，杭州駐防。早寡，事姑謹，嘗刲肱療姑疾。光緒季年，創立女學。逾年，貲不足，校將散，乃飲毒具牘上將軍，自陳以身殉校。且言曰：「雁過留聲，人過留名，我非樂死，不得已耳！」既死，將軍瑞興與巡撫張曾敭奏聞，賜「貞心毅力」額，衆爲集貲擴校，以「惠興」名焉。

張某妻錢，嘉興人。生一女而嫠，還依父母居。姑貧，計鬻之，度錢剛，言無益，陽攜以省戚。先期告鬻婦家，待郭外，舟出郭，別有舟來並艤，則鬻婦家人也。姑乃告錢，錢卽起，躍入水。鬻婦家人大驚，而姑已得錢，强婦往，趣舟行。錢屢躍入水，持之不能止，至三。衆皆懼，乃送還父母家，而錢爲救者搤胸傷，咯血，數月卒。

戚成勳妻廖，江津人。成勳家萬山中，張獻忠之亂，成勳出避寇，廖弱不能從，閉重門獨居。家故有餘粟，粟將盡，就池畔種稻以食。衣敝，綴草自蔽。居四十餘年，山徑塞，與世隔絕。成勳竄黔中，聞亂定，乃還，行求故山，斧竹木得道，見其宅盡圮，隱隱起炊烟。呼且入，廖自樓上問誰何，成勳道姓名，廖乃泣曰：「我夫今得還耶？我無衣，君以餘衣畀我，乃得下相見。」成勳解衣擲樓上，廖衣以下，面目黧黑，髮如蓬，相持大慟。共居又十餘年，年各至九十餘。

曾惟庸妻譚，衡陽人。順治五年，譚歸惟庸，方四閱月，惟庸爲游騎掠去。亂定，有言惟庸死者，譚召族人，分授以田宅。康熙二年，惟庸還，詐稱行賈，過譚，音容已盡變，譚不能識。求食，與之；求借宿，不可。越日再至，乃自名惟庸，譚未敢信，問臨別時事，嘗授三鑰，鐵奇銅偶，語皆驗。譚乃泣而言曰：「君別十六年，謂物故久，今幸生還，當告諸宗族。」惟庸召族人，置酒，具白其事，爲夫婦如初。

謝萬程妻李，唐縣人。萬程父儀，順治間諸生，貧，卒無棺，萬程將鬻妻以爲斂，不忍言。李知萬程意，哭請行。南陽民王全以二十四金鬻李歸，將以爲妾。李至全家，日涕泣，但願供織紝，不肯侍全，全亦聽，不强。居一年所，全兄大有與全隙，詣南汝道告全匿逃人。事下南陽府同知張三異，三異漢陽人，嘗爲陝西延長知縣，有惠政。詰大有，辭遁。召全，並以李至，問何爲匿逃人，全目李妾，因言：「妾至日涕泣，但願供織紝，居一年所，不我從也。」問得自何所，乃復召萬程，具得賣妻葬父狀。三異驚歎，問萬程：「欲復合否？」萬程言：「妻故無失德，聞其至王氏日涕泣，但願供織紝，居一年所，艱難以守身。我豈不欲合，而無其貲，則奈何？」三異出俸二十四金償全，而使吏以金幣送萬程夫婦還。

李殿機妻王，名素貞，亳州人。幼喪母，父以字殿機，殿機父範同，順治初坐法，妻張及殿機沒入象房，殿機方三歲。稍長，自鬻於鑲紅旗護軍厄爾庫爲奴，厄爾庫妻以婢蕭。王從其父居二十餘年，其父病且死，以簪珥授女，泣曰：「此李氏物也！」又數年，或傳殿機死，王氏諸父兄迫女別嫁，女願爲殿機死。久之，詗殿機猶在，欲走京師求殿機。隣有范一魁者，其父友也，王乞爲導，諸父兄不欲，令處於樓，去其梯。王以夜縋而下，從一魁至京師，求諸象房，有知者導至厄爾庫家，殿機荷畚拾馬通自廐出。一魁前與語，王出父故所授簪珥，相向哭，行路聚觀，皆流涕。厄爾庫義之，許放殿機及蕭，不督自鬻值。巡視南城御史阿爾賽疏聞，下禮部。禮部議：「八旗家奴不得復爲民，惟王氏守節求夫，有裨風化，應如所題。」康熙二十八年四月乙未，疏上，聖祖可其議，王年已三十有四，猶處女也。

長清婦王氏，父王三，農也。未行，歲祲，父母舅姑議鬻之，而均其值。販挾以去，至饒陽，入妓家，矢死不肯汙。轉至孔店村，村諸生孔繼禹、繼淳兄弟好義，愍其志，以五十金贖焉。問所居地，曰焦家臺。問戚屬，以父王三對。當春，村民祠泰山，具榜書女始末畀行者，誡使入長清界則揭牓。焦家臺農有見者，以告王三，詣孔氏以女歸，復歸所字壻。

程允元妻劉，名秀石，允元，江南山陽人；秀石，平谷人也。秀石父登庸，康熙間爲山西蒲州知府。初謁選，允元父舉人光奎，亦在京師。相與友，申之以婚姻。時允元二歲，秀石生未朞也。光奎歸，尋卒。乾隆初，登庸罷官，居天津北倉，亦卒。秀石年二十二，母前卒，諸兄奔走衣食，弟崇善爲童子師，徙廢宅。姊妹姑姪猶五六人，食不得飽，寒無衣，相倚坐取暖。崇善死，益貧，恆數日不得食。屋破，羣偃坐雨中，乃徙依比丘尼照震。無何，家人相繼死，惟秀石存，力鍼黹自活。照震徙天津，秀石從。嘗有求婚者，介照震道意，秀石恚，不食，照震力謝乃已。

允元既喪父，亦中落，聞登庸卒，家且散，顧不知女存亡。或傳女死，勸別娶，允元不可，且曰：「女即死，必酹其墓乃別娶。」乾隆四十二年，附運漕舟至北倉求劉氏，有舟人爲言：「劉氏家已散，其孥殆盡死，惟第四女存，是嘗字淮安程氏，傳程氏子已死，而女矢不他適。昔居準提菴，今徙天津，不知菴何名也。」允元因言已卽程氏子，舟人又言：「劉氏有故僕，瘖而義，歲時必問女起居。」允元求得僕，偕詣照震，言始末，照震疑，且憚秀石，未敢以通。允元言於監漕吏，牒天津縣知縣金之忠，之忠召允元問之，信。使告女，且勉之嫁，女猶辭。復使謂曰：「女不字五十七年，豈非爲程郎？程郎至，天也，復何辭？」乃成婚。

大學士兩江總督高晉以其事上聞，下禮部，禮部議：「義夫貞婦，例得旌表。至幼年聘定，彼此隔絕，經數十年之久，守義懷貞，各矢前盟，卒償所願，實從來所未有，應旌表以獎節義。」上從之。

楊某妻樊，字正，撫寧人。旣字而楊氏子病且廢，使辭於樊，樊母乃爲正改字。行有日，正請於母曰：「兒奚嫁？」母曰：「嫁某氏。」正曰：「兒幼非受楊氏聘乎？」母曰：「然，楊氏子病且廢，使辭於我。我憐兒，故爲兒改字也。」正不語，夜潛出，度山林數十里，晨至楊氏。翁姑未卽許，父母亦至，相與慰勉。正曰：「夫病，天也，我爲病夫婦，亦天也，違天不祥。欲別嫁，我請死。」乃卒歸於楊，楊氏子病良已。

同縣又有劉杜兒妻魯，字春。杜兒先爲李氏義子，聘於魯，旣復還劉氏。李富而劉貧，於是李氏之人，嗾魯使罷婚，劉不敢爭也。春聞，亡之劉氏，魯氏劫春歸。訟於縣，縣判歸劉氏。時乾隆十九年，先樊氏女事一歲。

李國郎妻蘇，南安人。未行，父以國郎貧，爲女別字富家子，焚李氏書幣。蘇縊，未絕，父招富家子贅於家，以死拒，撻之不悔。富家子自去。國郎聞，訟於官，乃歸於李。婚夕，泣曰：「吾父以吾故在縶，何得遽言婚！」國郎爲請於有司，出其父。

同縣蔡登龍妻林，其父母亦以婿貧欲別字，不從，令別居。積女紅得十五金，使以遺登龍佐聘錢，父母少之。乃日減餐，治女紅益勤，逾年又得十餘金，卒歸登龍。父母旣喪，孤弟貧無依，乃收撫之。

又有黃元河妻戴，吳恆妻陳，婿皆有廢疾，父母議毀盟，力請行。戴勤儉起其家，吳以節終。

趙維石妻張，小字瑤娃，寧羌人。年十七，未行。嘉慶初，教匪掠州，賊渠得之，以畀其妻。其妻以瑤娃慧，畜爲女，渠果欲汙之，賴其妻以免。尋竄徽縣，一夕渠醉，召瑤娃，瑤娃拒之力，渠使其下將出殺之。其妻知不可救，戒勿過創，棄諸野，而以死告。次日賊引去，村婦舁之歸，藥其創良愈，將以爲子婦。會縣吏過門，瑤娃拔銀釵賄吏，使告縣。瑤娃至縣庭，陳始末，乃召維石，爲合婚，與俱歸。

鍾某聘妻吳，武岡人。待年於鍾氏。鍾氏子從父賈四川，久不歸，或傳已死。鍾母卒，吳紡績奉其祖母。祖母卒，爲營喪葬。年四十餘，鍾氏子始歸，欲與婚，吳曰：「君出游久，安用就木老處子爲！」出貲爲買妾，而自居別室。鍾氏子以不歸訟於官，吳曰：「若祖母，吾奉之；若妾，吾畜之。吾齒長，不能育子女，請以貞終。」官判從之。

岳氏，安平人。嫁可仁言，病癇。仁言以禮去惡疾，遂大歸。居數年，病已，而仁言已別娶。或諷其嫁，岳不應，以鍼綫遍綴衣履投井死。仁言聞，乞李塨銘其墓。

姚氏，通州人。嫁同州張維垣。維垣移家湖北，歸既娶，復去。逾年，遺書絕姚，令改嫁。姚持書泣告鄉黨曰：「我無故見絕，死無以自白，願終守以明志。」居五十餘年乃卒。張氏之族高其義，持喪葬張氏兆，爲立後。

張氏，江南華亭人。字金景山。年十二，喪父母，待年於姑氏。張莊而無容，景山憎焉。稍長，當婚，景山故遲之。既而病作，張奉湯藥，斥不使近，輒泣而退。景山將死，指而語母曰：「彼非吾偶，兒死必嫁之。」景山死，張矢不嫁。或以夫不見答勸，曰：「我知夫死婦節而已，不知其他。且祖姑及姑誰爲養者？若必强我，我請死。」是歲姑卒，越八年，祖姑卒，張爲營葬。日夕紡績，足不踰閾，又三十餘年乃卒。

袁氏，名機，字素文，仁和人。兄枚，見文苑傳。機幼字如臯高氏子，高氏子長而有惡疾，其父請離婚，機曰：「女從一者也，疾，我侍之；死，我守之。」卒歸於高。高氏子躁戾佻蕩，游狹邪，傾其奩具；不足，抶之，且灼以火。姑救，則毆母折齒。旣，欲鬻機以償博負，乃大歸，齋素奉母。高氏子死，哭之慟，越一年卒。

楊某妻張，名荷，寧國人。某貧，無行，令張以非義，不應。樓居，潛去牀前板，紿使墮，折足，匍匐歸母家。某鬻子，張積金贖之。將卒，命子以喪歸楊氏。

周士英聘妻張，泰州人。士英喪父母，叔狡，利其有，篡殺之。時順治九年，張年十九，未行，聞其事，哭，不食。遂自髡爲尼，具牘丐母舅偕訴有司。巡按爲上其事，誅殺人賊，張乃理士英家財，葬士英及其祖若父，爲廬奉佛，祀周氏三世。張旣爲尼，名曰明貞，表其志也。

蘭壯聘妻宋，名典，蔚州人。典家西崖頭，壯居千字村，皆農家也，以羅帕爲聘。壯死，典方從母舂穀，聞，輟舂，慟不食。父母喻之，意若稍解者，數日，以羅帕自經死。時康熙四年正月庚辰。

沈煜聘妻陳，名三淑，錢塘人。幼能詩。康熙間，訛言官中閱選，民間女子倉卒嫁娶殆盡，三淑父以許煜。煜故貧，客松江，久不歸，三淑父從軍雲南，戰死。其母欲改字富人子，揚言煜已他娶，以絕三淑意。三淑聞，慟哭，自髡其髮，矢不字，遂病，時時哭，極悲。鄰生有聞而哀之者，求煜告以故，煜請婚，母持不可。二十二年春二月，三淑病篤，其母以媒言召煜，煜至，使入省三淑。三淑方寐，告以沈郎至，遽寤，手下帷自蔽。煜問：「可有言乎？」三淑徐曰：「既有成言，何爲又他娶？」煜辨其誣，三淑都無言，惟以袂掩淚。煜辭出，三淑泣不已。已而歎曰：「彼不負我，我死可。」遂不飲藥，越日卒。

王國隆聘妻余，懷遠人。國隆游不歸，或言在含山，余父母挈余行求不遇，遂僑居焉。

余母死，從父灌園，紡績自活，恆以巾冪首，隣女罕見其面。康熙二十八年，父死，斂畢，女自經。

韋思誠聘妻宣，廣德人。思誠遠行，母以貧，欲令改字，宣不可，遂歸夫家。慮有强暴竊伺，夜懸柝於牀，微風柝有聲以警。一夕，語諸姑、姊，夢夫告以死。遂哀泣，不食死。

于天祥聘妻王，名秀女，祥符人。天祥嘗育於陽武王氏，王氏爲娶妻，生子，妻死，還于氏。繼室以王，王未行，而天祥死，王父母祕不使知。久之始聞，力請奔喪，天祥喪已小祥矣。王請於陽武王氏，願得子天祥前室子，王氏靳不許。及大祥，具奠，卽夕自經。于氏故有刈麥刀二，俄失其一，至是得諸王枕下。

方禮祕聘妻范，名二妹，建水人。幼事父可望孝，字禮祕，未行。禮祕父良佐死，妻改嫁蕭伸，居方氏，禮祕及其兄、妹皆死。范聞，哭之慟，請於父母歸方氏。居久之，聞姑詬伸，始知禮祕非良死，以質姑，姑內慚，不復言。范度事無證，禮祕寃不得白，恆時時號痛。伸憚范，欲以妻其從子，百方强之，范不許。伸怒揮范仆，手點額。范怒曰：「奴汙我額！」刀剜伸手所點處，血淋漓被面。其弟訟諸吏，吏笞伸，以其室屬范，使奉方氏祀。

姚世治聘妻陳，會稽人。兩家皆居京師。既定約，世治歸，陳父欲別嫁，陳易服行求世治，遇諸濟寧。曰：「女違父非孝，得見君子，事畢矣！」遂入水死。

何秉儀聘妻劉，昆明人，農家女也。秉儀卒，女請於父母，欲奔喪，不許。乃竊出，兄追及之，度金汁河，將赴水，兄力持曳以歸。秉儀父使迎女，女哀慟泣血，日夕力作。父母畀田四畝，女爲夫弟婚鬻半，喪舅又鬻半。父母怒，使告姑，誣女有所私，當遣之嫁。姑以責女，女不能自白，心疾作，縊死。

沈之淼聘妻唐，之淼，普安人；唐，武進人。之淼父文郁，唐父元聲，康熙季年，同游高州，相友善，約爲婚姻，於是唐生三年矣。元聲卒，喪歸，文郁亦還普安。普安去武進且萬里，而文郁貧，慮不能爲之淼娶，詭言之淼殤，使謝唐，唐矢死。久之，文郁將如京師求官，迂道至常州，唐出拜，涕泣慷慨陳所志。文郁心悔，則請爲養女，期得官迓以歸。既，文郁以病還，唐聞大慟，遂不食，七日竟死。後三十餘年，之淼以事過常州，始聞唐死狀，感痛求其墓，已火葬矣。唐死時年十六。

貝勒弘曔聘妻富察氏，弘曔，怡親王允祥第三子。上命指配富察氏，雍正六年，未婚卒。富察氏聞，大慟，截髮詣王邸，請持服，王不許，跪門外，哭，至夕，王終不許，乃還其家持服。越二年，王薨，復詣王邸請持服，王邸長史奏聞，上命許之。諭王福晉收爲子婦，令弘曔祭葬視貝勒例，以從子永喜襲貝勒。諭謂：「俾富察氏無子而有子，以彰節女之厚報焉。」

濰上女子，不知其氏，雍正間，濰田家女也。未行而夫死，其母往弔，女請從，母止之不可。衣紅而襲以素，濰俗婦弔喪不至殯，女陽爲如廁，因問得殯室，潛入，去襲，縊柩側。

吳某聘妻林，漳浦人。未行，夫坐罪當死，林欲入獄與訣，夫丐獄卒勿納，林晝夜哭不食。夫使畀以錢三百，且曰：「速擇佳婿，毋自苦！」越日，聞夫已決，以所畀錢易組縊。

雷廷外聘妻侯，南安人。廷外母黃，早寡，貧，慮不能娶，乞貧家女撫之，期長以爲婦，故侯四歲而育於黃。十一黃卒，十六廷外卒，死而不瞑，侯慟屢絕。廷外有從兄，以其子震爲後，侯乃笄，抱以拜祖。侯母欲令別嫁，拒以死。身自耕，跪而耨，十指皆胼。嘗誡震曰：「婦人不可受人憐，況孀乎！」震亦早卒，其妻傅，從姑織席以育子。

程樹聘妻宋，名景衞，長洲人。樹十三補諸生，喪母，復喪大父，旋亦卒。景衞年二十，請於父，歸程。以素服拜舅，見於廟；謁其大父喪，成孫婦服；謁其母喪，成婦服；乃哭其夫，持服三年；終，復補行姑服三年。同縣陳氏女淑睿，未行而婿殤，有請婚者，遂自經。景衞爲作詩，於詩共姜用劉向說，於春秋伯姬用何休說，旁採朱彝尊、汪琬、彭定求諸家言，中女子子未嫁守貞之義。貫穿賅洽，八百餘言，以破俗說，白己志。景衞通經義，好讀先儒論學書，娣、姪皆從講說。病女教不明，乃會通古訓，括聖賢修身盡倫之要，復作詩九百餘言，授娣、姪，令歌習之。

張氏子聘妻姜，名桂，元和人。年十九，婿與舅、姑先後卒，依其母以居，不嫁。

錢氏子聘妻王，吳人，亦年十九而婿卒，女絕食，大父母强起之。居三年，有請婚者，復絕食，死復蘇。母哭之，女曰：「先年兒私吞金環不死，食銀硃又不死，頃復吞金環。兒死願得葬錢氏之兆。」遂卒。

王志曾聘妻張，亦吳人。年二十，志曾卒。居六年，聞姑喪，因歸於王，奉佛以終。

三女皆與景衢同時，而桂能詩善畫，嘗爲柏舟圖，賦詩贈景衢。景衢有二婢：曰衢喜，字於張，張死，不更字；曰陳壽，嫁朱氏，寡，無子。皆依景衢以老。

李家勷聘妻楊，海寧人。楊富而李貧，家勷父爲楊氏佃。楊父行田，見家勷慧，問之，九歲，使入所立塾，資令讀。年十五入學爲諸生，家勷父來謝，楊年十四，呼令出拜。楊母及兄皆恚曰：「是老顚！豈患女無家，而棄諸佃人子乎？」父旋卒，楊氏之人薄家勷。一夕，呼燈，無應者，楊自帷言曰：「丈夫不自處高明，何依人受慢爲！」家勷遂辭楊氏去。乾隆十五年，舉浙江鄉試，楊氏請婚，家勷以試禮部辭。留京師數年，病卒。楊知母將爲議婚他氏，請於母：「願得迎家勷喪，臨奠，然後聽母。」母許之。楊迎喪於郊，奠竟，要母，遂歸李氏。家勷父老而瞽，楊請於姑，爲買妾生子。家勷父八十，目復明，德楊甚，命其子呼「嫂母」也。楊或曰徐氏。

李家駒聘妻朱，高安人，大學士軾女。家駒，乾隆三十六年舉人，早卒。朱事父母孝，性和以肅，自諸弟妹及內外臧獲，咸敬憚之。生惡華綵，寸金尺帛不以加身。及聞家駒訃，欲奔喪，飲泣不食。時軾督學陝西，大母喻其意，誡當待父命，始復食。軾還，越半載，乃以請，遂歸於李。事祖姑及姑，如事父母。軾有父喪，聖祖命奪情視事，疏請終喪，戚友或尼之。朱泣曰：「吾父不得歸，雖官相國，年上壽，猶無與也。彼姑息之愛何為者？聖主當鑒吾父之誠矣！」卒得請。鄰火且及，朱坐室中不肯出，曰：「死，吾分也！宋共姬何人哉？」姑破扃挾以避。病不肯藥，兩弟來省，曰：「吾死無恨，但恨不得終事吾父及吾舅姑！」又曰：「我生惡華綵，寸金尺帛不以加身，死毋負我！」遂卒。

賈汝愈聘妻盧，汝愈，故城人；盧，德州人，協辦大學士蔭溥女。汝愈卒，盧矢不嫁，賈氏迎以歸，為立後。

袁進舉聘妻某，天津梁進忠養女也。進忠負薪行水次，有大舟泊焉，或抱女嬰出，授進忠曰：「此女生八月矣，父之官，卒於舟，母繼殞，其善視之！」進忠撫以為女。而進忠有長女悍甚，女稍長，貌端好，長女將鬻以為人妾，女不可，長女益恚。進舉故無藉，長女咻父母使字焉。進舉行不歸，又使告其母謀罷婚，女復不可。進忠病，瘍生於脛，女刲股以療，家人皆不知，而長女虐愈甚。進舉母憐之，迎以歸。進忠及其長女皆死，女為營葬，迎義母進忠妻同居。長女有子，失所，召為鞠之。為進舉弟娶婦，生子為進舉後。終姑及其義母喪，女遂自經死。有司葬之天津西郭外五烈墓傍。

五烈墓者，先爲三婦墓，葬譚應宸妻陳、阮某妻諸、趙某妻裴，陳、諸皆以捍强暴死，裴以節終。乾隆元年，金振妻丁殉夫，附葬，稱節烈四婦墓。七年，又有殷氏女誤嫁倡家，爲所迫，箠楚炮烙，沃以沸湯，死，葬墓側，稱五烈墓。五十六年，復葬女，更爲六烈墓云。

李應宗聘妻李，昆明人。所居曰廟前鋪大河埂，父春榮。未行，應宗卒。其明年，應宗大母語春榮，將改字女，女聞，遂縊。縊之夕，裂綾二尺許，刺血書九十四字。民家女未嘗讀書，字多訛易，嘉興錢儀吉爲之句讀。曰「呈天子前」，曰「忠孝節烈」，曰「二月初九日」，「二月初九日蓋女死日，事在乾隆末。

何其仁聘妻李，路南人。嘉慶十一年，年十六，未行。其仁及其父皆病篤，李割股畀叔母使送婿家。至，則其仁及其父皆已卒，其仁母婦以奠。李欲奔喪，母尼之，遂縊。

王前洛聘妻林，潛山人。前洛病，林父餽藥，林潛刲股入藥。前洛卒，固請奔喪，引刀誓不嫁。

節義縣主，成郡王綿懃第七女，選文緯爲婿。文緯，費莫氏，內閣學士英綬子。未婚，嘉慶十八年文緯卒，主時年十六，詣文緯家守節，仁宗詔封節義縣主。二十二年，卒。

李承宗聘妻何，巢縣漁家女也。兩家居濱溪，相違半里餘，而李氏廬當上流。承宗卒，女年二十，請奔喪，父母不許。不食四日，不死；自經，或拯之。越日自沉於溪，求其尸不得。後三日，尸見溪上流，正值李氏門。

江亭昭妻楊，侯官人，二氏皆漁家。楊未嫁，與亭昭舟相值，必引避。或遇水次，則自匿蘆葦中。其母非之，女曰：「漁家獨不當有恥乎？」既嫁，强暴窺其有色，濳逼之，楊擠使墮水。亭昭死，殉焉。

吳某聘妻朱，海鹽人。吳某年十八，喪父母，遂出游不歸。朱貧，父老，辟纑織屨。其兄悍，屢辱之。朱曰：「兄貧不能食我父，我父衰，無所營，不得不就兄食。我留，乃助兄耳。」及父死，朱年五十八，吳不知其存亡，吳之族愍朱節，迎以歸，爲立後。

徐文經聘妻姚，名淑金，侯官人。文經卒，淑金屢求死，乃歸於徐。貧，舅歿，姑疾作，封股以療。姚掇芹供姑，自食其棄莖。無何，姑亦歿，嗣子以貧去。淑金目昏，不能治女紅，以缽爲釜，以草爲衾。僦屋不償值，見逐，泣路隅。有負擔者，憐而賙之，里人醵金助衣食，僅得不死。猶朝夕拜徐氏祏，祝其嗣子歸也。居十餘年乃卒。

李煜聘妻蕭，秀水人。煜酒家子，居郭南萬螺濱。蕭未行，煜死。蕭無母，請於父，願歸李，翁姑遣媒止之，勿聽，遂歸李。視煜斂，卽奉侍姑，執爨濯衣甚謹。姑悍，旣不欲李來，又見其貧也，晝夜詈，李唯唯無一言，鄰勿善也。或勸姑，姑亦詈焉。士大夫衆至，誡翁：「毋虐貞女，貞女光爾門，宜善視之！」姑終不欲李同居，衆乃於室後闢小樓居貞女，醵金以佽之。

劉戊兒聘妻王，名孝，武陟人。未嫁，歲大無，戊兒行六年不歸。父母欲別嫁，孝問出，如劉氏。值老嫗，問劉戊兒母，嫗曰：「我卽戊兒母也。」孝拜且泣曰：「我王氏女，姑之子婦也！」嫗驚未信，孝探懷出物示嫗曰：「此非姑家聘物耶？吾竊持以來爲信。」嫗視之亦泣，復以貧無食辭。曰：「吾夙知姑貧，翁歿，兩叔幼，安得所食？我能女紅，茲固爲養姑來也。生未嘗一時離吾母，計無所出而後來。」因復泣曰：「如不見容，我無歸理，惟赴水死耳！」嫗告孝父母許焉。孝勤紡績，夜磨作蒸餅，使叔鬻之。姑病，日夜侍。居數年，鄉里感其義，率錢賙其姑。葺舊屋，爲叔娶婦生子。姑卒，合葬於舅墓，乃授家事於叔，夜入室，扃戶，寂無聲。翌晨叩戶不應，毀牖入，則自經死，衣履皆易新製者。時嘉慶九年二月乙酉。孝年二十四至劉氏，事姑十二年，姑死乃死。

朱某聘妻李，字容，東安人。父大純，幼字朱氏。朱氏子遠游十餘年不歸，或傳已死。女旣喪父母，無昆弟，獨與其婢春華居，誓不嫁。春華稍長，其父謀嫁之，春華義不去，容亦誓不嫁。其父不聽，春華乃告容，俱赴水死。

武稌聘妻李，伊陽人。年十一，喪母，育於武。從娣婦事舅姑謹，姑羸臥，調醫藥，治家事日勤。姑卒，撫叔弟及二女妹。年十七，猶未婚。稌墮井死，誓從井，舅止之，幼弟妹環而哭，李大慟。遂總髮爲紒，曰：「吾當終婦事。」請於舅，立後，紡織以佐家。舅娶後姑，又有疾，調醫藥，治家事如前時。久之，叔弟補縣學生，兩女妹皆嫁。又數年，爲所後子娶婦，則語其兄曰：「妹曩不卽死，誠不敢死也。今吾家奉舅姑宗祏幸有人，井中人待我久，我將從之！」晨起，從容問姑安，出行汲，自投稌所墮井死。道光二十一年八月壬寅，稌生日也。

後徐死二十有一年。

陳霞池聘妻錢，桐城人，居東鄉。未行而霞池卒，錢請奔喪。東鄉俗以爲子死婦奔喪，於家凶，辭之。錢毀容矢不嫁。久之，陳氏之族迎以歸，爲立後。居數十年，縣有士人往存問，爲言：「朝廷旌貞女，與節烈並重，當請於有司。」錢聞大驚，蓋初不知其行應旌也。

汪榮泰聘妻唐，名鳳鸞。榮泰，歙人；唐，淳安人。父以許榮泰，未聘而父卒，母更許他姓。他姓來聘，唐自所居樓裂所製衣履擲於庭，俄砉然躍而出，遂墮地死。榮泰請迎喪，母不許；母卒，乃迎喪以歸。

季斌敏聘妻藺，斌敏，正藍旗漢軍；藺，滄州人。斌敏未婚卒，藺年十八，矢不嫁。居二年，聞有媒妁至，截右耳，逾三日，又截左耳。其父春以告季氏，迎以歸。女事姑甚孝，爲夫補行喪服。喪終，歸訣父母，謂當死從夫，父母力勸喻之。女復還，見姑，言笑如平時，卽夕飲毒死。啓篋封所割兩耳，識曰「全歸」。

董福慶聘妻馮，福慶，固安駐防漢軍；馮，霸州人也。福慶貧，餓猶耕，死於田。女年二十，請奔喪，福慶父往沮之，曰：「子餓至死，復忍餓汝家女耶？」女出拜，伏地哭不起，福慶父乃諾之，遂奔喪。執婦禮以終，寒餒皆無懟。

喬湧濤聘妻方，桐城人。湧濤卒，湧濤母丁亦病，方請於父母，歸於喬。以姑病寒疾，亦薄其衣當風雪。刲股以進姑，病良已。乃營葬湧濤，以衣負土，三日不食。爲湧濤立後，淡食布衣，深自刻苦。病將革，戒子婦毋以寸絲斂。

張氏女，名有，鄒平人。歲饑，鬻爲高唐朱氏婢。及長，主母爲議婚，有泣言幼已字人，不敢負。主母使求得所許字者，則已別娶有子女矣。以語有，有曰：「雖別娶，身不願更事他人。」主母憐而聽之。有終不別字以死。

粉姐，失其姓，高郵人。父爲迮氏蒼頭，字某氏子。歲饑，某氏子行乞，轉徙十餘年。女父遇之江都市上，某氏子曰：「我終不能娶，還我聘錢，聽別嫁。」女父喜，還聘錢，與析券。歸告女，女嗚咽不語，夜自經。

闞氏女，名玉，浙江仁和人。玉端麗，能詩文。父亡，與母及兄嫂居。年十三，福王由崧帝南京，選民間女子，玉母匿諸賣菜傭家。玉父亡時，留百金畀玉兄備玉嫁，玉兄蕩其貲，遂與傭謀字傭子。玉在傭家尚待年，號泣求還，不可得。疾作，始遣歸。玉垂絕，語其母曰：「兒今且死，願埋父棺側，不作傭家鬼也。」復嚙齒曰：「兄陷我！」遂卒。

玉嘗作怨歌，好事者以琴譜其聲，曰闞玉操，辭曰：「父生我兮中道逝，母煢煢兮門衰瘁。兄嫂難與居，抉我如目中之塵沙。伊又遘此佻巧兮，胡迋我之實多。彼六禮之已愆兮，曾貞女之既從。矧要予以桑中兮，夫豈其爲予之匹雙。我有母兮，瘋思泣血。我父而有知兮，怒衝髮。我兄摩挲傭之金兮，骨肉相蔑。嫂旁睨兮，笑言啞啞。我忽憤氣兮，如雲。指漆室女以爲正兮，又告夫司命與湘君。予不愛一死兮，弗忍速阿母之下世。願死而有憑兮，爲凶之厲。嗚呼哀哉，我終死兮，魂獨歸去。明告我母兮，幽告我父。匪我夙夜兮，胡然遭此行露也。縱謂行多露兮，寧能我之汙也。重曰：嘉名爲玉，父之命兮。幽辱糞壤，終保貞兮。憂思悄悄，淚淫淫兮。蒙恥忍詬，日當心兮。」

趙氏婢，失其名，爲杭州趙氏婢。趙氏嘗有客，言珞琭子之學，使爲婢算，曰：「是當七易其夫。」婢恚曰：「吾嫁則有夫，有夫則有死。吾今且不嫁，誰爲之夫者？」自是蓬首垢面，矢不嫁。趙氏有婚嫁輒避匿，媒氏至，詬誶不可近。主誨之，搶首乞終役。年至七十餘，死於趙氏。

清史稿卷五百十

列傳二百九十七

列女三

韋守官妻梁　歸昭妻陸　昭弟繼登妻張　羅仁美妻李　仁美弟妻劉
妾梅李等　錢應式女　王氏三女　沈華區妻潘　陳某妻伍
孫謌妻顧等　洪志達妻葉　羅章袞妻杜　章袞姪鞏聘妻田等
王磐千妻顏　何大封妻阮　方希文妻項　廖愈達妻李
妾汪張　葉芊妻謝　姚文璚妻劉　毛翼順妻陳　王三接妻黃
劉琰妻邢　王躋聖妻韓等　程顯妻朱　劉元鐙妻吳妾朱等
應氏婦　平陽婦　殷壯猷妻李　楊昌文妻袁　諶日昇妻陳

陳某妻萬　林應雒妻莫　梁學謙女　吳師讓妻某　黃某妻李
文秉世妻梁　文氏女　文樞妻陸　何氏女　王氏三女　陳心俊妻馬
郭俊清女　張問行妻楊　張聯標妾傅　林乾妻程　楊應鶚妾佟
黃居中妻吳　胡守謙妻黃　沈棠妻俞　陳得棟妻蔣等
汪二蛟母徐　妻戴　劉章壽妻徐　黃嘉文妻蔡　徐明英妻吳
長清嶺烈婦　韓昌有妻李　馬雄鎮妻李　妾顧等　沈瑞妻鄭
傅璇妻黃　劉崐妻張　妾吳及二女　楊天階妻關及二女　烏蒙女
劉亨基女　滕士學妻滿　向宗榜妻滕　滕作賢妻楊　滕家萬妻黃
高村婦　陳世章妻朱　薛中傑女　傅瑛妻周　任寨邨二十烈女
王自正妻馬　強逢泰妻徐　方振聲妻張　陳玉威妻唐　寶豐二婦
戴鈞衡妻李　妾劉　陳吉麟妻周　淩傳經妻楊　秦耀曾妻畢
曹士鶴妻管　謝石全妻廖　曾石泰妻黃　葉金題母胡　繆勝雲妻黃
石時稔聘妻劉　章瑤圃女　戴可恆妻朱　金福曾妻李

張福海妻姚 邵順年妻伊 順年弟順國妻劉 陳某聘妻酆
胡金題妻俞 王氏女 鄭德高妻阮 方其蓮妻阮 周小梅妻湯
楊某妻沈 周世棣妻胡 蔡以瑩妻曹 妾馬 王永喜妻盧
劉崇鼎母張 武昌女子 滄州女子 費某妻吳 冷煜瀛妻盧
陳兆吉妻佘 蔡法度妻簡 張守一女 王占元妻楊 王秉塑女
魏克明女 劉慶耀妻廖 歐陽維元妻曹 李盤龍妻鄧等 黃氏女
程氏女 韓肖朱妻郗 張醴仁妻王 許氏女 李氏女 楊某妻吳
康創業妻邸 李鴻業妻邸 王書雲妻谷 王有周妻楊 子漢連妻張
漢元妻李 漢科妻李等 張金鑄妻段 王氏二女 馬安娃妻趙
王之綱妻李 穆氏女 張某妻蔡 程丁兒妻黃 張氏女 趙貴賜妻任
楊貴陞妻劉 多寶聘妻宗室氏 子英爚妻鄂卓爾氏 公額布妻
晉德布女 良奎妻 連惠妻 根瑞妻 松文母吳 姚叶敏妻耿
陳某妻殷 黃晞妻周 鄒延玠妻吳 陳生輝妻侯

田一朋妻劉　蔣世珍妻劉　王有章妻羅 有章妹
樓文貴妻盧　沙木哈妻　鄭榮組妻徐　張翼妻戴
詹允迪妻吳　蔡以位妻孫　楊春芳妻王 王尊德妾唐
竇鴻妾郝　章學閔妻董　杜聶齊妻何 張氏婦　寧化二婦

韋守官妻梁，長清人。明季饑，女未行，從父流轉河南，婢於富室。及笄，主爲擇婿，梁泣言幼嘗受韋氏聘，死，不敢別嫁。主使求得守官，守官迎以歸。已而守官卒，家人欲使別嫁，梁自沉大清河，救，不死。乃自治棺，曰：「有欲娶我，以此畀之！」家人不復言。寇亂，匿棺以免。順治二年，師南行，過其村，梁懼，積薪於戶下，舉火，乃入棺，自焚死。

歸昭妻陸，弟繼登妻張。昭，崑山人；陸、張皆太倉人。昭仕明爲監紀，順治二年，死揚州；繼登爲教諭，長興民亂，戕焉。二婦未得問。崑山兵起，舅姑避于鄉，舟迎二婦，二婦不果行。師至，城閉，城西礮如雷。二婦夜登樓，環坐諸兒女酌酒，戒積薪樓下，城破則縱火。一老僕進，謂城破當兵衞，慮不及死，城北比丘尼故與主母善，菴後有池，倉卒可得死，從之。城破，兵掠菴，張入池，陸視其女，一卒前犯，陸力拒，被二矛，仆，又亂箠之，乃絕。張以水淺，不卽死。兵去，潛視陸，陸亦蘇，乃與尼共掖起之。兵復至，張輒避諸池，一卒索得張，欲執以去，張力拒，見殺。陸創重卒。

羅仁美妻李，仁美，揚州人，失其縣；李，龍游人。家揚州廣儲門。師下揚州，李方娠，積薪所居樓下，呼諸婦曰：「願死者共死，毋辱！」於是姒劉、仁美妾梅、李，前室女宦姑及諸婦，從李登樓，凡十二人。呼婢菊花舉火，前室子哭，從李俱上，李顧見，啓牖呼仁美，擲兒下。仁美負母手挈兒，哭出巷，回首，見黑烟出瓦隙，火合樓摧，聞屍聲沸火中。仁美行，遇兵，僅得脫。兵去，發樓燼，拾殘骼，惟菊花遺肢衣可辨。乃叢葬十三人西華門外。

同時錢應式女淑賢，丹徒人。聞城破，數自殺，未絕。雨甚，門外萬馬聲，比屋殺人，火四起。淑賢以紙漬水塞口鼻，持父手壅其氣，父手悸不能舉，又解衣帶，强母使縊。母哭走，出，聞足擊牀閣閣，入視，已絕。

王氏三女，金壇人。其二爲同產，其一爲羣從姊妹，年皆十六七，以王師下江南，諸州縣盜羣起，王氏避長蕩湖。晝延緣葦間，夜復其居。一日，盜至，劫三女子，縛置筏上。三女子號泣跌蕩，筏覆，三女子死焉，賊十數輩亦溺。明日，尸浮水上，縛盡弛，三女子攜手，髮相縻。亂中無棺，得故篋三重以斂，墓于湖濱，墓木枝葉皆三，相樛。

沈華區妻潘，海寧人，居硤石。順治二年六月，舉人周宗彝起兵硤石。八月望，師宵乘北關破之，華區與潘皆被俘。過南市橋，潘睨水欲自沉，華區密止之，曰：「汝死，兵且殺我！」潘乃語兵：「我從汝去，願得釋我夫。」兵釋華區，驅潘入舟，舟行十八里，至王店。水次，觀者方集，潘忽躍起，曰：「我硤石沈華區妻，義不任受辱！」奮入水。兵驚，捽其髮出水，潘力自沉，髮斷，繫以纆，益力自沉，纆絕，如是三，兵以刃舂其喉，遂死。師中有裨將歎其烈，出千錢爲斂。

陳某妻伍，華亭人。師下松江，陳家璜溪，兵至，斧陳首，伍奔救，兵舍其夫而縶之。伍曰：「毋縛我，我從汝去！」將登舟，躍入溪，死。當時死于溪者，諸生孫謬妻顧、徽州商孫氏之媪。

洪志達妻葉，歙人。順治二年，徽州初定，盜賊所在多有，志達偕葉避兵淳安鄭家村。明年二月，村人譁言兵至，志達與葉倉皇走，匿草中，游騎過，自草中曳葉出。志達習拳勇有力，踴自草中，奮擊一騎，仆，衆騎拔刀赴志達。志達徒手與鬬，衆騎且仆且起，環射之，矢中志達目，貫腦死。葉抱尸慟，衆騎挾之行，葉輟哭。馬行漸緩，度懸崖，葉曰：「勿持我急，我自能乘。」賊信之，遂縱馬向崖，衆騎自後從之，葉自馬上擲崖下，死。淳安人言其死且爲神，爲之祠焉。

羅章袞妻杜，羣聘妻田，淳化人。羣聘，章袞從子也，皆早卒。順治三年，寇至，城破，杜指牆閒井，語養女淑明、淑儀曰：「此吾曹死所也！」遂入井。淑明、淑儀相向哭，從之下。田與杜連牆居，聞哭，呼其女優姐，亦趨井死。

先一年，縣兵譟變，章袞姪女竇芳墮樓死，竇芳有從姊雁珠，明崇禎間死寇，竇芳方在娠，其母夢雁珠偕一女至，謂唐奉天竇烈女也，故命曰竇芳。既長，嫁三原房大猷。其死後雁珠十七年，俱以正月十五日死，死時年俱十八，鄉人合前後稱「七烈」。

王磐千妻顏，江西安福人。順治三年，遇寇，紾其臂索賄，顏詫曰：「此手乃爲賊執耶。」投水死。

何大封妻阮，無爲人，早寡。有授物誤觸其手者，引刀斷指，血濺尺許。

方希文妻項，名淑美，淳安人。順治三年，明潰師掠縣，希文攜家避兵西坑。以妾子病，謁醫。兵驟至，縱火。火將及，婢請項出避，項曰：「出，死于兵；不出，死于火。死同，死火不辱。若能死，則從；不能，亟出！」希文故有藏書，項積書左右，坐其中，火及，書燼，項殉焉。

廖愈達妻李，妾汪、張，泰寧人。李讀書通大義，教二妾章句。愈達從外歸，聞李疏「仁」字，教二妾，語諄諄。愈達入而笑，李正色曰：「志士仁人，有殺身以成仁，毋求生以害仁！」順治三年，愈達將妻妾避兵，或傳崇禎十七年京師破時，檢討汪偉與其妻耿殉國事，李以告二妾，相持而哭。師漸逼，愈達與妻妾夜走南石砦，師至，攻砦，愈達率妻妾避砦口。或呼師自砦後入，李即從砦口展手投崖下。愈達挈二妾匿巖石中，搜山兵至，張亦投崖死。愈達出金遺兵去，汪堅持愈達衣，伏其後，頃之，遙見師中出裨將，朱纓窄袖，指揮從卒巡山。汪大哭曰：「君善自保！」亦投崖，激于石，身裂若支解。師退，愈達及諸同避砦中者皆得脫。

葉芊妻謝，寧都人。六年冬十月，明將揭重熙等以師赴南昌，駐寧都兵掠得謝，部曲將悅其色，問家世，謝從容具以對，因乞得沐浴，部曲將許之，遂入室，以鬀鬢刀自揕其喉，死。

姚文璠妻劉，名滿，福清人。文璠鬻香于市，順治三年，海寇至，索錢無所得，截文璠首去。滿舁尸還，舐血縛布綴於頸，斂畢，乃言曰：「我恨不能手刃賊，獨以死報君。」首觸棺，仆，久之，甦，請以兄公子爲後，盡鬻衣珥營葬。越三年，清明上冢，歸，屑金咽之，死。

毛翼順妻陳，亦福清人。順治四年，翼順死于寇，舁尸還，血溢于鼻，陳舐血，斂畢，不食七日，自經。

王三接妻黃，曹縣人。三接官汾西知縣，黃侍姑田家居。順治五年，李化鯨亂，破城，姑、婦皆被執。黃語賊曰：「釋我姑，我與金帛，惟爾欲！」賊釋其姑，黃度姑行遠，乃罵曰：「吾家清白吏，安有厚藏？吾名家女，命婦，豈肯從賊？有死而已！」賊磔之。

當時爲賊殺者，劉琰妻邢等九人；投水死者，王躋聖妻韓等七人。

程顯妻朱，新建人，明宗室女也。以其姪爲子婦。順治五年，金聲桓爲亂，顯自南昌將家人入山，道遇兵相失。或傳顯已死，朱謂子婦：「翁死，吾不獨生，汝奈何？」婦曰：「死耳！」朱縊樹上，已絕，兵救之，甦，復觸樹死。婦亦起觸樹，兵前持婦，婦齧其指，奪刀自剄死。

劉元鏜妻吳，妾朱，南昌人。元鏜亦將家人避兵，兵及，棄抱中兒道旁廁而走，吳伏溝草。朱爲兵得，縶以行，經溪，躍，縶絕，兵斫其頰，死。吳出草，行數十武，遇鄰媼，脫簪求扶持。兵復至，吳握髮仰天號曰：「夫邪子邪！吾其死邪！」兵挾刃逐之，行赴陂死。是役諸女婦死者至衆，靖安舒調熙妻朱，救夫；豐城熊嗣蕃妻胡，及從子有恆妻沈，從夫救舅：皆死。而新建徐文璠妻朱，割乳斷首；進賢胡永益妻胡，刃出背：死尤烈。

應氏婦，鄞人。貧行乞。順治六年，海寇至，匿郭東廟。寇欲汙之，堅不從。旣仍僞諾，出廟，將入井，寇復牽以入，終號泣不就，死亂刃。

平陽婦，不知其姓氏。順治七年，姜瓖亂，爲其徒所掠，過定州唐城村，刺血題詩于壁，並爲序自述，略言：「明月在天，淸水在旁。得自盡于此，上不媿父母，次不慚婿，庶幾與水同淸，與月同明。」遂自經死。

殷壯猷妻李，豐潤人。順治中，壯猷爲臨藍參將。十一年，孫可望攻臨藍，壯猷築城以守，圍久不解，出戰，死。李以印畀次子質，揮使出避，而與長子文自刭死。

楊昌文妻袁，安義人，或曰建昌人。順治間兵亂，父母迎袁歸，袁不可，曰：「棄姑避兵，不義。」兵至，伏地請死，斫數刃去。家人歸，努目問：「姑無恙乎？」曰「無恙」，乃瞑。

諶日昇妻陳，高安人。順治間，金聲桓亂，爲兵掠挾上馬，力拒，中八刃，剖心斷脰刳孕死。

陳某妻萬，萬縣人。康熙間，譚弘亂，被執，殺其懷中子。萬詭言家有藏鏹，賊使其徒從以往，過懸崖，奮起，擠賊墮，亦自投死。

林應雒妻莫，梁學謙女，吳師讓妻某，黃某妻李，皆新會人。應雒、學謙、師讓皆諸生。順治十一年，明將李定國攻新會，城守閱八月，食盡，殺人馬爲食。莫代姑，梁女年十一代父，黃、李代夫，皆死。李之死，兵持首還其夫，使葬焉。

文秉世妻梁，鬱林人。李定國掠州，梁爲兵掠，迫上馬。梁哭，據地罵，兵殺之。越二日，秉世得其尸，目未瞑也。

文氏女兆祥，文樞妻陸，灌陽人。定國兵至，姑嫂避火星山箐中，兵入，自殺。

何氏女，昭平人。是歲師逐定國，避兵思庇冲。或迫之，死。

王氏三女：長亥娘，次竹姑，次酉娘，博白農家女。康熙十九年，避寇宴石巖，寇攻巖，姊妹皆投崖死。

陳心俊妻馬，伏羌人。年十九，寡。順治初，流寇據城，其渠聞馬有色，遣人强致之。馬居樓上，揮雜器物擲樓下，厲聲叱其人曰：「白若渠，欲强汚我，惟有頭可斷耳！」渠聞，亦愕曰：「烈婦，烈婦！」卒得免。

郭俊清女蓮姑，巴州人。嘉慶二年九月，教匪破城，掠以去，女罵不絕。賊褫其衣，罵愈厲，殺之，書其背曰「烈女尸」。

張問行妻楊，秦州人。同治間回亂，破其堡。楊遣三子行，持厨刀倚扉罵賊，賊剺其口至耳際，罵猶不已，遂死。賊舉扉掩其尸，書其上曰：「此張監生妻楊烈婦，毋損其尸。」

張聯標妾傅，泰順人。聯標爲羅陽知縣，傅從，年方笄。山寇破縣，被執。賊渠令其徒百方誘之，不從。一夕，擁至渠所，諸賊執刀夾左右，怵以死，終不屈，乃縊殺之。

林乾妻程，漳浦人。有殊色。康熙元年，縣有劉暢者，爲盜馬婆山。掠程至，將汚之，不從。使他婦甚之曰：「我曹已至此，卽完節，誰復能信？」程曰：「吾自行吾志，非求人信，豈能效汝曹無恥耶！」暢殺之。

楊應鶚妾佟，奉天人。應鶚官貴陽同知，吳三桂叛，檄署官，應鶚力拒，乃置諸順寧。師將入滇，郭壯圖使殺之，應鶚罵使者。佟曰：「大丈夫當毅然引決，無戀戀如兒女子！我請爲公先，不使公遺憾。」遂縊，應鶚亦縊。

黃居中妻吳，居中失其里貫；吳，豐順人，廣東饒平鎭總兵六奇女也。康熙中，居中爲蒼梧教諭。十三年，孫延齡叛，梧州戍兵應之，入其室，吳曰：「封疆之事，固知非若曹所能，若曹其俘我乎？我將待之！」奮擊，殺二人，自伏劍死。

胡守謙妻黃，閩人。守謙武舉。當耿精忠叛，守謙投書城外，言賊必敗，狀爲守者所收，送郊外殺之。黃請代，不許。乃求得守謙首，綴於尸。葬畢，自具棺衾，飲藥死。

沈棠妻俞，莆田人。年十八，美。耿精忠兵至，執俞，並及棠。俞計脫棠，乃抗賊。賊威以刃，就刃；迫以火，赴火；幽之，遂自縊，賊磔其尸。

同時福清陳得棟妻蔣，陳雲元妻周，皆爲賊磔。莆田林振先妻鄭支解，永安黃尾四妻鄭刳孕，貴溪傅護妻薛剖腹，臟腑盡出。

汪二蛟母徐，妻戴，開化人。康熙十三年，耿精忠兵入浙江境，開化陷，二蛟及母、妻行避賊。賊至，縛二蛟，驅其母、妻以行。行過大澤，戴厲聲曰：「得死所矣！」徐應曰：「待我！」賊持戴袖，戴絕袖，抱子自投澤中，徐與俱下。二蛟大呼，縛盡絕，亦赴水死。

後二年，開化復陷，劉章壽妻徐，爲賊渠所得，置樓上，令兩卒爲守。婦陽謂守者：「事已至此，幸語若主，欲婚我，當具禮。」卒告渠，渠盛服佩刀上，婦迎坐，解刀置案上。復陽言：「奈何不爲我具衣飾？」渠諾而下，婦取刀弄之，拔出鞘，忽引自刺。守者前奪刀，婦揮刀斷其臂，遂自剄，渠裂其尸。

黃嘉文妻蔡，名慧奴，黃巖人。康熙十三年，耿精忠之徒陷黃巖，明年，師復黃巖，以黃巖民嘗麗賊，俘焉。蔡及其子女屬杭州駐防將，將豔蔡，欲以爲子婦。九月壬申，將召蔡喩指，蔡取壁閒刀自剄死，將投其尸於江。時軍中得俘輒責金贖，嘉文方求金杭州，至，則蔡已死，乃贖子女還。蔡父行求蔡尸，十二月丙子，風作，江潮涌，蔡尸乃出，距蔡死九十有九日。嘉文還，言子女得贖正同日。

徐明英妻吳名，宗愛，字絳雪，永康人。宗愛幼慧，九歲通音律，十餘歲卽能詩，善寫生，閒作設色山水。明英卒。康熙十三年，耿精忠將徐尙朝攻處州，略金華。六月，游兵至永康。尙朝嘗官浙東，聞宗愛才色，乃使脅宗愛族人，求宗愛，勢洶洶。宗愛乃曰：「未亡人終一死耳，行矣，復何言！」賊遣迎宗愛，以兩騎翼宗愛行。至三十里坑，宗愛紿騎取飮，投崖死。宗愛二女兄皆能詩，而宗愛尤工，所著詩二卷。

長清嶺烈婦，不知其氏，諸暨人。康熙十三年，盜朱德甫占縣紫閬山爲亂，吏發兵討之，婦見掠，與其子倂縶。婦好謂兵：「吾旣被獲，復何言？吾夫祇此子，請俟其追至，以子歸之，吾從汝去耳。」行至長清嶺，其夫奔而至，婦復請以子授其夫。度父子行已遠，自擲崖下死。

韓昌有妻李，秦州人。康熙十四年六月，遇寇，李負幼子，行遲，爲賊及。李批賊頰罵，賊刃之七創，項未殊。昌有舁之歸，夜而蘇，謂昌有曰：「必葬我松下！」又七日乃絕，昌有葬之松下。

馬雄鎭妻李，雄鎭自有傳，李不知其里貫。雄鎭爲廣西巡撫，孫延齡反，遣子世濟如京師告變，旋見執，幽四歲。康熙十六年，吳世琮攻殺延齡，遂戕雄鎭及其二子。李及妾顧、劉，女子子二，世濟妻董，妾苗，同日死。雄鎭初見執，置其孥別室，妾趙及世濟子一、女三皆以飢寒死。於是雄鎭二女相要同死，妾顧亦願從。及雄鎭見執，守者梯垣以告，二女謂顧：「今日當踐約。」爲繯于梁，語顧曰：「夫人諸母行，宜位於中，雖顚沛，不可失序。」顧曰：「我妾也，又無出，何敢與諸母齒？」再讓，乃先縊。幼女年十五，弱，手不勝綆，久之，環不就，呼曰：「姊助我！」長女年十八，應曰：「妹怖死耶？吾助妹！」已，皆縊。董先二女縊，綆再絕，再仆地，傷額及足，三縊乃絕。苗與劉後二女縊，李視諸人皆死，曰：「姑婦子女，皆幸不辱身，我無憾矣！」乃亦縊。

顧，名荃，字芬若，豐潤人，能詩畫。

沈瑞妻鄭，瑞附見其從祖志祥傳。鄭父斌事鄭錦，私署禮官，蓋亦錦族。瑞嗣封續順公，駐潮州。錦兵破潮州，送瑞臺灣，時瑞年十五，斌蓋以此時婿瑞。居數年，錦部有傅爲霖者謀爲反間，事洩，辭連瑞，錦繫瑞及其孥，而以鄭歸斌。鄭泣謂斌曰：「兒旣歸沈氏，生死與共！請遣兒同繫。」斌使處于別室。及瑞將死，問：「夫人安在？」或以告，解帶使訣鄭，鄭遂自經。

傅璇妻黃，名棄娘，臺灣人。璇，爲霖子也。爲霖事敗，錦俘其孥，棄娘有兄銓爲營救得免。爲霖、璇皆被殺，棄娘矢殉，銓寬譬之。棄娘曰：「今日之事，子爲父死，妻爲夫死，復何言！」卒自經。

劉崐妻張，保寧人。崐死烏蒙之難，語在忠義傳。崐旣死，賊遂破城，張冠帔坐中堂，呼女易璋、可璋及妾吳，戒毋辱，出崐佩刀示易璋，易璋泣而跪，張斫其肩死。可璋亦跪，張慄，刀墮，可璋曰：「母怖耶？」拾刀自蟿，亦死。張語吳：「汝將三歲兒，好自匿，存張氏後。」吳號，抱張膝，張且歎且迴刀自殊，頸且斷，危坐几上。吳揮乳母抱兒速去，拜張前，引刀銜喉，死几下。雍正八年八月事也。乳母逃山中，卒全張氏後。師定烏蒙，錄崐死事，張、吳易璋、可璋旌贈如例。

楊天階妻關，開化人。天階爲烏蒙守備，城破時戰死。亦有女子子二，長曰鳳，次無名，關聞天階死，謂二女曰：「我當死，汝姊妹宜求自脫。」二女泣曰：「父已死，兄不知存亡，何以爲生？」遂對縊。關自剄死。

烏蒙女，不知姓氏，里居烏蒙。倮亂，掠子女財物，女子年少者，頭人自取之。女與其曹二十餘輩立棚下，日暮，頭人持刀入，叱諸女去衣，不從。擊以刀脊，次及女，女年十五六，有容色，堅不從。頭人欲擊輒復止，小倮告有以酒食賀者，頭人擲刀出。倮營中爲坑，爇薪炭禦寒，女挾頭人所棄刀立坑後。頭人醉，復入就女，張兩手將抱持，女迎刺洞其胸，仆地死。衆倮驚，就視，女已自剄，羣碎其尸。

劉亭基女，字滿，湘潭人。亭基官臺灣府同知，權知彰化縣。林爽文之難，亭基殉焉。滿年十六，自沉廳後池，池淺不得死，輾轉泥中。賊大至，曳之上，滿罵曰：「我名家女，豈懼死乎？汝曹生太平，乃爲逆亂，官軍至，汝曹當萬段！」賊劃其口，劓其鼻，罵愈厲，乃殺之。

臺灣平，得旌，臺灣之民私謚曰貞烈。

滕士學妻滿，向宗榜妻滕，滕作賢妻楊，滕家萬妻黃，皆麻陽高村人。乾隆六十年，苗亂，掠高村，入士學家，擊滿以梃。滿怒罵，苗抉其目。罵愈厲，遂斷舌剖腹，寸磔死。滕繃其兒走水次，求舟將渡。苗逐之，執其手，滕怒罵，苗殺其子，滕躍入水死。作賢、家萬皆爲苗殺，楊自刭殉。黃爲苗掠至八斗山，紿苗入深林，解刀搗其胸，殺之。走求家萬尸巖下，亦自經殉。高村又有婦，以舅方病，不忍去。苗至，將殺其舅，婦奪刀刺苗，殪，遂自刭。

陳世章妻朱，義寧人。世章爲湖北保康知縣。嘉慶元年，曾世興爲亂，保康故無城，賊驟至，朱懷印坐。賊挾刃索印，朱曰：「我命婦，印在此！汝曹何敢奪？」賊以矛貫其胸死。

薛中傑女，洋縣人。嘉慶二年，教匪掠縣境，女年十六七，從家人行避賊。爲賊得，置馬上，女罵，躍，仆地，賊掖之起行。經益水濱，自擲入水。方冬，水落，不卽死。賊岸上立，好語招使上，女益匍匐求深處，賊攢矛刺之，死。

傅瑛妻周，寶慶人。道光間，教匪起，周方在母家，從母匿叢栗中。賊擁入，鄰婦先匿者羣叩頭乞哀，周語母曰：「死生命也！奈何降志於此曹乎？」乃舉袂蒙其首伏母懷。賊迫視之，美，挾上馬，二賊挾以行。周罵賊，賊撫其背爲好語，周以指剺面罵益急。賊刺其脇，推墜馬，死亂刃下。

任寨邨二十烈女，任寨邨寶豐縣村也。嘉慶五年，教匪至，距村不十里，村民出禦。此二十人者，與同村諸婦避於樓。教匪入村，攻樓，不能克，乃收禾黍積樓下，環而焚焉。火熾，樓中諸婦有穴牆而跳者，或欲與二十人俱，二十人同聲曰：「教匪盈野，理難自拔，萬一求死不能得，何顏食息于人世？死于刃，死于水，死于火，死同也。惟畢命於此，吾儕志決矣！」俄而風起，火益怒，樓燼，二十人殭。二十人中已適人者，何李氏、張王氏、劉王氏、馮劉氏、傅李氏、任趙氏、任周氏、任宋氏、任邱氏、任張氏、任趙氏、趙葉氏、李張氏、張趙氏、崔郝氏；未字者，何氏、馮氏、傅氏、熊氏、崔氏。

王自正妻馬，秦安人。嘉慶五年，教匪破縣，馬被掠，罵不已，刀脅之，益厲，皆裂血，賊積薪焚殺之。

强逢泰妻徐，韓城人。逢泰父克捷，嘉慶間官滑縣知縣。十八年九月庚午，李文成之徒爲亂，克捷及其妻殉焉。前一月，逢泰將其弟望泰歸取婦。亂作，徐罵賊不爲屈，賊縶徐釘著廳事柱上，臠割之，棄其骨。事聞，仁宗以徐死事烈，命謚節烈，贈恭人，附祀克捷祠。

方振聲妻張，大興人；陳玉威妻唐，臺灣人。振聲官嘉義縣斗六門縣丞，玉威官臺灣北路協把總。道光十二年十一月，盜張炳爲亂，遣其徒黃城攻斗六門，振聲、玉威與千總唐步衢拒戰，皆死之，張、唐殉焉。張罵賊，劓鼻剜舌死尤慘。其幼女亦從死。宣宗命張、唐並謚節烈，附祀振聲、玉威祠。終清世，婦人得謚者凡三人。克捷、振聲、玉威語在忠義傳。

寶豐二婦，不知其氏，縣察河寨人。道光中，教匪爲亂，官軍逐捕，以車載火藥留置寨中，爲教匪所詗，將攘而有之。攻寨急，隳其一隅爲陂陀，肉薄以登。二婦見賊入，大呼曰：「寨破矣！火藥且資賊，奈何？」寨中人皆潛避，無應者。二婦從風而火，藥盡焚，煙涌塵起，蓬勃雺晦如夜，賊自相鬬殺，二婦燔焉。

戴鈞衡妻李、妾劉，桐城人。鈞衡，文苑有傳。咸豐初，洪秀全之徒攻縣，鈞衡避舒城，

李、劉及二女居。寇至，仲女年十六，抗刃死，李、劉皆被掠。寇使他所掠婦與李處，李陽與

諸婦語，納手入袖。忽口噴血仆地，視之，刃刺喉死。寇欲褫其衣，其侶呼曰：「此烈婦！汝

褫其衣，吾斬汝！」諸婦防劉益嚴，劉受李誡，以間脫其幼女囚。兩月餘，不言，不櫛髮。一

日，寇欲汚之，乃大駡。寇怒，殺諸東郊外，駡不絕。曰：「吾今可以報女君矣！」遂死。

陳吉麟妻周，臨川人。咸豐間，洪秀全之徒破縣，周與女仙英走銅嶺，賊及之，加劍于項，逼之，不肯從。殺仙英，愈怒，批賊頰，賊殺之。尸提其首而立，賊爲之驚走。

同時淩傳經妻楊，彭澤人。與姑匿山中，賊搜得姑，楊持刀奔赴。賊舍姑與鬭，力盡，爲賊支解。楊同縣又有賈蓮品妻韓，擲賊，爲所磔。

秦耀曾妻畢，耀曾，江寧人；畢，鎭洋人，湖廣總督沅女也。耀曾以舉人官郎中。咸豐三年二月，洪秀全攻江寧。畢年將八十，城破，集家人告曰：「吾家人受朝廷恩，於義當死。爾曹皆朝廷百姓，平日受承平之福，今寇亂，可愛死乎？且爲賊得，必有求死不得者，悔何及！」乃服命服，扶杖赴水死。從者數十人。

曹士鶴妻管，名懷珠，字藏眞，亦江寧人。士鶴官陝西淸澗知縣。城將破，與士鶴兄妻

李縊朱氏祠樹上，自書衣襟曰：「陝西清澗縣知縣曹士鶴妻管氏爲國死於此。」

謝石全妻廖，曾石泰妻黃，葉金題母胡，繆勝雲妻黃，皆定南人。咸豐六年，粵賊攻城，廖、黃皆助城守。廖執刃登陴，歷數十晝夜。一夕，依堞視賊，爲飛礮所中，遂卒。黃佐石泰殺賊，賊攻城東南隅，黃赴救，中火鎗，猶大呼殺賊，死城上。八年，賊復至，攻胡所居村，金題從鄉兵禦賊，胡握析薪斧，踣賊十餘。力鬬，被重創，與金題俱死。勝雲所居曰繆家莊，土寇作，黃與妯娌發火箭殪賊。賊踰屋入，勝雲與其父皆死。黃揮刀巷戰，久之，賊大至，自剄死。

石時稔聘妻劉，名畝和，吳縣人，家洞庭山。時稔卒，劉得請於父母，奔喪，奉姑居。咸豐十年夏，洪秀全之徒破蘇州，洞庭山民拒守。閱歲餘，力盡。賊自山前入，劉盛服待水次，誓死。居三日，賊不至，姑挽令入室，劉問：「何以得免？」則曰：「率錢輸賊兵。」劉躍起，哭曰：「是乃降也！降則此賊土，吾賊人矣。吾以爲三日中，若輩與賊決死戰耳。今若此，何用生爲？」姑與家人輩力勸毋死，劉好謂曰：「我三日不入戶，憊矣！且少休。」入室，卽夜自經死。留一紙，自書生死年月日。

章瑤圃女亥姑，餘杭人。咸豐十年，年十五。六月庚午，賊至，亥姑抱柱堅不釋，賊擊之，十指皆創，抱柱如故。賊斫其肩背，亥姑罵曰：「恨不爲男子殺爾輩盡！」賊剸其頸死。

戴可恆妻朱，可恆，仁和人；朱，長興人。可恆父熙自有傳。咸豐十年，杭州破，熙殉。朱具衣衾，視斂如禮，從可恆轉徙。明年，復還，賊復至。圍急，朱方爲詩詞自若，曰：「我自爲計久矣，何懼！」城破，朱語可恆速將子出避，賦詩矢死。不食兩日，未絕；自經，絙斷，又未絕；夜入池死，卽熙死節處。熙死時，少子穗孫妻孫，方歸省，聞卽仰藥殉。其祖母姚、母閔，及諸弟、妹皆死，凡七人。

金福曾妻李，福曾，秀水人，有傳；李，餘杭人。福曾父鼎燮，官臨安訓導，寄孥杭州。洪秀全之徒再攻杭州，圍久食盡，雜啖草木，甚至煠雨屐緣革爲食。城將破，李與福曾矢必死。尙餘銀餅一，爲福曾縫置複絮中，謂窮途得此，猶可且夕活也。俄，賊大至，投姻家洪氏屋後池死。同時鼎燮殉臨安，鼎燮弟鴻僖妻胡，避臨安村間，爲賊所迫，矛舂其喉死。咸豐十年，賊破嘉興，福曾之族諸婦女死者，衍芹妻倪、衍科妻鍾、鴻鑑妻徐、鴻墀妻許、鴻勛妻潘、鴻勩妻胡、鴻綬妻顧、鴻紱妻屈。徐、許皆有女從死。振聲妻張，賊將至時先自經殉。

張福海妻姚，錢塘人。福海官廣東曲江知縣。姚家居，寇至，城圍合，米盡食麥，麥盡食糠粃，糠粃盡食馬料豆。城破，賊脅姚行，姚奮起擊賊，被殺。同死者娣、姒孫、王，女杏珠，姪女滿、文、月。

邵順年妻伊，仁和人。順年，懿辰子，懿辰自有傳。杭州被圍，伊炊粥奉舅姑，輒忍飢不食。城破，俟其姑旣出，入井死。巡撫馬新貽上懿辰死事狀，附陳伊「生則以孝事親，臨難不求苟活，深明大義」，得旌。

順年弟順國妻劉，亦仁和人。順國爲六合知縣，卒。劉父堃方爲漢中知府，令以二子往。劉謂異鄉非可久居，以順國喪還葬。蒐先世藏書授二子，督就學甚嚴，二子皆成立。

陳某聘妻酆，海寧長安鎭人。未行而夫死，誓不嫁，奉父；父卒，爲立後。年四十餘，賊至，焚其村，酆自沉水甕中。賊去，戚族往視之，其廬燼，甕水沸，尸爲糜矣。

胡金題妻俞，金題，烏程人；俞，歸安人：家雙林。賊以有色，驅使行，不從，持刃嚇之，張目以頸就刃。賊笑曰：「癡女子！」乃縶以行。行數十步，有橋橫水，僉好語賊曰：「雨後泥濘，縶不可以行，乞捨我，我自從汝去。」復請以兩矛夾持以上，示無死意。至橋半，奮躍入水，賊怒其紿，矛刺之，死。

王氏女婉容，亦家雙林。賊掠其父母，婉容請于賊：「釋父母，我從汝去。」賊釋其父母。已入舟，婉容出戶呼曰：「我猶有語，請少待！」且呼且行，近水，疾躍自沉。賊操矛拯之，不上，遂死。

鄭德高妻與方其蓮妻，皆阮氏兄弟也，蘭谿人。賊破縣，德高、其蓮將其孥避北山。久之，德高、其蓮偕入縣，爲賊殺。二婦慟，誓死。一日賊奄至，二婦堅坐不爲動。一賊持矛入，倚矛於壁，呼二婦具茗，二婦不應。賊解佩刀擲地，曰：「不應且死！」二婦厲聲答曰：「我曹畏死，尙坐待汝耶？吾夫死于賊，今當殺汝！」遂躍起，卽取刀矛擊賊，賊徒手，被數創，大呼，羣賊皆至，二婦力鬬死。

周小梅妻湯，名碩人，常熟人。咸豐十年，洪秀全之徒陷常熟，小梅方赴鄉，湯率子漣香、女淑貞及幼子、女入井死。將入井，囑長子於鄰翁；脫戒指付老僕，囑持書報小梅，書曰：

「昨君出門，飯後卽失常熟，一夜未眠。今水窮山盡，當死義，恨不能一言爲別。願君平安，勿以妾母子爲念。寄戒指一枚，見此如見妾！」

楊某妻沈，名彩霞，金華人。生農家，有力，能舞大刀，重百斤。俗鬬牛，牛奔，彩霞手挽之，牛不得動。咸豐十一年，賊將至，鄉人集團練得數百人，推彩霞主之。時蘭溪諸葛燾團練過萬人，與相犄角，賊至則互救。洪秀全將李世賢自龍游至，彩霞乘其未定擊之，敗走。總督張玉良兵至蘭溪，暴於民，燾甚之。兵有自賊降者，僞爲諸葛氏之幟過金華索犒，彩霞察其詐，擊殺數百人。玉良告巡撫，謂團練殺官軍，互訐不已。賊又至，僞爲官軍裝，吏不復察，金華破，彩霞自剄死。楊某亦死亂軍中。

周世棣妻胡，鎭海人。咸豐十一年，賊掠世棣去，使市馬，以三賊監之行。世棣曰：「吾鄉故多馬，四人乃不足。」賊令募壯夫偕，世棣得鄉人同陷賊者六，導之至鄞東鄉。地僻，遂手刃三賊，其一實陽死，世棣未察也。遣鄉人自歸，矯賊令入寧波，出被掠男婦數十輩。夜半，陽死賊歸告其渠，將羣賊捕世棣，世棣逃走。賊執世棣母及胡，胡語賊曰：「吾家有藏鏹，請以吾質，遣吾姑發藏鏹，饋諸公。」姑已去，胡仰藥死，世棣母子皆得免。

蔡以瑩妻曹、妾馬，蕭山人。咸豐十一年，賊自嚴州循江薄蕭山，以瑩將妻妾子女避兵王家橋。遇賊，劫曹，將犯之，且罵且入水死。子景軾、女景良奔赴，與俱死。女景李爲賊掠，語賊：「勿相强，我固願從汝。」賊稍寬之。行近水，亦疾躍自沉。馬抱三歲子匿葦間，以瑩還，求得馬。賊復至，馬視道旁舍有采菱者所遺木罌，折枯木授以瑩使乘以渡。以瑩要馬偕，馬曰：「此非舟，不能勝二人。」出懷中兒投以瑩，曰：「以此子隨君去。」以瑩渡未半，廻望賊垂及，馬呼：「君勿念我，今與君永別！」赴水死，以瑩得免。

王永喜妻盧，永喜，開州人；盧，清豐人。咸豐十一年四月乙巳，盜李古考圍州城，永喜將出助守，語盧曰：「若聞礮，即城破，吾家世清白，愼勿爲賊汙！」盧曰：「諾。」賊至，舉礮相擊，城得全。永喜歸，則盧率二女自經死矣。二女：長曰印，次曰改。又有張氏婦，村居，賊執以去。見井，紿曰：「我渴甚，乞解縛飲我！」賊解縛，入井死。

劉崇鼎母張，都昌人。咸豐間，洪秀全之徒攻縣，縣人治鄉兵，推崇鼎主其事，崇鼎謝母在。張曰：「人誰無母，皆以母謝，誰當殺賊者？」崇鼎受命主鄉兵，張出家財佐餉。賊至，崇鼎請母避賊，張泫然曰：「未戰而先策敗，人心散矣！有進尺，無退寸，此外復何顧？」崇鼎雪涕出戰，敗死。張聞敗，曰：「崇鼎死矣！」遂自經，未絕；賊已入，張出，坐堂上，罵賊，死之。

武昌女子，不知其姓氏，在賊中號爲朱九妹。咸豐間，洪秀全破武昌，驅以東，至江寧，楊秀清欲納之。女侍飲驩甚，潛置毒酒食中進秀清，持之急，秀清察有異，磔死。

滄州女子，亦不知其姓氏，同治七年，張總愚北攻滄州，其黨得此女，獻總愚，總愚使執役。女袖出剪刺總愚，傷其臂，羣賊集，立醢之。

費某妻吳，費某，德清人；吳，處州人，失其縣。父景藩，爲湖州運糧千總，因以女歸費。早寡，事祖姑甚謹。洪秀全之徒陷德清，景藩他徙，吳囑以子而留事祖姑。賊大至，追吳，將汙之，不從。賊抽刃出，祖姑與相向哭，吳慷慨求死。賊縶之樹上，曰：「我出汝心，觀汝心堅否？」刃剚胸，出心，堅如石，賊大驚。就德清人求其姓氏，曰：「此婦殆有神！」

冷煜瀛妻盧，義寧人。煜瀛官都昌訓導，洪秀全之徒破縣，死之。盧伏哭煜瀛側，爲煜瀛理鬢，厲聲罵賊。賊斷其舌，死，手猶握鬢弗釋也。

陳兆吉妻余，亦義寧人。義寧破，賊殺兆吉。余方妊，駡賊，賊刳其腹，兒逐刃墮，呱呱泣，賊驚走。其渠聞，爲之少戢。

蔡法度妻簡，新淦人。簡早寡，美。洪秀全之徒攻縣，名索簡，言不得屠蔡氏。蔡氏大恟，簡曰：「是無難。」艷服乘輿出，方度谿橋，驟自輿躍出，入溪水。溪水急，求其尸，勿能得。

張守一女春英，山西人，寓海城。同治二年，回亂，守一已卒，弟、妹幼，母悲泣。春英陽語回：「能脫我母及弟、妹，願相從。」回遣兩騎使守一舊僕護之行。春英度去遠，入井死。

王占元妻楊，臯蘭人。同治四年，回亂，楊從家人匿山穴中，爲回所得。楊曰：「如愛我，幸毋傷我姑。」回驅楊去，至一村，回入掠。楊語途人曰：「我王占元妻，將死於此。乞寄語吾夫，速負母遠遁！」遂入井死。

王秉堃女翠環，固原人。亦爲回得，欲挾之去，翠環曰：「釋我父、兄，可。」回釋其父、兄，曰：「我弱不任騎，願以輿行。」回喜，俾以輿行，女輿中餌毒，未至回所，死輿中。

魏克明女秀蓮，涇州人。同治七年二月，從兩兄行避兵。回至，次兄中矛死。秀蓮跪請活長兄，回許之。長兄脫走至山麓，遙望回迫秀蓮乘馬渡水，至中流，墜水死。

劉慶耀妻廖，龍南人。慶耀貰酒自給。同治三年，賊至，廖持刃衞姑出。賊執姑，廖揮刃斷賊腕，姑得脫。賊鬬廖，廖殺二賊，力盡，刳腹斷舌死。

歐陽維元妻曹，崇仁人。姑早寡，年九十九矣，賊急，曹奉姑走太浮山，遇賊，姑見殺。曹與維元擊賊，皆死。

李盤龍妻鄧，永新人。賊攻縣，鄧與族娣、姒走，遇賊仕坪。三婦共鬬賊，皆死。娣、姒失其氏。

黃氏女，名婉梨，江寧人。咸豐三年，洪秀全破江寧，婉梨方五歲，有母，與兄弟居。同治四年，師克江寧，有兵入其室，殺其母及其兄弟，縛婉梨置舟中，謂將歸湖南。婉梨好語兵：「至汝家，當妻汝，舟中毋相逼。」時有金眉姑者，亦被掠，自沉於江，婉梨舉以怵兵，兵不敢犯。月餘，將至其家，驅就陸，兵遇其侶，與俱投逆旅，二人方共飲，婉梨見牖上有毒鼠藥，潛置食中。夜分，一人毒發死，一人毒淺，未卽死，婉梨掣所佩刀剸其腹，題詩壁間，述始末，自經死。

程氏女，名季玉，歸安人，從父居蘇州。蘇州陷，其父以醫卜自活。師克蘇州，季玉與其父相失，就鄰媪匿桃花塢。其女兄爲部曲將所得，脅季玉去。季玉自經，不死，作絕命詩畀媪，使他日告其父，入井死。

韓肖朱妻郗，趙州人。姑瞽，張總愚自柏鄉向趙州，郗奉姑走欒城。賊驟至，姑曰：「我瞽不能行，汝可疾逃，無以我累汝！」郗侍姑終不去。賊見其少，將縶以去，郗請訣于姑，賊稍緩，郗急趨赴井。賊持矛逐之，郗張兩手以拒，迴身墮井死。賊去，出其尸，矛創七。

張醴仁妻王，武强人。張總愚之徒入縣境，王避亂深州。賊至，王與婦女數百自沉于滹沱，水淺，不卽死。賊據河濱村二日，饑凍顚踣，一婦哭曰：「此不卽死，不如死賊刃！」王曰：「見殺于賊辱甚，不如水死！」三日僵立死。

同縣許氏女，從其父避賊。行遇賊，女促父速去。父陟岡望之，賊授女鞭令上馬，女持鞭鞭賊，罵曰：「豎子！安敢爾？」賊縶女，挾刃迫之，女罵如故。刺其腕，刺其肩，罵如故，遂見殺。

李氏女，名蒲，饒陽人。亦從父避賊。賊至，將劫之去，女抱持父，坐于地不起。父令從賊行，道側有井，父顧曰：「蒲，井也！」蒲疾入井。賊並擠其父入井，同死。

楊某妻吳，武進人。子傳第，以舉人官知府。客河道總督幕，迎吳居黑堈。黑堈在開封北，濱河。同治三年八月，捻匪攻開封，未下，掠黑堈，吳罵賊死。傳第從河道總督在開封，聞母死，大慼。以爲不能豫戒，陷母死，爲母撰行述，成，仰藥死。

康創業妻，與李鴻業妻，皆邸氏，兄弟也，深澤人。同治七年，張總愚黨掠縣境，方歸寧，從其父半千登屋避。賊登，刺半千死，姊持梃擊賊，妹奪賊刀殪之。賊踵登，揮刀墮梯下，斃。賊發鎗，妹仆，姊被數十創，亦死。

王書雲妻谷，亦縣人。書雲精針灸，谷傳其術，活婦女無算。賊至，矛刺其子鳳銜仆，谷操杖擊賊眘。賊縱火，與其子鳳德、鳳桐，女然文，皆死。

王有周妻楊，玉門人。早寡，撫三子漢連、漢元、漢科，皆長。同治三年正月，回攻所居堡，急。楊使漢元間道詣肅州請兵，漢連以其人出禦。楊聞砲聲急，意堡破，將二女孫入井死。漢連妻張挈次女自經，漢元妻李率次女飲酖，漢科妻李及子三、從女一、女甥一皆自剄。踰時回敗去，漢連歸，則家人皆狼藉死矣。

張金鑄妻段，平涼人。同治間，回亂，金鑄跳而逸，段未得從。回至，脅以刃，不爲屈。砍項折，未殊，猶怒罵。復斷其左臂，乃仆，回委之去。金鑄歸，段尚能語，曰：「我家長物，盡爲寇掠去，惟敝書數帙，我取置懷中，君可將去！」又曰：「我且死，君當速行！勿以我故留，寇復至，君將不免。」金鑄取懷中書欲去，返顧，段已絕。

王氏二女，香蘭、纓娃，秦州人。同治八年，回亂，掠香蘭。悅其色，以好言誘，不從；刃脅，不屈。欲走投崖，爲賊追及，支解死。纓娃年十六，尤麗。賊縶以行，纓娃唾賊面罵，不少怯，亦見殺。

馬安娃妻趙，秦州人。莊而有容。回亂，見執，罵賊，劙口，被數十創而死。安娃母田、兄妻趙皆死。

王之綱妻李，亦秦州人。扶姑避賊，賊及之，李捍賊刃，乞代姑，姑得間走，李乃罵賊。賊剜其左目，被十餘刃而死。

穆氏女，名芝，束鹿人。幼慧。同治七年，年十八，捻匪至，欲縶以去。女哀之，不聽，乃呼其父曰：「速去！勿相顧，兒自有以處之。」父行稍遠，芝厲聲詬賊，賊鞭之仆。賊曰：「汝陽死，豈捨汝耶？」就曳之，芝驟舉足創賊目，賊連刃刺之死。

張某妻蔡，秦安人。同治中，回亂，蔡有色，回使執爨，不可；與語兼嘲謔，蔡奪他賊刀刺之，傷賊手，見殺。

同縣程丁兒妻黃，執廚刀擊賊，不中，賊刳其腹，引腸懸樹上。

張氏女，小字純秀，年十七，有色。爲回得，堅縶之。女止哭，求弛縛，度峭巖，聳身自擲巖下死。

趙貴賜妻任，甘肅安化人。同治間，回亂，貴賜爲團勇，戰死。回入其家，任執廚刀伏戶側，回先入者，出不意，斫之，踣。餘賊挺矛入，任反刃自殺。

楊貴陞妻劉，伏羌人。回執其姑，將捶楚，劉請代，不聽，取廚刀殲一賊，因自殺。

多寶聘妻，宗室氏，多寶，赫舍里氏，失其所隸旗；宗室氏，正藍旗人，大學士靈桂兄女。未行，多寶卒，易衰絰，赴弔，立從子英綸爲後。靈桂以聞，穆宗書「未吉完貞」四字以賜。英綸亦早卒，妻鄂卓爾氏，蒙古正白旗人，大學士榮慶女弟。婚甫逾月，姑、婦食貧守節。光緒二十六年，義和拳爲亂，各國合軍入京師，城破，多寶弟和寶妻，率傭婦入井；多寶妻起，引藥飲其婦，視既絕，乃自飲，同殉。

公額布妻，西安駐防，失其所隸旗。善事姑，三十而寡，教二子奎亮、奎喜，有禮法。宣統三年九月，亂作，戒二子曰：「此我完節時，汝曹當努力報朝廷，毋念我！」城破，率二子婦及孫定炎、成惠、孫女三入井死。清中葉後，八旗多從漢姓，公額布妻姓關桑氏，奎亮妻關鄂氏，奎喜妻關白氏。

音德布女雪雁，西安駐防，正紅旗人。幼慧，粗解文字。亂作，從家人出避。行遇兵，有誘之者，雪雁引刀斷其指，血沾衣，誘者驚卻。又遇兵，强脅之，女大詬曰：「吾頭可斷，志不可奪！」兵羣起抶之，無完膚，女罵不絕，刃洞胸死之。

良奎妻，從漢姓曰石甘氏，荊州駐防，滿洲鑲黃旗人，爲駐藏大臣鳳全女兄。鳳全自有傳。貧，躬織紉供朝夕，諸子佐軍，迎母居武昌。宣統三年八月，武昌兵起，諸子將奉母出避，力拒曰：「吾七十老婦，死何憾！」諸子哭，麾之出，遽闔戶。翌日，兵大掠，與子婦二、女子一、孫及女孫三，皆死之。

連惠妻，從漢姓曰趙那氏，京口駐防，失其所隸旗。連惠咸豐間以前鋒從攻鎭江，戰死。連惠妻以節旌。宣統三年，年已逾八十。九月兵起，出走，兵抽刃擊之，未殊，罵不絕，被數刃，乃絕。血肉狼藉，白髮爲之赤。

根瑞妻，從漢姓曰王劉氏，京口駐防，鑲白旗人。父德永，有文譽，客授學子。根瑞妻服父訓，早寡，以節旌。無子，有女已嫁，依以居。聞兵起，語女及女夫曰：「吾年六十二，被旌，當殉變。爾曹將子女村居，得田十畝，耕且食，毋更求仕。」俄聞副都統載穆死官，即求死，輒救免，號泣不食，女及女夫跪進食，終不食，七日乃絕。

松文母吳，松文，荆州駐防，鑲藍旗人。同治初，從江寧，從漢姓爲馮氏。吳，荆州士人女也。事姑孝，早寡，無子，松文，其族子也，立爲後。松文子富倫渾，才而早卒，松文哭子慟，亦卒。松文妻康，富倫渾妻石，仍世守節。宣統三年，兵起，江寧駐防軍潰，松文母年九十三矣，慟哭，以仍世守節，義不辱，首觸牆死。康與婦石將諸孫自沉于水。康死，石與子、女遇救免，康與石不詳其族系。

姚叶敏妻耿，襄城人。叶敏早卒，事舅姑盡禮。立兄子爲後。武漢兵起，耿方病，襄城土豪爲暴，掠婦子爲質，耿懼辱，飲藥死。

陳某妻殷，秀水人。宣統三年，殷從夫在郴州。九月，長沙兵起，湘南諸府州應之，郴屬縣宜章、永興皆變，殷告夫誓相守以死。夫趣殷將子女徙湘鄉，依戚屬避兵，殷不可；强之，乃行。瀕行，部署瑣雜事井井，入舟，抑鬱，語子女：「若曹免矣，若父奈何？」湘鄉距郴千餘里，俄傳郴破，殷憂悸不食，面深墨，戚屬相慰藉，陽爲酬答。十月壬子夕，戚屬同居者，聞啓戶聲，旋聞其季女驚呼阿母起，燭之，就堂後門衡自磬死矣。

黄晞妻周，江陰人。晞父毓祺，明諸生，能文，明亡，發狂亡命。有司得晞繫諸獄，周聞自經，婢救之，不死；乃日餽獄饘粥，夏不施帷，恣蚊嚙，曰：「我遙與獄中共辛苦也！」晞入獄十閱月，事小解，得出。居無何，怨家告毓祺所在，死江寧按察使獄中。有司籍其家，捕晞兄弟，兼收周，周夜投水，不死；茹金屑，亦不死；乃詣府，藏刃刺喉，血衝溢仆地。知府驚其烈，問晞有女兄爲女僧，命舁置所居庵，上按察使請釋周，按察使不許，下縣令再收周。周創漸合，乃自歸，語縣役曰：「我不累若輩，第徐之，俟我死，持片紙去公家，事易了也。」手檢晞單衣一，付老僕曰：「主人行久，無衷衣備澣濯，汝以此寄之！」徐入室，闔戶自經乃死。時順治七年十月丁巳，年二十八。晞尙繫按察使獄，聞周死，爲文述其事，略言：「古成仁取義之士，所以趨死之道不一，由其一，皆可得死。婦獨多途徧歷，靡苦不嘗，而顛跌頓撼，卒死于家。一以顯百折不回之苦節，一以遂正命內寢之初心，天不可謂無意云。」晞輸八旗爲官奴，鄉人贖出之，得歸，爲童子師，至七十餘乃卒。

鄒延玠妻吳，武進人。延玠，明諸生，順治八年，逮繫江寧獄。十年，見法。吳自經，救不死。十二年，延玠喪還葬。十三年，有司復議收延玠家北徙。吳乃迎母至，夜將半，起，請母所曰：「兒今固必死，安能俛首求旦夕活，作長安纍囚婦耶？願母稍忍，成兒死。」母泣不能言。吳更衣拜佛，復向母曰：「兒欲爲母拜，恐傷母心，兒不敢。母老矣，勿以兒故過哀！」因出一扇，曰：「此夫子南京寄我者。」出一囊，曰：「有醫方，夫子所手校。有書，夫子生平所習。有髮，夫子獄中所留也，仍乞以殉。」復呼婢戒毋號。乃自燃燭，持囊及扇還入室。

時雞甫鳴，母及婢傍徨哭，不敢出聲。少頃，視吳，自經已絕。死前一日，苦熱，吳祝曰：「安所得甘雨乎？」遂雨竟日，人謂「節婦雨」。

陳生輝妻侯，單縣人。順治初，盜掠生輝使牧馬。縣北郭秦氏有馬，爲盜掠，生輝乘以歸。秦氏見馬訟生輝，生輝坐通寇死。侯事姑，喪葬畢，並葬生輝，設祭自剄。

田一朋妻劉，通江人。國初，一朋不從薙髮令，坐當死，吏並縶劉去。劉挾毒自隨，聞一朋將就刑，先服毒死。

蔣世珍妻劉，揚州人，失其縣。世珍，順治中爲廣東連平知州，有惠於民。嶺海初定，土寇數發，諜報旁縣賊數千人嚮連平，行至。世珍曰：「賊至，驚吾民，吾且往，權順逆强弱而爲之所。」單騎入賊中，諭其渠降，其渠爲引退。世珍宿賊營，翌旦乃還。守備吳章者，故與世珍有隙，誣世珍通寇，告總兵黃應傑，應傑啓平南王尚可喜，捕世珍赴惠州獄，劉繫置守備廨旁舍。章將無禮於劉，劉怒叱去。又遣婢說劉，劉曰：「死不可緩矣！」遂縊而死。世珍入獄病，亦死。連平民葬劉州南烏石坳，爲之碣，曰「正烈劉宜人之墓」。嘉慶二十三年，知州陳鵬來上其事，乃得旌。

王有章妻羅，益陽人。順治七年，盜殺有章父賡及家人男婦二十餘輩。越三年，又殺有章，惟餘羅及有章妹頭貞，皆斷髮剺面，號於有司。歷八年，乃論殺盜渠。羅謂頭貞曰：「我當報汝兄地下！」因不食死。頭貞初字曹氏子，曹氏子以其毁容也，遂罷婚。頭貞徙長沙，仇家有子赴試，誘至家，殪之。

樓文貴妻盧，東陽人。文貴，農也，有鵝啄其麥，文貴驅鵝，傷鄰兒。鄰兒呼，遂毆之，投水死。里豪喝文貴，使鬻妻以爲解。盧曰：「吾不忍生離！」文貴怵得罪，因求死，盧曰：「吾與汝同死！」遂入林偕縊。

沙木哈妻哈里克，滿洲鑲白旗人。沙木哈，兵也，爲弟三太所擊，垂斃，沙木哈妻誓身殉。沙木哈言曰：「我止一弟，我死，弟抵罪。守先墓，撫諸孤，復何人？汝當言於官，曲貰三太死。」沙木哈遂死。沙木哈妻叩閽，述沙木哈遺言，乞貰三太，聖祖命許之。沙木哈妻得請，卽自裁。康熙三年正月壬午，禮部疏請旌表，聖祖令立石冢上，書其事始末。

鄭榮組妻徐，西安人。榮組有族叔，無狀，毆其父，赴救，爲所殺。其子五元、七元遇仇於途，嚙其鼻。仇愬於縣，縣吏逮五元、七元，徐以寃白吏，吏不省，撞縣門碑死，時康熙二十七年六月事也。典史某爲具棺，露置城西鐵塔。越七年，知縣陳鵬年爲營葬，立祠於墓側。

張翼妻戴，名禮，烏程人。翼父韜，嘗知休寧縣，託翼於其友王毅，毅以女妻焉。韜卒，毅女亦死，繼室於戴。毅子覬翼產，康熙六十年五月，誘至其家，迫作券，毆之垂斃，擠墮水。舁歸，不能語，瞠視戴。戴泣曰：「我一弱女子，不能爲君復仇，當以死從君。」齧指以誓。越七日，翼死；又十七日，戴自經，衣帶間得絕命詩三章。

詹允迪妻吳，東陽人。允迪不嗛於族人，爲所中，坐危法下獄，吳期與俱死。至其日，盡出金珠畀所識貧乏者，散諸婢僕，詣獄與允迪訣，瞠視不語者久之，歸自剄。

蔡以位妻孫，侯官人。以位佐鹺商與私販者鬬而死，孫迎喪河干，自擲入水，以救免。其娣，即其姊也，責以撫孤，乃不復言死。官捕得私販者，法當檢驗，讞乃定，孫曰：「是重僇吾夫也！」乃大慼。官悲其意，爲杖殺私販者。喪再期，從容語其姊曰：「兒稍長，履韈可取諸市，不煩手自製矣。兒昔病瘍，今愈矣。不累我姊矣！」或曰：「姑在，旣祥，當更淺色履。」孫曰：「然，姑徐之！」至大祥，奠竟，入戶自經死。

楊春芳妻王，銅梁人。乾隆十七年，其家火，春芳臥病，王入戶，負以行。火逼不能出，子女奔赴，皆死。

王尊德妾唐，臨桂人。尊德年八十，病劇，鄰家火，唐欲負以避，力不勝。火迫，尊德揮使出，唐身翼蔽尊德，皆死。

竇鴻妾郝，字湘娥，保定人。十六爲鴻妾，能詩善弈，畫兼工花草、士女。有繩其才者，豪家謀奪之，不能。嗾盜誣鴻死，湘娥因自經。將死，爲絕命詞，矢爲厲以報。

章學閔妻董，名合珠，連江人。故爲婢，嫁學閔。學閔貧不自聊，走死深山中。董號泣求之，不知其存亡。逾年，有樵入山，若有聲䶂䶂，行見遺骼委於地，雙履在側。出以語人，董聞曰："得非吾夫乎？"亟往視履，其手製也，拾餘骨瘞焉，即夕自經死。

杜聶齊妻何，聶齊，泰寧人；何，將樂人。聶齊死於虎，何求得尸，解衣拭其血。斂畢，斥家財以葬，悉以其餘分戚族，遂自經。

張氏婦，宿州人。夫樵於野，遇狼，為所噬。婦求得夫尸，以鐮絕脰死。

寧化二婦，不知其氏。其一，夫嗜博，母閉諸室中，不與飲食，婦導使出亡。既，夫死於途，婦聞，自殺。其一，夫行竊，父將殺之，婦泣為請免。生二子，婦攜就母家。父卒殺其夫，婦聞，亦自殺。

清史稿卷五百十一

列傳二百九十八

列女四

長山鋪烈婦　胡二妻　唐之坦妻曹　李岸妻焦　方引禩妻毛
林其標妻韓　馮雲勷妻李　曹邦傑妻張　林守仁妻王
張四維妻劉　李長華妾吳　周兆農妻王　陳國材妻周
吳廷望聘妻池　李正榮聘妻霍　項起鵠妻程　于某妻蔡
張義妻李　黃敬升妻王　伊嵩阿妻鈕祜祿氏　張廷桂妻章
郝某妻單　陳廣美妻李　賀邦達妻陸　鄭宗墩妻陳　任有成妻陳
丁三郎妻　丁采芹妻孫　王如義妻向　狄聽妻王　林邦基妻曾

錢瀞甫妻汪　謝作棟妻王　繆文郁妻邱　黃壽椿妻管

馮桂增妾李　黃羲先妾彭　方恮妻趙　姚森桂妻宋

惲毓華妻莊　弟毓德妻許　姪寶元妻袁　曲承麟妻袁　尹春妻張

李氏　陳三義妻王　游開科妻趙　孫崇業妻金　張某妻田

張氏女　湯氏女　滄州女　張氏　孫大成妻裔　楊某聘妻章

孟黑子妻苑　北塘女　藍某妻　芮氏女　樂某妻左　蕭氏

黃氏女　吳氏女　顧氏　張氏　許會妻張　趙海玉妻任　殷氏

嘉興女　王某妻李　何先佑妻孫　邢氏　遷安婦　白鎔妻尹

林氏　洪某妻徐　敖氏　涂氏　吳氏　楊氏　趙氏　王氏　許氏

梅氏　張氏　秦某妻崔　李某妻管　王某妻徐　陳潛聘妻崔

朱承宇妻曹　陳有量妻海　樊廷桂妻張

李有恆聘妻楊　陳某妻　劉埜妻李　曲氏女　宋氏五烈女

龔行妻謝　女巧　楊文龍聘妻孫　梁至良妻鄭　郭進昌妻李

龔良翰妻陳　王均妻湯　李氏女　翠金　張元尹妻李　張檢妻顏
萬某妻曾　李繼先妻侯　田氏女　馬某聘妻苗
高日勇妻楊　羅季兒妻　劉氏女　鍾某妻蔡　段舉妻盧
王某妻劉　張良善妻王　李青照妻張　姚際春女
王敦義妻張　陳維章妻陸　何氏女　謝亞煥妻王
張樹功妻吳　郭某妻李　趙謙妻王
郭氏女　何氏女　沈鼎猷妻嚴　鐵山婦
汪氏女　賀氏女　馮光琦女　郭君甫妻吳
黃聲諧妻王　徐惟原妻許　柯叔明妻鞏　胡某妻裘　陳儒先妻李　白洋女
高氏婦　段吳考女　曹氏女　劉廷斌女　張氏女　孫嫗
陳氏婢　邱氏婢　董氏　任氏　盧尙義妻梁　白氏　王氏
秦士楚妻洪　張氏婢　楊氏婢　江貴壽妻王　張祿妻徐
任氏婢　鄭氏女　王氏婢　徐氏女　丁香　江金姑　羅氏

隴聯嵩妻祿　者架聘妻直額　羅廷勝妻馬　羅朝彥妻劉

安于磐妻朱　後妻田　田養民妻楊　李任妻矣　鄂對妻熱依木

索諾木榮宗母麥麥吉　堅參達結妻喇章　次妻夭夭　沙氏女

嘉義番婦　施世燿妻苗

長山鋪烈婦，無姓氏，不知何許人。李自成南奔，驅荆、襄之民以從，婦與其夫俱被掠。行至江夏長山鋪，其夫道殕，婦僅餘一珥，出以乞人求瘞其夫，有少年應焉。瘞既，竟欲强其婦從去，婦入穴枕其夫慟哭，觸顙流血，以土自掩，曰：「乞併瘞我！」衆挽之不起，日暮，風雨至，乃委去。平明往視，則血被面死矣，衆因併瘞之。

胡二妻，失其氏，吳洞庭人。婦父，舟人；胡二，農也，有母，兄若弟皆別居。婦與二曰：「吾夫婦各減數口食，猶足以飽母，有如母但一子，不獨養，又誰養乎？」夫婦忍飢養母，時時具甘脆。母喪，求地以葬。夫婦勤，歲倍收，始有居室，而二病瘵。鄉好鬼，婦獨不信，奔走醫藥。二病甚，婦曰：「我聞糞苦者生，甘者死。」嘗之而甘，二竟死，無子。婦計兄公一子，叔二子，詣叔，匄其次爲後，姒不可。居數月，兄公舉次子，又詣兄公曰：「吾女三歲，乳未盡，今兄公舉次子，天其欲使吾夫得有後乎？」兄公頷之。婦歸語父，貸百錢，將祀其夫告立後。其父欲嫁婦，不許，且罵之，兄公亦中悔，婦乃自經夫柩側，時康熙五年十二月。明年，縣人黃中堅等爲斂錢，與其夫合葬。

唐之坦妻曹，海寧人。康熙十五年秋，之坦卒，曹矢死，治衣衾必有副。食砒，不死；屑錢呑之，又不死。既斂，復飲滷，吐下而解；乃不食二十二日，夜投舍傍池，家人出之，死矣，頃復蘇。曹謂其舅、姑及母曰：「大人愛我，乃苦我也！」於是復飲食，操作如常，織自製衣一稱，婢乞餘布，不與。家人竊議曰：「數尺布，尙惜之，宜不死矣！」及冬，黃梅方花，曹視而歎，爲賦詩，美其不落，復不食。至歲除，出餘布縊之坦柩旁，乃死。

李岸妻焦，睢州人。姑嚴，織紉炊舂皆焦任之。岸卒，方斂，焦縊，遇救；比葬，再縊，再遇救，乃操作如平時。卒哭，拜墓歸，復縊，乃死。

方引禩妻毛，遂安人。父際可，爲祥符知縣，而引禩父象瑛官編修。引禩病瘵，自京師詣河南，既婚，未三日卒。家人聞毛許引禩死也，閑之密。一日，登樓自擲墜地，嘔血，絕復蘇，遂歸于方氏，促爲引禩營葬。久之，地始定，葬有日，于是謂其人曰：「吾葬當同是日也！」遂不食，家人喻之百端，起辭祖姑及舅及母皆四拜，終不食，十九日乃卒。時康熙二十九年二月癸亥朔，距引襪喪十年。

林其標妻韓，福清人。其標貧，依姊居，鬻餈自給。鄰媼乞之粟，韓曰：「是必償！」其標病，韓代鬻餈，垂蘆簾自蔽。少間，析麻苧爲布，以易米若藥。其標語韓曰：「吾以貧累汝，終且以死累汝！吾死，汝自爲計。」韓痛絕不能語。其標死，韓告其姊曰：「乞辦兩棺，並覓一抔土，俾夫婦相依！」盡散器物償鄰媼，遂自經。

馮雲勷妻李，武定人，大學士之芳女。李年十五，適雲勷。事舅姑謹，立侍竟日，訢訢無怠，命坐則坐，命退則退。之芳督浙江，當耿精忠叛，駐軍衢州，傳語洶洶，李獨謂賊不足平，坦然無懼。雲勷卒，無子，李方舉次女，矢死，遂不飲食。其兄延醫，手爲調藥，拒不納。越數日，令侍者扶行，傍柩側，遽絕。

曹邦傑妻張，鎮寧州人。邦傑早卒，張爲文以祭，曰：「嗚呼！痛妾命之不辰也。幼失嚴慈，撫育無人，形影伶仃，莫可言狀！幸得于歸夫子，庶幾夙夜事之，百年守之。憶吾父擇婿時，亦曰：『吾女幸矣，終身之仰望者非婿耶？如賓如友，同心而同德者非婿耶？』私心自慶，在妾尤深。孰意甫歸故里，遽嬰疢疾，妾向之喜者，化而爲憂，忘餐廢寢，祈以身代。而天不假年，黃粱一覺，羽化昇矣，傷心哉！夫子之人，如金如玉，夫子之文，如海如潮。而今已矣，不可復見矣！天耶人耶？孰爲之耶？禮稱未亡人，妾不忍未亡也。詩云：『之死靡佗。』妾惟知之死也。九原匪遠，妾必從之。嗚呼！淒淒惻惻，踽踽涼涼。拊膺呼號，瞻望無將。臨風灑涕，對景悲傷。削骨代筆，咼罄衷腸！夫子乎，其知之乎？何不飆輪少待，使妾欲追而難跡乎？靈其不寐，庶鑒妾心。」邦傑死三日，張遂殉，康熙三十七年事也。

林守仁妻王，侯官人。守仁以優貢生客死京師，無子，女汀哥，前室出也。王矢死。逾年，守仁喪還，王治喪竟，一日，爲汀哥製履成，嘆曰：「生一日，當作一日事。」因語汀哥曰：「母去，兒無恐，但歲時具杯酒，一脡肉，母當歸，不相嚇也。」頃之，午食竟，入室自經，藏香屑袖中，解尸氣也。

張四維妻劉，四維，錢塘人；劉，漢軍，失其所隸旗。四維父商於廣東，挈四維以行。劉父官潮州知府，見四維幼慧，因與論婚。四維父喪其資斧，而四維長多病，遂跛，劉父母欲別擇婿，劉矢死，父母莫能奪，乃召四維就婚。劉旣失父母歡，姊婿達官子，相侮，劉勸四維挈以歸。劉辭父母，奩具一不取，勤苦作畫刺繡易薪米，四維亦力學，舉于鄉。康熙五十九年，四維試禮部，不第，卒於京師，劉聞，遂殉焉。

李長華妾吳，長華，鄆城人；吳，封丘人。幼孤，爲人賣入娼家，矢死不從，其兄贖以歸，爲長華妾。長華以選人客京師，居八年，貧病死，其友檢討孫勷爲具斂，吳飲鴆，勷往救，誡毋死，待長華子迎喪。後十餘日，長華子迎喪至，知其事，亦勸毋死，且將以其子爲之孫，吳卽夕自經死。勷葬長華廣寧門外眞空寺側，以吳祔。

周兆農妻王，長沙人。兆農樵于山，大風拔木，被創死。遺腹生子，母家憫其貧，勸改適。王拜姑，泣而言曰：「兒不孝，敢以呱呱者累老人！」語未竟，大慟。姑知其且死，夜與俱寢，稍寐，聞有異，呼家人蹋戶入，火之，見王頭繫于牀，右手握拳，爪陷掌，左手指牀上兒。死時年十九。

陳國材妻周，江寧人，居揚州。歸國材逾月，遽卒，周日夕居喪次，誓從死。籍遺財授其族子曰：「明年寒食，以一卮酹我夫婦。」其父往慰喻之，周曰：「兒無舅姑，無子，客居無所依，義當死，父勿誤兒！然兒死不忍傷肢體。」遂吞金環二，不死；時周羸甚，餌大黃，冀暴下死，反下所吞金環。乃不飲食，七日，猶坐語；又數日，眸陷欲枯，目光注國材棺不轉，兩手據席爬搔，席草寸寸碎裂。不飲食二十日，雍正九年三月癸未卒，距國材死五十有一日。縣人爲葬孫大成妻裔墓側。其先又有烈女池、霍，四冢比立如鱗次。

吳廷望聘妻池，江都人。廷望從軍戰死，廷望父欲以妻其幼子，使其從母喻意，池不可，自經。

李正榮聘妻霍，甘泉人。生十九年，事父母孝。許字正榮，才十日，而正榮卒。霍號慟自殺。二女之葬，提督學政、右中允楊中訥爲之銘曰：「蜀岡之巔，平山之側，鬱乎蒼蒼，憑高西望而歎息。曰有同縣二烈女，此其幽宅。」裔自有傳，葬在池、霍後。

又有項起鵠妻程，亦揚州人。程嫁三月，起鵠行賈，死廣西，訃聞，程自經。州人葬其側，合爲祠，號「五烈」。

于某妻蔡，名貞仙，金壇人。年十九，將嫁而婿病，卜者言：「迎婦吉。」貞仙母難之。貞仙請于母曰：「彼欲已病而違之，非義。」乃行，而婿病不起。及斂，納釵一、釧一於棺，自經棺旁，救不死；諷姑爲翁置媵，姑從之，且使主家事。忌者譖之，因辭于姑，忌者遂言是且有他志，乃矢死。取所讀書、所爲詩詞盡焚之。釵于髻，釧于腕，且起襲故衣，問安于姑所，辭色如常時。午侍食，既撤，入室縊。時乾隆二年六月壬戌，年二十五。貞仙有從父嘗過視貞仙，問曰：「聞舅姑以謡常挫汝，有之乎？」對曰：「否，古賢婦未有訟其舅姑者，即死，毋有他言。」

張義妻李，交城人。義坐罪當斬，免死，遣廣西義寧，李與偕。義死遣所，李具棺以斂，以遺金上縣。至夕，呼鄰媪共宿，俟其熟寐，赴水死，時乾隆五年九月辛未。縣具其事上巡撫，巡撫以聞，下禮部，禮部議：「殉夫者令甲有明禁，惟李以從夫罪遣，孤踪殉節，非激烈輕生比，請旌表。」得旨：「依議。」

黃敬升妻王，崑山人。敬升貧，客授，王佐以績，食不足，製辟蚊藥，鬻諸市。敬升病疫，一日門不啓，鄰人壞垣入視，敬升死于牀，王死牀下，兒臥地號，胸繫王書，略言：「貧不能斂其夫，食製藥紅砒以殉，冀有惻隱者，斂夫育兒，身塡溝壑不恨！」有士人爲斂其夫婦，將兒去，育以長。

伊嵩阿，拜都氏，滿洲鑲黃旗人；妻希光，鈕祜祿氏，正白旗人，總督愛必達女也。伊嵩阿爲大學士永貴從子，早卒。方病時，希光割股進，終不起，許以死。愛必達、永貴共喻之，誓畢婚嫁乃殉。爲伊嵩阿弟娶，嫁女妹及二女，次女行之明日，自縊死。張遺詩於壁，略謂：「十載要盟，此日當報命。」乾隆四十六年三月事也。永貴疏聞，高宗爲賦詩，旌其節。

張廷桂妻章，名孔榮，廷桂，常熟人；章，秦安人。廷桂父爲吏陝西，初娶魏，其父宰秦安，廷桂從焉。既歸，避事，復遊秦安，因贅于章。居八年，事解，乃以孥還。廷桂貧，恆出客游，卒於撫寧。喪歸，章爲營葬。既窆，將自投穴中，爲家人所持。章一女字催鳳，廷桂從弟廷梅，許生子爲立後，乃依廷梅居。廷桂嘗入貲牒授主簿，或購其牒，章曰：「吾以貧鬻牒，罔國家，罪也，況夫名，其可二耶？」遂焚其牒。既終喪，復自經。家人覺，解之。次日既夕，赴水死。

死時爲絕命辭數章，詞旨哀惻，其卒章曰：「憶往事兮，雙淚沾巾。想當年兮，妾病沉昏。感君愛兮，信誓殷勤。云妾歿兮，君必亡身。嗟今日兮，命不由人。君先亡兮，妾豈偷存！痛萬里兮，生會無因。輕一命兮，地下從君。求神明兮，引我孤魂。覓天涯兮，不惜艱辛。得伴君兮，死亦歡欣。十七年兮，夫婦深恩。食糟糠兮，敢怨君貧！中路訣兮，命蹇時屯。喪葬畢兮，不死何云？傷幼女兮，失母誰親！死爲君兮，此外奚論？」又留書與廷梅曰：「初聞訃，卽欲死，念無後，無人主喪葬。今服除，死更無餘事。前議叔生子爲立後，毋誑我！家貧，止田十四畝，當以十畝與所後子，四畝與傕鳳，遺十金爲我埋先夫塋次。」傕鳳旋殤，廷梅亦不爲立後。後二十年，縣諸生柏渭、吳慶長等始爲合葬。

郝某妻單，永寧人。郝奇醜，眇小，傴且跛，一目，口不能言。御小車，遂呼曰小車，而單美，鄰婦恆訕焉。單曰：「夫可憎乎？吾命也，請勿再言！」單躬紡績，養舅姑，育子。舅姑死，鬻所居破屋以葬。嘗數日不舉火，族人憫之，予蕎麥數斗製餅以鬻，分其餘以飽。乾隆五十年，歲饑，單爲鄰婦佐女紅，貸餘食食夫及子。逾年，夫疫死，子亦殤，單裂席裹尸，以木杴掘坎瘞焉。杴折，手捧土，瘞畢，血殷地。乃號曰：「天乎！單氏事畢矣，而猶生乎？」坐破窯中，餓數日死，年二十六。族人瘞之夫側，里稱賢婦墓云。

陳廣美妻李，河內農家女也。生二十四年而歸廣美，廣美已病，李與異室居，侍疾甚謹。事舅，日具饍甚恭。閱三月，廣美死。母往視之，且語之曰：「兒雖嫁，猶處子也，何患無佳婿？」李誓不更適。葬之明日，出廚刀，囑舅礪焉。曰：「爲翁作麪，虞其鈍也。」其舅竟礪以授李，李闔戶。其舅知李且死，排戶入，見李猶立，右手握刀，首墮負于背，幾不屬，血從鬢間溢，殷地。其舅疾呼，族鄰畢至，其母亦至，乃仆。李死嘉慶五年四月丁未。

賀邦達妻陸，震澤人。待年於賀氏。邦達病，舅姑用卜人言，使成婚，逾月而邦達死。或語其舅姑：「婦雖婚，猶處子也，盍爲擇婿？」陸聞，集族姻出拜，誓毋貳。居三年，語姑曰：「我夜數夢吾夫，豈魂魄常從我耶？」遂入室自縊死。時嘉慶十六年四月辛酉，陸年十九。

鄭宗墩妻陳，名淑定，長樂人。宗墩客他縣，舁病歸，卒，無子。陳求死，父喻止之。陳力織，葬姑及宗墩。舅以居隘，命歸依父。嘉慶二十五年，父卒，還省舅。退告叔弟曰：「兄歿十二年矣，未亡人懼傷吾父心，久而不死。今已矣，舅老，有叔在。叔能以子爲兄後，兄其瞑乎！」遂縊。

任有成妻陳，蕭山人。有成無昆弟，賈諸暨，卒，亦無子。舅姑命歸母家，將徐奪其志，陳矢死不可。力積貲爲舅卜妾吳，逾年而有子。舅姑卒，陳與吳居，育夫弟。錢儀吉爲作二陳傳，謂：「當死生危苦之際，進退合度，得禮意云。」

丁三郎妻，失其氏，宜興人。嫁逾年，夫死，不哭亦不拜，家人莫測也。後四十九日，既奠，婦出就案前立，視其主，久之，拜，拜時若呼三郎，遂伏地不能起，掖之，則已死。

丁采芹妻孫，震澤人。嫁半年，采芹病瘵，舅姑謂婦命凶，詬罵之。孫飲泣，脫簪珥，具湯藥。采芹病日篤，謂孫曰：「我且死，所不能瞑目者爲汝耳。汝無子，家貧，母家亦無可依，當奈何？」孫泣曰：「我念之熟，恐戚君，故不敢言。人孰不死，死貴得所，當先待君地下耳！」采芹垂泣不答，孫乘間自縊，道光六年四月也。采芹乃扶病而拜曰：「從我于既死，不若殉我於將死，烈哉！」三日采芹亦死。

王如義妻向，涪州人。幼能爲詩文。如義，農家子，向恆勸之讀。道光十六年，如義暴卒，姑喻之嫁，矢以死。舅病，爲刲股。家益貧，將强遣之，二十三年三月戊申，自沉荷花灘死。將死，爲絕命詩十首，其序曰：「妾涪陵向氏女，適王氏，未一年，而夫卽世。昨歲翁又不幸。孤苦煢獨，人勸以非禮，衣食事小，名節事大，惟一死以明志。夜題詩十首，藏笥中，他日閱妾詩，毋累阿姑也！」及入水，粘一紙橋柱，書五字，曰「名節江中見」，死時年二十五。

狄聽妻王，名甥稠。聽，溧陽人，道光九年進士，官至廣西道監察御史；王，江陰人。十九年七月，聽卒官，八月，子驄殤，九月丁巳，王縊。王幼承父蘇敎，通經史大義，能詩。將殉，作書告聽諸同歲，略言：「夫亡當卽死，諸君俱言撫孤重，故未敢爾。孤又夭，復何言？念兩世單傳，不可無後，今已立後，可報舅、姑、夫子地下！」王嘗撫從女，年十七，已許字，留金囑遺嫁。又諭所後子，期明年以喪還葬，與前母三棺同穴，以殤祔。並令斥貲佽祖祠，成父志。書末題曰：「我自歸家去，人休作烈看。」康熙間錢塘林邦基妻曾所爲絕命詩也。曾，名如蘭，邦基卒，曾立其兄子爲後，葬舅姑畢，具牒上縣請死，知縣慰止之。後十日，題辭，吞金殉。

錢瀞甫妻汪，武進人。善女工，所入足自給。而瀞甫博，傾其貲。其姑嚴，雖寒餓不敢告也。夜風雪，家人皆臥，薄絮衣篝燈守後戶，待瀞甫。嘗以除夕跪而諫：「無更博。」瀞甫爲少止。後客死餘干，汪請立後，所當立者不可汪意，乃勿復言。葬畢，自經死。未死前一日，以十盌致某醫，曰：「我爲人無所受恩，惟是人嘗診我，以是償也。」

謝作棟妻王，孟津人，王家白鶴鎭，作棟家南朱村。作棟卒，王將殉，祖姑及舅姑勉以撫孤。王朝夕奠，必抱其孤拜，哭涕如雨。祖姑聞之，爲輟食，王乃飲泣，不敢聲。喪終，其孤殤，祖姑亦歿，王歸訣父母，父母慰喻之。道光二十二年四月辛巳，作棟死三期，先日王哭于墓，誓死。晡，盡以衣物與二女妹，夜中縊。晨，衆蹋戶入，一鐙置高處，照屋梁，板障其外，王內衣皆密紉，貌如生。

繆文郁妻邱，吳江同里人。同里有斂俗，歲二、三月祠劉猛，將輿以出，少年傅粉墨爲婦人，參錯儀衞。聞文郁故磨豆家傭，與其役。日昳過門，女伴呼邱出觀，邱以爲恥，恚，闔戶。文郁歸，戒毋更出。越宿，文郁病，或恫以「神怒，且死」。邱曰：「聰明正直爲神，豈以茫昧致人死者？吾夫未卽死，卽死，吾與俱死耳！」數日，文郁竟死，邱迎母與居。三日，語母入市市楮，邱自縊柩側。

黃壽椿妻管，壽椿，江蘇華亭人，管，陽湖人，父光烈，母林，皆死寇。壽椿官江西德安典史，光緒二年，卒。時壽椿父如琳官浙江上虞梁湖巡檢，管將壽椿喪挈子女以歸。至曹娥江，距梁湖一日程，遣子女先行謁祖父母，管飲藥死。

馮桂增妾李，桂增，臨朐人；李，肅州農家女。桂增從左宗棠討叛回馬四，軍其地，納焉。桂增會師新疆，李留肅州，與部曲諸婦居。李御諸婦有法度，諸婦憚之，若部曲之事其帥。光緒二年正月，桂增克瑪納斯城，軍寡，爲賊所乘，戰死。李方有身，日夜哭。既生子，逾年殤。桂增喪還，李迎奠喪甚慟，須臾仆，不語。視之，死，蓋先時已仰藥也。

黃翥先妾彭，翥先，鍾祥人；彭，貴筑人，先爲田興恕婢。興恕戍新疆，寄家秦州，翥先方知秦州，得彭以爲妾。光緒二年，宗棠駐軍秦州，翥先爲主計，四年，卒。彭悉發篋，以衣物屬翥先子，吞金死。

方恮妻趙，陽湖人。祖母方，節婦。父烈文，嘗知易州，有文行。歸恮，食貧，持門戶。光緒四年，恮客遊，遽卒。趙方有身，烈文迎以歸，徐告之，慟絕，首觸牖，將死，家人共寬喻之。既免身，生女，趙曰：「生女亦善，使我無繫戀也。」後八日，自經死。

姚森桂妻宋，秦安人。森桂卒，宋入廚下自剄，血自咽出汩汩。姑入視，右手握刀，猶力作再割狀。母至，束以帛，乃能語，曰：「死已決，毋緩我！」引母手掩口鼻，又解帶使縊，母手顫不可任。覩宋狀至慘怛，乃飮以毒，毒自創溢。但聞宋咽中若曰：「斫我，斫我！」久之，乃無聲，遂死。

惲毓華妻莊，陽湖人。毓華死，莊飲藥殉。毓華弟毓德妻許，毓德死，許絕食殉。毓華姪寶元妻袁，寶元死，袁先服毒，急救之，復絕食三日以殉。世稱「惲氏三烈婦」。

曲承麟妻袁，承麟，瀋陽人；袁，名桂瑆，遼陽人。嫁未百日，承麟卒，袁仰藥殉。

尹春妻張，歙人。初爲黃氏婢，名桂喜。主婦程，知書，嘗與諸娣姒說古列女事，桂喜竊聽，輒稱羨。既嫁而孀，遂矢死。詣肆求毒藥，肆以他藥予之，飲不死。市櫬，臥其中，主婦泣喻之，對曰：「桂喜聞主母講列女時，意已決，不可回也！」卒不食死。

李氏，高密人。夫嘉猷，失其氏。嘉猷惑于讒，娶不與同室。及病，李奉事甚謹，禱于神請代。嘉猷聞而悔，遂死，李自經以殉。

陳三義妻王，掖縣人。王未行，病而瞽，其父辭于三義，三義曰：「吾聘時未瞽也，聘而瞽，猶娶而瞽，其可棄乎？」娶三年，王目良愈，三義尋卒。王曰：「夫不負吾，吾豈負夫？」

遂縊。

游開科妻趙，馬邊廳人。開科貧，贅於趙。趙有母及兄，皆厭之。趙脫簪珥別賃屋以居，食盡，不貸於母家。一日，趙還省母，方食，開科至，趙推食與之，母及兄逐開科，禁趙毋歸，且言：「此餓莩死，何患無家？」趙縊死。

孫崇業妻金，赤城人。崇業嗜酒，不治生，金勸之不聽。順治中，歲祲，崇業計鬻金，陽語當偕詣戚屬。金察其詐，曰：「汝乃忍嫁我，我嫁必且死。然至汝家二十餘年，詎忍恝然行？盍沽酒爲別！」崇業出沽酒，金抽刃斷喉死。

張某妻田，萬全人。夫游蕩，田屢諫。一日歎曰：「我生不能勸，死或憶我言。」因仰藥死。死時猶呼其夫，勸改過。

張氏女，婁縣人。農家女。嫁魯氏子，姑與夫迫使爲汙行，不從，箠楚凍餒，凡三四年，志不變。康熙二十六年三月，其夫將劫以他往，夜入萬安橋下水中死。

又有湯氏女，奉天人。有娼家爲客娶之，使爲娼，箠楚困辱，卒自殺。

滄州女，不知其姓，名黛城。年十五，鬻入娼家，使應客，不從，撻辱之，大罵。娼家支解之，棄尸于河。

張氏，都昌人。康熙十三年，耿精忠爲亂，張之夫熊應鼎將從賊，張諫，勿聽；質裙沽酒，以飲且勸，終不可。乃告于其族，矢死。應鼎入于賊，張自殺。

孫大成妻裔，江都人。大成母姣，二女嫁而歸，皆與縣吏通。迫欲汙裔，裔告大成，俱縊，救不死。裔歸省母，告母狀，持母袂哭。臨去，檢母奩，得青白線各一束，因曰：「兒必不辱母！」俄縣吏宿姑室，復呼裔，不應；姑詈，亦不應。縣吏醉，裸而譟窗下。裔以青白線綴上下衣，復合爲緪，縊。姑覺，不救，遂死。鄰知其事，慼泣拜裔尸。或語侵姑，姑反脣，衆譁以告官。官庇吏，旌裔，葬平山堂右岡，而不竟其獄。後數十年，縣隸以事辱裔兄子，死于水。裔兄痛子，亦死。

楊某聘妻章，字原姑，秀水人。年十九，縣隸請婚，父不許，許楊氏。縣隸與其徒譟于門，誣原姑與有私，原姑夜縊死。縣吏欲寬隸，獄上，巡撫持不可，乃絞隸，旌原姑。裔死康熙六十年四月戊申，原姑死嘉慶六年九月甲午。

孟黑子妻苑，黑子，大城人；苑，東安人。其姑素無行，會永定河決，工役大集，賣酒隄上。强苑與偕，苑不從，窘辱之。姑與惡少入婦室飲，婦終不可犯，姑益怒。婦度終不免，自沉死。夫行求其尸，四日，得之武清境。又四日乃斂。方盛暑，尸未朽也。

北塘女子，業磨豆爲腐，母迫爲娼；新河藍某妻，失其姓，姑迫爲娼：皆自殺。

武清芮氏女秉貞，寧河樂某妻左，並以姑迫與惡少暱，自殺。

蕭氏，靈州人，爲張文彩妻。文彩有友悅蕭美，欲汚之，蕭力拒。友懟蕭，譖諸文彩，謂蕭不潔。文彩信之，紿蕭歸寧，與其友共殺諸途。後事雪，雍正十二年旌。

黃氏女，昭文人。嫁張氏子，爲縣小吏。其母有所私，迫女從之，日箠楚。或謂女：「盍歸？」女曰：「女既嫁，安歸？待死而已！」乾隆十六年夏，方暑，姑與所私裸而飲，女避，所私起持之。女大號曰：「奴敢汚我！」持案上酒器提之。姑怒，批其頰，復榜掠之。夜半，女入井死。

吳氏女，震澤人。喪父母，方六歲，字李氏而待年焉。稍長，美，李氏子行賈，久未歸。

姑悍，私于里豪。里豪啗姑金，欲得女。女勿從，姑撻之極楚。鄰嫗問其故，女不肯言。當暑，浴，姑納里豪于室，鍵其戶。女呼，不應，挾剪拒，創里豪，里豪持女褻衣去。女求死，姑操巨箠撻之，女引剪自剚，未殊。鄰人戒其姑，毋急女。女與鄰女款曲如平時，晡啜粥盡一甌，鄰女謂不死矣。夜漏二刻，自溺門外溪水死。時乾隆三十七年七月丁未。

顧氏，泰州人。夫張世英，日誨顧淫，顧不可。或貸世英錢，世英陰欲顧與私，沽酒飲貸錢者，嗾其母呼顧出，不應；與之酒，覆杯，慟。貸錢者亟去，其母搤顧吭，幾絕。鄰里咸憤，訴于州，世英乞悔過，以顧歸。與其母益日夜迫之，顧飲滷，不得死。乾隆十六年十月戊戌，世英語顧：「冬無衣，盍如吾言？即得錢衣汝。」顧曰：「我寧死不辱。」世英恚，夜扼殺之，年十七。

張氏，丹陽人。夫陳彭年，嫁十年矣。彭年貧，欲嫁張，張涕泣不應；紿使出，而密使媒從，張覺之，號慟求死。邏卒以告官，官笞彭年，令張還母家。張曰：「我適陳矣，死生以之。」彭年益迫張，張度終不免，從容言曰：「我無如何，今當聽爾！」起隨彭年走出村。塘水方盛，張躍入水死。死之日，爲乾隆十九年六月戊辰。

許會妻張，潁州人。姑姣而虐，惡張端謹不類，日詬且撻，張事姑益恭。姑病，刲股以療，姑虐如故。姑與鄰寺僧通，欲亂張。姑匿僧室，召張入，而出鍵其戶，張大號，僧遁去。翌日，自沉于井。有司捕得僧，論如律。鄉人裂僧尸以祭張。

趙海玉妻任，名環，汝州人。姑故與鄰人通，夜半，挾刃入任室，詬而免。亦井死，年十九。

殷氏，天津人，爲同縣邢文貴妻。文貴故無行，其母趙，姣。文貴初娶于，以貞慎不相入，出之。復娶殷，殷貞慎尤逾于，趙惡之，與文貴日捶楚，沃以沸湯，施熘灼焉，體盡潰。有司聞，使吏就視，殷拒不可。旋卒。有司收趙及文貴，論如法。

嘉興女，失其氏，嫁賣酒家王氏子。姑當壚，習與酒人姣，甚女不應，乃裁抑不使飽。縣中李氏母，故大家女，聞賣花媪言女事，愍女有志，輒令媪市胡餅畀女。一日見女餓，憊甚，而几上置餈果，媪怪女何棄不食，女曰：「李夫人飽我，哀我志也！此物西家以餌我，我有餓死耳，豈可食乎？」李母病，且死，遺錢十餘緡賙女。女感泣，語媪：「我終不負李夫人望！」惡少豔女久，嗾姑將脅以威。女漸聞之，乃請于姑，代當壚。姑喜，授女戶鑰。數日，女夜啓後戶投水死。乾隆二十年六月事也。

王某妻李，字黑姑，天津人。姑不貞，與鹽運使隸有私，計欲并汚李。隸與姑飲，役李，李恥之，恆不如姑指。姑以他故詈且撻，待隸爲之解，復示意李，終不可，而隸意未已。李枕側置刀以自衞，姑逐其子出，夜持被就李共寢。夜半，啓戶納隸，隸迫李，李呼，姑掩其口。取刀自剄，未殊，母來視之，復甦，語其故。並言：「方自剄，血溢，不知人。漸聞隸語姑，當言夫婦相爭詬自戕，宜無知者。」越三日乃死，其兄告官，笞隸，不竟其獄，道光六年七月事也。

何先佑妻孫，桂陽人。先佑父在時，爲先佑求塾師，授之讀。未幾喪父，其母以家政屬塾師，因私焉。孫既歸，嘗晨謁姑，塾師在其室，孫趨而避。塾師與姑謀併亂之。塾師出，孫入，諫姑曰：「家雖貧，粗有門閥，翁勤苦終身，不得意，所屬望者先佑。姑念翁與先佑，勿復近塾師。」姑慙，戒毋泄。孫曰：「婦所言爲門戶耳，雖先佑不敢告，第願姑終念婦言。」塾師既與姑謀，遂屢挑孫，孫以告姑，又諫，姑終毋納。塾師入孫室，孫大詬，塾師陽避。孫欲還告其祖，忍未發。姑陽出，塾師復入孫室，潛抱持之。孫號，奮擊。先佑入，塾師乃走。

孫傷於脅，遂自經死。時乾隆二十九年三月。明年，獄上，斬塾師，徙其姑新疆。

邢氏，字福，濬縣人。農家女也，而有容色。嫁袁顯旺，姑姣，羣姦聚其室，驚邢美，挑之，不從。其姑誘且詆，邢若爲勿喻也者。謀益急，夜出，將赴水，風失道，遇同村人送還父家。父愿，與復至袁氏。羣姦迫其父使具狀，曰：「女再逃，杖死。」夜二鼓，羣姦縛邢裸撻數百，邢有娠，不勝楚，求滅燈，死不恨。羣姦縋邢於梁，而撻之益毒。五鼓燈盡，邢死。使顯旺劖其頸，若自戕。官捕羣姦，論如法。

遷安婦，不知其姓。夫行賈，翁耄，姑私於傭。傭計並汚婦，稍近婦，婦色甚厲。乃與其姑謀，嗾翁汚婦，婦不可，遂嗾翁殺婦。絮塞口，杙椓下體死。

白鎔妻尹，亦遷安人。鎔出爲優，姑有外遇，迫婦，絕飲食，日啜米瀋。逾月，姑縛尹，以熾鐵烙下體。尹號，擊其首，髮皆燃，一目裂，遂死。

林氏，平湖人。嫁顧大，家乍浦湯山麓。顧大母故娼也，惡少往來其室，强林具茗，不可。母恚林，與諸惡少謀，必欲并汚之，林竊出赴海。未至，值鄰女，送之還；母益仇林，與大日共笞之，靳其食，不令飽。居年餘，爲嘉慶九年正月，方改歲，惡少至，羣飲，林復竊出赴海；旣日受笞，且久饑，行不前。大追至，執以歸，母遂欲殺林。撞以重器，腰脇俱折，復炮烙其下體。是月丙戌晦，林死。事發，論大如律。

洪某妻徐，金谿農家女也。姑與兄公有盜行，徐至未逾月，察得之，大戚。脫簪珥畀洪，囑遠行賈以避，屢諫姑，姑不納，乃自經。

敖氏，涼州人，嫁駐防涼州旗人四十九。四十九有友相狎，丐與敖通，四十九許之，假以衣，夜入室，敖聞語，辨非夫也，奪戶出，友遁。敖詈四十九，俟其出，自溺水甖中死。

涂氏，梁山人，嫁甘克桂。克桂游蕩，破其家，涂以女紅供日食。克桂負醝賈錢，將以涂償。一日，克桂從涂取故衣易錢以飲，醉歸，涂泣，克桂摑其頰，曰：「行且鬻爾！」涂曰：「吾矢死不往。」克桂撻之，兩晝夜不已，涂自經死。

吳氏，彰化人，嫁康氏子。姑不貞，欲併亂之，吳不從；乃效治囚法，榜掠之無算，卒不爲屈，剚刃其腹死。道光七年事也。

楊氏，江都木工女，嫁曹氏子。姑迫使爲汙行，楊不從，乃絕其食，鞭之至累千。造諸酷刑，榜掠無完膚，創重死。鄰以告縣吏，笞其舅及夫，葬諸梅花嶺下。

趙氏，桐城人，夫同縣孫某。洪秀全兵將至，其夫降，受署置。咸豐十一年，秀全兵破桐城，其夫戴黃巾，被黃袍，乘馬迎趙。趙望見，大慟曰：「汝非我夫也！父母遺我嫁乃諸生孫某，非作賊孫某也！且汝旣讀書爲士人，豈不知孫氏望族，文武仕宦不絕，而失身降賊，意氣揚揚自得，我不忍見也！」起，投塘死。子數歲，從之下。

同時又有王氏，合肥人。夫繆錫疇，將降秀全，王力諫不聽，自經死。

許氏，名領姑，歙人，夫亦縣諸生。咸豐十年，賊至，其舅將降，許泣諫，勿納，亦自經死。其舅後忤賊，舉家皆爲戮。

梅氏，名蘭姑，不知何縣人。嫁夫不肖，欲攜以爲豪家奴，梅不可；又使出乳人子爲傭，亦不可。夫引僧入其室，梅力拒。鄰以告官，官笞僧及其夫。夫怒梅甚，窘辱捶楚無不至；又徙居木工家，夜，諸惡少入室，將强汙之。鄰復以告官，官未卽聽其獄，梅自經死。

張氏，武進人，字沈盤德。父母卒，大母老，待年于沈。盤德父故無賴，屢挑女，女謹避之，又不令歸省。張之戚有與沈鄰者，女大母偶過之，女聞，得間問安否，因密訴其事。嗚咽曰：「兒命苦，惟有死耳！」又嗚咽久之。囑大母曰：「勿揚于人也！」未幾，里中爲優，舉家往觀，女獨在，盤德父驟逼之，力拒得脫。度終不免，自經死。

秦某妻崔，陽高人。夫惡，崔諫勿聽，撻辱之。踰年，坐罪流徙，懼見侮，先殺其子而自殺。

李某妻管，南平人。夫不肖，管數諫，累被撻辱，逼之嫁，奔還母氏。卒鬻于富家，乃自殺。

王某妻徐，東鄉人。姑夏，早寡，而子無藉，夏戒勿聽，徐規之，輒鞭撻欲死。夏謂徐：「夫無恩，可嫁。」徐不去。

陳潛聘妻崔，名秋，宣德人。秋大父與潛父希孔同官于肇慶，秋大父卒官，因迎秋至官廨，而潛在里，阻亂，未婚。順治十年，希孔罷官，還道高明，遇仇家，熸焉。繫秋及希孔二妾，將汙之，秋罵甚厲。仇生瘞秋，以蜜傅其面，引蟻嘬之，秋至死，罵不絕。二妾亦生瘞死。

朱承宇妻曹，承宇，無錫人；曹，武進人：皆農家也。生二子、一女，而承宇死。承宇弟迫之嫁，曹以死拒。徧告鄰里戚族，乞言于叔，得毋嫁，承宇弟不許；請終喪，不許；請及大祥，不許；乃請得見其姊，許之。曹夜挈兒女詣姊家，曰：「我初不欲嫁，今已矣！特不能纍纍然抱兒女作新婦，暫累姊，三日後，當相取，愼勿告吾叔！」姊諰許之，兒啼索乳，曹泣曰：「癡兒！母豈能長乳爾耶？」辭姊出，復還視兒女，再三囑姊。姊曰：「三日耳，何言之數？」乃去，哭于承宇墓，還，遂縊。姊往哭之，目猶視，許育其兒女以長，乃瞑。及斂，左臂創未合，蓋承宇病時嘗割臂也。父爲訟于縣，罪迫嫁者。

陳有量妻海，銅山人。有量，儒家子。貧無食，轉徙常州。居逆旅，貲盡，惡少矙海年少，與有量游，且賙之；時其亡，挑海，海詈之，走。是時漕粟至京師，其舟謂之糧船，主者皆豪猾。惡少繩海于主者，亦引與有量游，招使佐會計。且謂：「舟行當經徐州，盍以挈歸？」有量以告海，海問孰爲引致，則惡少嘗爲所挑詈而走者也，謝毋往。惡少使其曹訟有量逃人，有量懼，乃以海入其舟。海入舟，日獨處，主者使有量有事于近縣，而夜就海，强抱持之。海號，撾其面，猶不釋，大呼殺人。舟人盡驚起，始得免。卽夕，自經。主者藏其尸積粟中，賄舟人。有篙師藍九廷者，愍海死，卻主者賄，告官，乃按誅主者及惡少。常州人葬海于南郊，會者殆千人。

樊廷柱妻張，襄城人。廷柱早卒，張奉姑撫二子。縣中有無賴子二，倚兵籍爲暴，艷張欲汙之。康熙五十五年四月戊申，日方午，姑與其幼子出郭穫麥，二子就塾。二無賴詗張獨居，共入室，張走避。一直前持之，一扼其吭，嚇以死，張不爲屈。取菜刀揕其面，爲所奪。入室就牀側解佩刀，刀長操其室，方出，又爲無賴奪，遂共曳張使伏，張輒躍而起，屢仆屢立。捽其髮，縷縷脫，呼益急。二無賴度終不可犯，一拾所解刀斫張額，張仆，一取菜刀斷其喉，遂死。鄰見二無賴出自張室，衣漬血，告官。縣吏憚兵家子，欲坐廷柱弟宣，民大譁，乃以疑獄上。後四年，河道周銓元署按察使，察獄辭，詫曰：「此何名疑獄？城中殺人，非荒野；日午，非昏夜。且殺人者有主名，此何名疑獄？」下縣逮二無賴，一前數月發狂死，將死，自承殺張；一戮于市。

李有恆聘妻楊，偃師人。少喪母，十七未嫁。父爲隸，歲暮，猶行役。一夕大雪，同村有屠者，持刀入女室，女堅拒，被殺。質明，其父歸，見女死，咽斷，左手數創，右手持衣帶不釋。出戶外，逐雪上血跡至屠者家，得刀於牀下。屠者死獄中。

陳某妻，不知其姓，吳人。夫圬者，出就傭。鄰有酒人過，調婦，婦語夫，夫漫授以刃曰：「彼來，汝殺之！」復出就傭。酒人夜排戶入，婦擲刃，酒人拾刃刃婦，洞胸死。兒號，鄰婦入視，一村皆集，獨酒人者不至，求之，方避入鄰村。告於官，誅之。里有老塾師曹叔素，盡出所蓄金爲建祠，圖像以祭。

劉埜妻李，太康人。姑令采菽，鄰村子持鐮過，調婦，婦力拒，舉鐮剚胸死。越數日，鄰村子疾作，持鐮趨采菽所，自言殺婦狀，乃執以告官。兩家故有連，賄罷訟。逾年，疾復作，持鐮趨采菽所，抉胸斷喉死。

曲氏女，字登，永寧人。年十三，父守瓜，母呼女饁之，父令女代守。鄰園叟五十餘，望見女獨坐柿樹下，前調之。女怒罵，叟執其臂，女躍上樹，叟攀樹，曳以下，女號益厲，乃走。女歸訴父母曰：「兒臂爲人執，不爲急湔洗，何能立天地間乎？」明日，持刀奔至鄰園叟門外，自剄死，目瞠視，立不仆，血湧出不止。叟出戶見之，反走，提廚刀至女門外，跽，亦自剄死。

宋氏五烈女，肅寧農家女也。父佃于勢家，爲莊頭，其主視若奴僕。生女四、女孫一，長，並有容色。其主將迫使爲媵，五女一夕自經死。以白縣，縣憚勢家，不敢上聞，葬而爲之碣，曰「宋氏五烈女之墓」，康熙三十四年事也。

東安陶子明妻張，解萬有妻劉，清苑戴國妻鄭，爲營兵所挑，不從，見殺。

通州邢德重妻王，爲營兵所挑，入井死。

龔行妻謝，興化人。縣被水，行挈妻女至鎭江，屑豆爲腐以活。鎭江故屯軍，有江寧無賴子入軍籍，窺謝及女有容。一日行出，挾羣少過之，遂挑謝。謝倉皇號呼，無賴擊謝仆，女奔救，又犯女，急走避。無賴僞爲行券索償，因毆行。行愬縣官，「官笞行，且逮謝。謝持女泣曰：「以吾故，陷汝父，吾死不足恤，獨憐汝耳！」女亦泣曰：「母死，女何能生？即生，且蒙不潔。願相從，得仍爲母子。」相持而慟。雞初鳴，投水死。女名巧。

楊文龍聘妻孫，字秀，錢塘人。秀年十五，待年于夫氏。文龍從父行販，秀依姑共處。鄰家子無賴入室，牽其衣，秀嚙其指，乃去。方暑，秀晚浴，鄰家子穴壁，持其足。秀驚起白姑，姑告諸鄰。或引無賴謝，秀提以茶盌，中他人，其人亦無賴，相與噪于門，言終當致之。

秀慮不免，密紉上下衣，出視姑膳，膳畢，復瀹茗進，乃入室，飲滷死。巡撫聞，按誅無賴，爲文以祭。

梁至良妻鄭，至良，海陽人；鄭，澄海人。至良卒，其兄爲諸生，迫鄭嫁。鄭遺腹生子，家有田八畝，鄭悉推與至良兄，自分圃畝許。力種溉，傭于羣從娣姒間，縫紉舂磨，得米奉姑食子女。歲大無，至良兄憾其不嫁，夫婦衆撻辱之。鄭念不可留，夜檢故衣，付其女，曰：「明晨母當去，若善視幼弟！」明晨，跪姑前泣告當還母家，徧辭羣從諸娣姒，遂行。至廣濟橋，仰天呼夫名三，投韓江死。雍正六年六月庚辰朔也。

郭進昌妻李，永寧人。進昌卒，矢不嫁，與女若婿居。進昌弟貪而狡，計嫂年三十許，尙艾，嫁可得錢，乃詒李，微諷之。李怒，叱使去，進昌弟與族子謀，鬻女爲富家妾，約以騎迎。至日，進昌弟入李室，將强扶李出，婿與女詬鬬。李忽改容，戒勿譁，入室作妝，以小刀薙鬢，遂上馬去。至王范鎭，李大呼，袖中出薙鬢小刀刺喉，喉斷，血噴十餘丈，墜馬死。鎭人大驚，共執進昌弟，問狀，呼婿與女訴官，論如律。

龔良翰妻陳，葉縣人。良翰卒，孤女才三歲，後母欲嫁之。陳依叔父居，叔母有弟窺陳美，夜持刀入自牖，陳與鄰女宿，盜至，推鄰女牀下，徒手捍盜，指斷目傷，身數創，卒不得亂。叔父聞，撞扉，盜牖出，陳息僅屬。鄰女出牀下，血淋漓被體。叔父心知盜其婦弟也，告官，置諸獄，陳遂不食。叔母勖以育女，乃復食。既女殤，而縣吏鞫盜獄未定，若有疑于陳，召庭質，雍正七年五月辛亥，陳自經死。後五年，縣吏坐罪去，事乃白。

王均妻湯，均，吳人；湯，寶山人。湯故富，均贅於湯，湯父母遇之薄。均客授，湯治鍼黹以養父母。稍久，有田十二畝。雍正十年秋七月，海潮大至，均夫婦倉卒緣樹，均攀枯枝折，溺焉，湯父母愁不問。湯使僮午求均尸，三日始得之，被髮徒跣赴尸所，哭幾絕。既斂，湯父母欲火之，湯不許，瘞均田中。湯遺腹生女，名之曰潮音。湯父母迫使嫁，輿至，湯麻衣腰絰，抱潮音繞塲號。衆劫納輿中，湯父母奪潮音，將抵諸石，午自旁篡得之，歸諸王氏。衆卒舁湯去，湯哭數夕不絕聲。守者稍怠，自經死。湯父母以疫死訃于王，弃湯柩所死家。居數年，慮事泄，甚其人焚柩。午自詭湯氏使往視，既焚骨入罌，午易以空罌，得湯骨瘞均側。潮音亦前殤，祔焉。

李氏女，名蘭香，長安李氏婢也。李氏有僕，私欲妻蘭香，未敢言。會有客至，治具，主母命蘭香取具樓上，僕從登，扃門，就擁之。蘭香號，持之堅，卒不從。僕慮事敗，以厤稭剚其腹，深數寸，遂死。

翠金，不知其氏，平湖施氏婢也。主客授于外，翠金侍主婦，不苟言笑。鄰有無賴夜持刃踰垣入，翠金呼，無賴懾以刃，翠金曰：「我不畏死！」罵愈厲，遂見殺。

張元尹妻李，永寧人。生女而元尹卒，李以己有色，自晦，不踰閾。居十餘年，其家僕夜持刀踰牆，拔戶樞，入其室，李聞其聲，僕也，罵：「萬逆！」僕出刀曰：「不從，截汝脰！」李奮頸呼曰：「截，截！」聲未斷，已殊。手足擊牀震，女驚呼，家人縛僕送官，自言殺李狀，論如律。所居村曰太原村。

張檢妻顏，其同縣人。幼聞人言太原村張烈婦，輒嗚咽流涕。長有色，歸檢，出應試。客作伺顏夜省姑，懷刃潛入室，匿桁下。人定，出，登牀，顏驚。脅以刃，罵。起奪刃劙掌，罵益急。迭刺胸臂脅腋十餘創，死。客作夜走，還其家，捕得，坐誅。

萬某妻曾，南城人。萬愚甚，有父不能養。曾力女紅食其舅，且自食。萬嘗忤其父，告官，縣隸至，見婦美，乃爲計出萬，且引使爲隸，假以錢，招共居。曾謂夫曰：「汝與彼不相識，何以能得此？此其意，蓋在我也！」辭毋往，隸怒，索錢。曾有女纔四五歲，隸曰：「汝無錢，當鬻此女以償。」萬乃鬻女，曾至所鬻家抱以歸，且罵隸。隸益怒，告官謂曾忤其姑。官令逮至，撻其面數十。是夜曾抱其女赴水死。曾嫁時，姑死久矣。

李繼先妻侯，忻州人。奸民謀汙之，不遂，誣以不潔，訟之官。官不能白，侯自裁訟庭。

田氏女，巴縣人。幼喪父母，依兄嫂以居。年十五，美，有無行生欲挑之。鄰有優人妻與謀，要女過其家，强以酒，欲汙之。怒詈，脫歸告兄，兄訟于縣。生丐縣中有力者語縣吏，誣女有汙行，縣吏撻其兄而釋生，女忿自殺。

馬某聘妻苗，肅寧人。早喪母，將嫁，謁外祖母，止宿。鄰僕瞷其美，夜持刃排闥入，女驚呼。傭婦起沮，僕殺之。外祖母奔救，又殺之。客作聞聲持械入，與鬬，刃頓，取莝刀支解之。因持女，女呼益急，莝刀擊之，創徧體死。時乾隆三年六月己亥。

高日勇妻楊，鎮番人。日勇傭于馮氏，與楊俱。馮挑焉，楊不從，因辭去。馮從子尤艷楊，乾隆十六年七月甲申，馮氏子詗楊獨處，踰垣入。楊方炊，力拒，馮氏子擲塊中楊，楊仆，遽死。馮氏子懸其尸，若自磬然，扃戶走。日勇訴縣，窮治馮氏子，伏法。

羅季兒妻秋蟬，不知其氏，武昌人。爲攸人傭，欲逼汙之，不勝辱，季兒、秋蟬皆自殺。

劉氏女，小字惠，舞陽人。年十六，美而端。父母出力田，女獨居治臬。鄰子入其室，女詬，鄰子出，復還掩其口。女怒，嚙鄰子，傷手。稍解，女搏膺號。鄰嫗入視，鄰子乃去。晡，父母還，女言其事，大慟，謂爲無賴辱，當死。父母慰喻之百端，卒自縊。告官，鄰子詭言故與女有私。按女尸，處子，乃論殺鄰子。

鍾某妻蔡，嘉定人。生農家，年二十一而嫁，嫁三月夫死。力作，日斷布三疋，易粟養姑。姑憐之，勸使更嫁，蔡泣誓以死。有女妹嫁無賴子，欲得蔡，語姑僞爲其弟娶者。姑察蔡志堅，弗許，因搆蜚語虥蔡。姑審其誣，將率蔡愬諸縣，無賴子陽使其妻歸謝，而陰告母，將結惡少夜劫之。姑惶遽無所出，縊焉。蔡覺，趨救得甦，姑哽咽語曰：「吾女遇不淑，重爲新婦累，吾不忍見新婦之受其累也！」蔡曰：「母無慮！婦留，母不得安；婦去，母不得食。雖然，叔幼，非母焉依？請得卒哭焉以往。」乃奠夫，慟，入戶，解經自經死。

段舉妻盧，延津人。盧有色，一夕，與其子女爲賊縊殺室中。知縣詣視，盧帛繫頸，爪殷血，子女縊牀上。知縣求賊，村人集視，一人手屈匿袖中。令出手，絮裹指端，發視有齧迹，視胸及股皆爪傷。問之，乃自言：「豔盧色，夜穴牆入，盧驚呼，掩其口，齧我指。捽而逼之，屢仆屢起，爪傷我身，乃出腰間帛縊殺之。子女號，因並縊焉。」獄上，盧得旌。乾隆十八年事也。

王某妻劉，懷仁人。歲大無，豪族結奸儈貨沒饑人子女。劉度不免，從容語其夫曰：「姑老子幼，不耐饑，旦暮俱死，無益，計不若鬻我。誠得多金，姑與子可無死。汝第送我于郊，我得以身完！」夫忍而許之。儈至，遂鬻婦，夫送之行。四日，儈屏其夫，夫未去。劉語儈曰：「我夫不能庇我，以至此，戀戀何爲者？是非痛詈之，弗肯去也。」儈以爲誠然，縱飲且醉。劉出，呼其夫，拔簪刺喉死。儈皆驚，散去。

張良善妻王，鞏縣雙槐村人。事舅姑孝。父爲傭，母呼王還。家故貧，穴土爲室，母出，與幼弟二禮居。有族子故無賴，夜以刀劃戶側土，土落，王驚問，族子已入室。王怒叱曰：「我而姑也，而禽獸，速出！」族子出刀。曰：「刀何爲者？任爾殺不懼。」族子刺王中左脇，血溢自襦濺數步，益怒詈，復刺左右肋及乳。王奪刀，刃裂掌仆。二禮亦呼，族子斫其臂，亦仆。王復自地上躍起，疾出戶，呼殺人，族子從之。王創甚，蹟于石顚樹下，族子劙其口，王口齧刀齒有聲。族子抽刀，破其頤，王不能言，聲猶厲，身霍霍不已。斷其喉，乃死。乾隆三十五年十月事也。質明，里見王死，呼其父歸，二禮言姊死狀。衆聞王死烈，弔者日千餘，上于官，誅族子。

李青照妻張，興國人。鄉人赴官雲南，青照將妻、子以從，鄉人艷張，屢挑之，張以語青照。過長沙，青照與妻、子夜脫走，青照復還取行橐，張抱子以待。長沙縣役與相值，詰得其情，引以行。稍遠，乃逆青照脅以逃人，詐得金，並解所佩象齒蝦蟆去，至張所示之，詭言青照招使往。張從登舟，役迫之，抱子入江死。青照聞告官，論役如律，乃自經死。

姚際春女，浮梁人。際春方遠行，女侍母居。有母之族爲傭者，佻而獷，女惡之。告母，母謂彼于汝尊行也，宜無他。居稍久，傭益恣，女復告母：「不逐傭，且殺兒。」母遣傭，傭不行，挾刃入女室。女躍且呼，傭剚其腹，腸出。母入視，傭自剄。女目未瞑，移時甦，猶語其母曰：「兒惜此身以報父母，獨憾父出不一訣也！」語竟，血飛濺，承塵盡赤，乃絕。

王敦義妻張，新陽人。敦義早卒，而家富，其弟覬得之。有無賴爲之計，夜使年少僕匿張牀下，而僞爲捕賊者。僕自承與張私，因呼里長縛僕並及張。天初明，僞爲縣役持牒逮張，又僞爲居間者，使張予金緩其事。張歸，心知爲叔賣，有女字俞氏，遂出橐中裝爲一囊，攜女之俞氏，以女託翁、媼，歸自經死。

陳維章妻陸，名趙鳳，諸暨人。父效忠。初有黠者聞陸美，欲娶之，以齒非偶，僞爲其弟聘，而陰爲弟別娶于李。效忠聞，絕黠者，歸女于維章。黠者易婚書，賄媒妁，以訟于縣，縣判歸黠者。黠者以輿俟，得判則劫持陸置輿中，疾舁去。陸方持祖姑服，黠者迫更衣，不可，手裂其衰。陸詣縣，袖剪以往，計不直，則自殊。倉卒被劫持行，不得出。及拒黠者，裂衰，剡觸手，乃不敢迫，使弟婦李守之。李憐陸，又自念處亂家，時時與陸屏語，或相持泣，數日乃共縊，繩不足，續以帶。時道光四年二月，陸與李皆十七。

何氏女，山陰人，居通州。鄰有黠者聘爲其弄兒婦，冀幷亂之，女截髮自誓。鄰里以告官，官判歸父母家別嫁。女減食六閱月，垂死，告父母曰：「兒失身于匪人，重見逼迫，不幸告官，又不幸判別嫁，此子誠不肖，兒則夫也。兒欲爲之死，又不敢傷父母意，乃減食以求死。初減十五，逾二月減七，又二月減九，今不食已三日，兒死非病，願父母勿悲。」遂卒。

劉宏芳聘妻周，霍州人，未行而宏芳卒，周亦減食，數月乃死。

謝亞煥妻王，名杏芳，東莞寶潭村人。年二十一，歸亞煥，未期而寡，從姑居。有諸生姦暴爲縣豪，瞯王美，使告其姑，欲爲從子娶。姑辭焉，則宣言將毀其居。一日，將數十人至，大譟升屋，撤椽發瓦，姑走匿。王出語衆曰：「若曹欲何爲？我在也，勿驚我姑！」豪呼衆篡之歸。王故甚豪，采毒草自備，輿中食之盡。至豪家，登堂，毒發死。豪夜還其尸，瘞于亞煥側。姑與其母家愬縣，獄成，豪瘐死，道光十一年事也。

張樹功妻吳，常熟人。樹功卒，吳遺腹生男，矢不嫁，事姑撫孤子。樹功有弟共居，似賢，與吳相得。死，而再娶得悍婦，奴婢視吳母子，吳安之。歲饑，悍婦凌吳，樹功弟用婦言欲嫁之。吳痛哭告其子曰：「汝今九歲，饑寒可自知，我將舍汝從汝父去矣！」其子魯，不知母將死也，吳遂自經。

郭某妻李，仁和人。早寡。杭州初定，防軍守諸門，勢張甚。車過，男子下，婦人必卷幔。李從家人避兵郊外，歸入錢塘門，方小病，門卒遙見之，爲嫚語，李坐車中微聞之。至家，慟曰：「我不幸爲門卒語所辱，我不可以生！」晨夕涕泣，不食二十餘日，卒。

趙謙妻王，威縣人。當暑，謙出，王獨寢，風入牖簾開，若有窺者，王恚不欲生。舅姑及謙曲喻之，終不釋。曰：「與其疑而生，不若疑而死。」遂自經。

郭氏女，鳳陽人。順治十一年，女年十四。樓居，鄰火，女披衣下樓，見救火者衆，不欲前，躍入火中死。

何氏女，汜水人。侍祖母同寢，夜火，其兄援祖母出，復入救女，女以衣履不具，終不出，與妹二、表妹一同死。

沈鼎猷妻嚴，浙江山陰人。寡，遇火，倉卒不得衣。救者至，出其子門外，復閉門焚死。

鐵山婦，德化人。火至傍舍，鐵山塹高，迫不得上，或援以手，婦不肯上，及於火死。

汪氏女，與賀氏女，皆歙人，家縣之東門，相鄰也。父母俱歿，各居小樓中，汪長賀一歲，賀時從刺繡，相親若姊妹。縣大火，初發，汪未寢，驚走出，呼家人救賀。往叩門，賀自樓上問曰：「姊出乎？」曰：「已出，故使來相迎。」少頃，賀復曰：「吾求外襦不得，不可以出，幸謝姊！」既而火及，汪氏之人欲排戶入救之，賀怒詈，乃不敢前，竟焚死。還報汪，汪曰：「妹死，吾何忍獨生？」趨賀死所，躍入火，亦死。

馮光琦女，郭君甫妻吳，皆盱眙人。光琦恆爲客，女母死，囑吳爲侶。遇火，女扶母棺號，火益烈，救不至，吳引女出，女堅不肯起，俱焚死。

黃聲諧妻王，婺源人。寇至，扶姑行避寇，道失姑，迹之至渡口。水方盛，行度橋，橋欲圮，有男子援以手，卻之。橋圮，墮水，據木浮中流。男子以雨蓋授，復卻之，遂溺。

徐惟原妻許，南陵人。康熙間盜起，許行當涉水，從者請負以行，許曰：「僕焉可負我？」寇大至，入水死。

柯叔明妻翬，貴池人。大水，叔明及其子已出，使僕負翬，翬以僕裸，不肯出，死于水。

胡某妻裘，新城人。大水，比戶皆乘屋。鄰有裸而登者，裘恥之，不上，溺死。

陳儒先妻李，不知何許人。夜半水至，鄰人呼升屋避，李衣逐水去，死不出。

白洋女，不知何許人。康熙四十七年，大水，從流至白洋。有拯之者，女以無衣，不就拯，死。

高氏婦，六安人。避水鄰樓，惡男女雜處，挈幼女下，立曠地。水大至，其夫垂綆使援以上，終不上，竟死。

段吳考女，稷山人。雍正七年六月，山水夜發，壞廬舍，女從水浮沉葦間。鄰人赴援，女以無衣，不肯出，入水死，年十五。

曹氏女，無爲人。州有寺僧與婦人私，鄰童入寺見之，僧殺而埋焉。童父訟于州，僧辭服。僧念罪當死，不如多所連染，得稽刑。乃妄言良家子女與通者三十餘人，女家故近寺，亦在誣中。州吏盡逮諸婦，女白父，當詣庭自列，父不可，旦入城，謀諸吏。忽女自至，意色自如，詣庭。州吏出僧質，僧曰：「汝非曹氏女耶？」女曰：「然。」僧曰：「吾所交惟汝最久且密。」女曰：「果爾，吾身有異人處，汝當知。」僧辭遁。女固請入室使婦驗，則下體有疣贅，州吏始知僧言妄，慰遣女歸。女既歸，歎曰：「吾所以蒙恥詣庭者，非爲自表暴，蓋欲全此三十餘人而救其死耳。今事既白，吾廢人也，安用生爲？且可使昏暴之吏，有所愧懼也。」遂自經死。

劉廷斌女，四川溫江人。廷斌道光七年官臺灣鎮總兵，八年，卒官。喪還，渡海，遇盜。盜殺其家十七人盡，女以美獨不殺。有客附舟哀，盜擲岸上，盜以女還。居十餘年，生四子。一日，女入寺禮佛，見僧似若相識。既歸，省僧卽附舟客也。乃爲牒具遇盜始末，復入寺，密以畀僧。僧告官，官取盜及其徒悉誅之。縶四子，以問女，女曰：「我所以受汙不卽死者，仇未報耳！仇報矣，此曹豈我子哉？」手刃四子，自縊死。

張氏女，山東人。貧爲婢，其主明魯王近屬也。明亡，張挈朱氏子流離旁郡，行傭不給，得巨室子之。朱氏子稍長，爲諸生。聖祖卽位，詔先朝諸宗人得以本姓歸田廬，張乃爲朱氏子泣言其故。朱氏子復姓，召諸長老，願爲張加冠，事之如母。張艴曰：「吾朱氏不成妾也，今主君主婦何在？吾何敢竊位！吾以姐始，亦以姐終，願勿復言！」俗謂婢曰「姐」，故張言如是。

崇德五年，師伐明，下河間，河間知府曲阜顏𦽉明自焚。有孫嫗者，傭于顏，挾其幼孫光敏，從師出關，間道徒步還曲阜，歸顏氏。孫與張同以義行稱。

陳氏婢金蓮，梁縣人，縣諸生陳其珍家婢也。流賊破縣，金蓮負其珍幼子以逃。賊追及，令棄陳氏子，與俱去，金蓮不可。賊斫陳氏子，金蓮身覆翼之，被數創，終不捨。賊去，金蓮死，陳氏子得全。

邱氏婢新喜，瀘江人。邱氏富，寇至，舉室走匿。執新喜，問其主安在，榜之垂斃，終不言。寇退，創重死，邱氏世祠焉。

董氏，江都人，傭于韓氏。順治二年，師下揚州，韓氏夫婦及其長子皆死難。主婦蕭將死，以其幼子魏託于董，方三歲。即夕，董懷幼子匍匐亂軍中，出自竇，匿江濱，拾麥穗啖之，得不死。亂定，魏育于故人家，將婚，迎董。董疾甚，與以來，語新婦曰：「媼病且死，不復見爾夫婦！爾夫昔抱持從萬死中活，有今日。其人賢，雖貧勿憂，後且大，毋效世俗兒女子，易爾夫也！」

任氏，西充人，夫曰楊汝學。傭縣中龐可還家，爲其子懋乳母。流寇亂四川，可還且死，以懋囑任。俄而寇萬騎猝至，任負懋走，間道得脫。歲大饑，從汝學流轉陝西，嘗棄兄弟之子而全龐氏子。四川定，任曰：「龐故儒也，子今且九歲，弗使就學，吾何以對龐君？」攜以歸，使就學，夫婦力耕以給。懋中康熙二年舉人，任曰：「吾乃今無媿于龐君！」尋卒。

同時又有袁氏，明侍郎李兆家婢。李氏，兆子映庚乳母也。流寇亂，兆兄完謀舉義兵，不克，其族燔焉。袁以計脫映庚，李行求映庚，得之僧寺，藏其家複壁。范士龍者，兆僕也，自兆所至，因送映庚還兆。士龍歸西充，歲饑，妻子五人皆餓死，蓋亦義者云。

盧尙義妻梁，文安人。織席以養姑，得遺金，告于姑，求主者還之。主者餽以布，告于姑，堅辭不受。世宗時，命御史鄂昌等巡察直隸，以其事聞，特敕嘉獎，賜米十石、布十疋，並命有司扁其門，以旌良淑。

白氏，秦安人，爲張翠侍女。翠妻先卒，而病且死，目其子女泣。白曰：「君逝矣，此呱呱者，婢責也！」翠頷之，而泣不止。白挽髻拜牀下，曰：「婢今爲君婦，豈以死生異其志也！」翠乃瞑。白撫其子女至老。

王氏，名秋波，爲晉江蔡氏婢。主將以爲妾，而卒，無子。秋波長，家人遣之，秋波泣曰：「郎君將以爲妾，郎君死，不可以貳。有爲郎君後者，婢請得撫之。不然，當殉。」族人義焉，以從子六韜爲其主後。娶于吳，生子，而六韜又卒。秋波與吳同處撫孤。

秦士楚妻洪，晉江人。早寡，事姑撫子，不憚艱苦。父家覆於仇，中危法當收孥，姪走匿秦氏。收者至，秦氏之人皆走避，洪獨不走。收者詰之，對曰：「無也。」斫以刃，被數創，終不言洪氏孤匿處。

張氏婢，海寧人。主母寡而貧，其兄割屋與其婢居，紡績以食。婢事主母謹，主母病將殆，無收卹之者。婢度事亟，招媒氏，願自鬻，以其值治喪，曰：「無多求，得七十緡，以爲主母斂。事畢，吾來爲之婦。」以告主母，主母感其義。主母死，婢以七十緡爲之斂。事畢，要夫家以輿迎，婢撫棺痛幾絕，旣蘇，再拜乘輿去。

楊氏婢，不知何許人，亦不詳其氏與名，主江西清江楊氏。楊氏之妾寡，將嫁，前一夕，呼婢，不應。怒曰：「汝，我婢也，何敢爾！」婢曰：「我楊氏婢耳，汝今誰家婦者？曰我婢我婢！」妾方持剪，墜，起，環走至曙。呼其婢曰：「我復爲爾主，汝當何如？」婢叩頭泣，妾亦泣，遂謝媒妁不行。後將嫁其婢，婢曰：「人以我一言故，忍死至今，我亦終不去楊氏門。」

江貴壽妻王，名保姑，歙人。貴壽樵也，年倍王，王事之無怨語。既婺，入縣曹氏爲其女保母。曹氏女嫁，從之往。咸豐十一年，出避賊，曹氏女方娠，不能行，乃匿諸深草中，而立以護之。賊至，創喉，猶求糠麧和水食曹氏女，凍餒數日死。曹氏女卒得免。

張祿妻徐，深州人。同治七年，張總愚之徒破州，賊掠二女至其家，叱祿使飼馬，而令徐監二女炊。徐詰二女皆世族，炊竟，賊皆據案食，徐導二女潛出巷，指歸路。二女請徐偕，徐曰：「我去，賊且殺我夫。」歸就祿，謀偕走，賊見，問二女，徐忿罵賊，賊殺之。

任氏婢祥，不知何許人，亦不知其氏。任氏子，僕也，故家京師東郭門外，徙保定。囑其母子祥曰：「余將之廣平，余妻不足恃，而善事余母。」祥與其母居三年，母病，促任氏子歸，歸則母已死。任氏子慟絕而甦，夜半，猶哽咽，翌晨視之，則亦死。既斂，其妻將挾幼女嫁，祥爭之，乃留女。女方四歲，乞食以爲養，鄰里義焉，共賙之。持二棺還葬，祥終不嫁。

又有通州鄭氏女，婢于馬氏。馬氏中落，他奴僕皆去，而鄭獨留，侍疾，育幼主，以浣衣得值贍其主。歷七十餘年，終不去，以處子終。

王氏婢，不知其氏，石屏人。王氏夫婦皆死，其子元勳生七月，婢已嫁生子，乃撫而乳之。稍長，賣餈餌，供饘粥，令入塾，使其子事之甚謹。元勳卒舉於鄉。

徐氏女，平湖人，爲曹氏婢，名曰春梅。其主死，遺子女各一。春梅年二十餘，不嫁，撫其子女。其子女有過，涕泣勸導，勤苦，畢婚嫁。其主有兄迫欲嫁之，終不行。

丁香，不知其氏，雲南南寧人。爲程氏婢，程氏女嫁于吳，丁香從。吳中落，程氏女以女紅自給，丁香執役不稍怠。程氏女謂曰：「有富家以數十金聘汝，我受金，汝亦得所，盍行乎？」丁香跪，誓死相從，程氏女知其意堅，乃不復言。後益貧，丁香出爲傭，得貲以養，數十年卒不嫁。

江金姑，金谿人，爲朱氏婢。朱氏女歸江，媵焉。江夫婦皆卒，金姑矢不嫁，育其孤，娶婦，未有子，其孤又夭。金姑告于江氏之族爲立後，佐婦撫所後子，至成立。

羅氏，荔浦僮婦也。夫死，不更嫁。僮俗善歌，或以歌誘婦，必正色不爲動，以節顯于僮。

隴聯嵩妻祿，鎮雄人也。鎮雄故土司，聯嵩世領其地爲土知府。卒，子慶侯嗣。雍正五年，坐事奪職，收其地，設流官。所部欲爲變，祿喻之曰：「我家以忠著，今日宜安義命，毋妄動。」所部乃解。八年，烏蒙土民叛，祿親至舊所部各寨，申喻利害，至欲自殺，所部僉讋服。祿躬率衆衞官廨，佐軍食，城恃以全。總督鄂爾泰建坊表其忠，請于朝，封安人，予田二十畝，使供隴氏祀。

者架聘妻直額，貴州大定仲民。既許嫁，者架貧，不能娶。直額父母欲女別嫁，不可；强之，自殺。

羅廷勝妻馬，名阿透，寧各司羊海寨仲民女也。廷勝死，阿透年二十六，父欲爲別嫁，阿透哭于廷勝墓，自經死。

羅朝彥妻劉，名阿全。朝彥，仲民；劉，甕安人。朝彥死，其弟欲妻嫂，引强暴迫劉，自殺。

安于磐妻朱、後妻田，于磐，貴州蠻夷司長官。初娶朱，事姑孝，姑病，刲股，卒。復娶田，于磐病，刲股。于磐卒，撫諸子成立。

田養民妻楊，養民，朗溪司長官；楊，邑梅司人也。年十二，母病，刲股。

李任妻矣，畧裔人，夷羅厄女也。羅厄爲李氏佃，李氏欲汙之，不從。縛置積薪上，曰：「不從，將焚！」矣大罵，遂焚死。事聞，罪李氏。

鄂對妻熱依木，鄂對，庫車回頭人，與其酋霍集占有隙。霍集占以葉爾羌叛，鄂對與其子鄂斯滿棄家走，迎師于伊犂。霍集占破庫車，憾鄂對不附，執熱依木欲納之，不可；殺其子女三，而囚之，熱依木脫走。師克霍集占，授鄂對貝勒、葉爾羌阿奇木伯克，鄂斯滿二等台吉、庫車阿奇木伯克。居數年，烏什回叛，熱依木在庫車，請于辦事大臣曰：「回性喜效尤，今烏什叛，葉爾羌戶衆，伯克、阿渾輩不知順逆，鄂對懦無斷，請得往助之。」熱依木行五日至葉爾羌，伯克、阿渾輩入見，言烏什，熱依木漫應之，期明日會飲。明日，衆集，熱依木曰：「汝等皆無藉，蒙大皇帝恩爲太平民，今烏什叛，卽日夷滅，乃欲效尤，爲不忠不義鬼耶？吾力尙能殺爾曹，爾曹今日毋思出此門！」衆愕顧，門守甚嚴，皆跪白無反狀。熱依木乃具筵，曉以利害，衆皆泣。則出歌姬勸飮盡醉，陰使人徧收諸家戰具，驅其馬，令遠牧。鄂對日率諸伯克集辦事大臣庭，夜分散，衆大定。及烏什破，多所誅戮，葉爾羌獨全。

瓦寺土司索諾木榮宗母麥麥吉，早寡，撫索諾木榮宗成立。綏輯番落，有功於邊，被詔旌表。

明正土司堅參達結妻喇章，無子，次妻夭夭生二子。堅參達結死，喇章、夭夭同護土司印，撫二子成立。乾隆間，從征金川有功，亦被詔旌表。

沙氏女，會理州人。父爲土千戶，所屬土百戶自氏富，妻以女。嫁，弟送之往。將入自氏所轄境，女語其弟曰：「自氏，奴也；汝，主也。我受父命不敢違，汝不當入。」涕泣而別。女至自氏，自氏子求合，女堅拒之，不食七日死。

嘉義番婦，加溜灣社番大治妻也。大治死，願變故俗，不更嫁，引刀誓曰：「婦髮可封，婦臂可斷，婦節不可移！」力耕育其子，居三十七年乃卒。

施世燿妻苗，世燿，龍溪人；苗，偶辰港夷女。世燿死，苗自經殉焉。